완구유집 宛丘遺集

이승용

1981년 경북 의성 출생. 영남대학교 한문교육과를 졸업하고, 성균관대학교 한문학과에서 「이광사 유배기 한시의 서정성 연구」로 석사학위를 받았고, 「조선후기 강화학파 한시연구」로 박사학위를 받았다. 역서로는 『낙전당집』, 『정관정요』, 『자저실기』, 『주영편』 등이 있다. 현재 단국대학교 동양학연구원 고전번역연구실 선임연구원으로 재직 중이다.

완구유집 宛丘遺集

2018년 8월 20일 초판 인쇄
2018년 8월 25일 초판 발행

옮긴이 _ 이승용
펴낸이 _ 장호성
기 획 _ 김남필
제 작 _ 성두현
마케팅 _ 박보혜
펴낸곳 _ 단국대학교출판부
등 록 _ 1968.2.27 : No. 제03-00095호
주 소 _ 경기도 용인시 수지구 죽전로 152
전 화 _ 031-8005-2405
팩 스 _ 031-8021-7154

값 25,000원

ISBN 978-89-7092-609-4 94800
ISBN 978-89-7092-506-6 (세 트)

* 이 도서는 2018학년도 단국대학교 교비 지원으로 출판되었음.

동양학 번역총서 5

완구유집 宛丘遺集

이 승 용 역
단국대학교 동양학연구원 편

단국대학교출판부

간행사

단국대학교 동양학연구원은 한 · 중 · 일 삼국을 중심으로 한 동아시아의 역사와 문화에 대한 연구사업을 위해 1970년에 설립되었다. 설립 이후 한국에서만 사용된 『한국한자어사전韓國漢字語辭典』과 세계 최대의 한자사전인 『한한대사전漢韓大辭典』의 편찬을 비롯하여, 희귀한 자료를 발굴 정리한 『동양학총서』, 전문연구서인 『동양학연구총서』와 『동양학학술총서』 등 각종 자료집과 학술서를 간행해오고 있다. 이와 더불어 귀중한 한국의 전적을 번역하고, 이를 『번역총서』로 간행하는 사업도 추진하고 있다.

이번에 번역총서 제5권으로 『완구유집宛丘遺集』을 간행하게 되었다. 『완구유집』은 영조英祖~순조純祖 연간에 활동했던 신대우申大羽(1735~1809)의 문집으로, 이가원 선생이 본교에 기증한 연민문고에 들어 있는 자료이다. 신대우의 문집은 여타의 문집과는 달리 형식과 체제 면에서 파격적이다. 문집의 글자로는 전례가 없는 팔분체八分體로 쓰여 있고, 시詩는 단 한편도 없이 오로지 문文으로만 구성된 점이 그렇다. 본집은 10권 2책의 목판본을 신대우의 차자次子 신작申綽(1760~1828)이 간행한 본으로, 이를 번역하고 주석과 해제를 덧붙여 『완구유집』이란 이름으로 간행하였다.

신대우申大羽는 18세기에 활동한 문인이자 학자로, 조부는 우승지 신택하申宅夏이며, 부친은 의영고 판관 신성申晟이다. 강화학파江華學派의 거두巨頭인 정제두鄭齊斗의 손자사위이며, 조선후기의 대표적 경학가인 신작申綽이 그의 아들이다. 당파黨派로는 소론少論에 속하며, 학문으로는 정제두의 강화학江華學을 계승하였는데, 이러한 당맥黨脈과 학맥學脈은 신작申綽을 비롯한 그의 아들에게 그대로 계승되었다.

『완구유집』은 신대우가 남긴 다양한 산문을 문체별로 번역한 것으로, 신대우 산문의 특색 및 교유 인물을 연구하는데 귀중한 자료가 아닐 수 없다. 실제 신대우는 조선후기 고문가古文家로 손꼽히는 인물인데, 홍석주洪奭周(1774~1842)

는 신대우의 문장이 선진고문先秦古文을 법칙으로 삼고 「문선文選」과 「당문수唐文粹」에서 섞여 나온 듯하여 고문古文에 능하였다고 높이 평가하였다. 또 『완구유집』에 실린 산문을 통해 신대우가 교유했던 소론계少論系 인물과 강화학파江華學派 인물의 동향과 면모를 알 수 있기에, 강화학파江華學派를 연구하는 데에도 중요한 자료적 가치를 지닌다.

본교에는 한문 전적 자료들이 많이 있다. 연민문고를 비롯하여 도서관과 본 연구원에서 수집 소장하고 있는 한문 전적 자료들이 수없이 많다. 본 연구원은 이러한 한문 전적 자료들을 번역하기 위하여 별도의 번역실을 두고 번역작업을 추진하고 있다. 그러나 번역이라는 작업이 워낙 품이 많이 들고, 연구원들의 집중적인 노력 없이는 성과를 내기도 쉽지 않다. 그야말로 노다공소勞多功小한 작업이라 할 수 있다.

어려운 여건이지만, 본 연구원에서 이러한 번역작업을 수행하는 데는 이유가 있다. 우선 본 연구원은 세계 최대 한자사전을 편찬한 곳이고, 한자와 관련해서는 우리나라에서 최고 역할을 수행하는 연구원이라는 자부심 때문이다. 또 본교에 소장되어 있는 귀중한 자료들을 번역하여 학계에 제공함으로써, 학문의 발전에 크게 이바지하여야 한다는 의무감을 갖고 있기도 하다.

『완구유집』이 간행될 수 있었던 것은 전적으로 번역실 연구원들의 노고에 의한 것이다. 특별히 번역작업의 총책임을 맡아 준 이승용 연구원에게 경의를 표한다. 그리고 설립 이래 일관되게 동양학연구원을 물심양면으로 지원해주시는 장충식 이사장님과 장호성 총장님께 진심어린 감사의 말씀을 올린다. 사업성을 마다않고 출판을 맡아준 단국대 출판부에도 고마운 마음을 전한다.

2018년 8월

단국대학교 동양학연구원장 한시준

일러두기

1. 이 책의 번역을 위한 대본臺本은 단국대학교 연민문고 소장 한문 목판본 『완구유집宛丘遺集』이다.

2. 본서는 해제, 번역 순으로 편차하였고, 마지막에 영인 원문을 수록하였다.

3. 번역은 최대한 현대 국어로 옮겨 독자들의 가독성可讀性을 높이고자 하였다. 따라서 주석의 경우 반드시 필요한 경우에만 달아두었고, 한자의 사용을 최소화하였으며, 한자를 부기할 경우에도 한자의 크기를 줄여 가독성을 높이고자 했다.

4. 번역 작품은 『완구유집』에 수록된 글을 잡저雜著, 서書, 서序, 기記, 묘문墓文, 행장行狀, 제문祭文, 뢰誄 등 문체별로 순서대로 번역하였다.

5. 원문에 원주原註로 표시된 부분은 번역문에 【 】로 표기하여 번역하였다.

6. 목판본의 '訙', '艸', '亯'과 같은 고자古字는 원문을 병기한 경우에 '執', '草', '享'과 같은 대표자로 수정하였다.

7. 번역문과 달리 목판본의 경우 원래 형태대로 영인하여 원문 확인에 편의성을 높였다.

차례

제1부

단국대 연민문고 소장 『완구유집宛丘遺集』 해제解題와 신대우申大羽 연보年譜

단국대 연민문고 소장 『완구유집宛丘遺集』 해제解題와 신대우申大羽 연보年譜

1. 형태서지

사침안정四針眼訂의 10권 2책 목판본이다. 간사지刊寫紙는 미상이고 차자次子 신작이 1818년 10월부터 이듬해 1월까지 정사하여 1820년에 간행하였다. 상백어미上白魚尾와 9행 18자, 독특한 필체를 사용하는 등 여느 일반 문집에 비해 특이한 형태이며, 당시 유행하던 중국풍을 지향하여 상당히 고급스럽게 만들어졌다.[1]

2. 저자사항

신대우申大羽(1735~1809)는 조선후기의 영조 · 정조 · 순조조 때 활동한 문인이자 학자로, 본관은 평산平山, 자는 의부儀夫, 호는 완구宛丘이다. 조부는 우승지 신택하申宅夏이며, 부친은 의영고판관義盈庫判官 신성申晟이다. 정제두鄭齊斗의 손자사위이며, 조선조의 대표적 경학가인 신작申綽(1760~1828)이 그의 아들이다. 당파로는 소론少論에 속하며, 학문으로는 정제두의 강화학江華學을 계승하였다. 이러한 영향으로 교유인물 역시 소론少論에 속하는 인물들이 많은데, 정제두의 강화학江華學을 계승한 전주 이씨全州李氏 덕천군파德泉君派 집안 인물들과의 교유가 남달랐다. 정제두의 제자인 이광명李匡明과는 동서同壻 사이로, 두 명 모두

1) 임규완, 「『완구유집宛丘遺集』 해제」, 『단국대 소장 연민문고 〈동장귀중본〉 해제집』, 문예원, 2012, 437면.

정후일鄭厚一(1671~1741)의 사위이다.

신대우는 중년이 될 때까지 과거를 보지 않고 강화도에서 학문에 침잠하다가 중년 이후에 음보蔭補로 벼슬길에 나아갔다. 셋째 아들 신현申絢이 높은 벼슬자리에 오르자, 동촌東村 기대企臺(신대申臺, 이화장 부근)에 교거僑居를 두고, 경기도 광주廣州 사촌社村(사마루)에 세거지를 마련하였다. 신대우는 당파黨派로는 소론少論에 속하였는데, 이는 그의 삶과 학문에 많은 영향을 끼쳤다.

신대우는 겉을 수식하지 않고 안으로는 도道를 닦는 '문장지실文章之實'의 실학實學을 추구하였다. 경세經世에 뜻을 두고 목민론牧民論을 전개하였고, 국사학國史學에 깊은 관심을 보였던 것도 사실이지만, 진정한 인간주체인 덕성아德性我의 확립에 더 큰 비중을 두었다. 인간 본성의 도덕적 본성을 자각하고 그것을 확충하려 하였으며, 그 보편적 실재를 확신하였기에 진성측달眞性惻怛하는 마음을 잃지 않았다, 그가 남긴 의고체擬古體 산문은 바로 그러한 사상을 주변 인물의 삶속에서 발견하여 전형화하여 제시한 것이었기에 '유도지언有道之言'에 가까웠다고 할 수 있다.[2] 이러한 신대우의 문학관과 미학적 사유가 담겨 있는 산문집散文集이 바로 『완구유집宛丘遺集』이다.

3. 『완구유집宛丘遺集』의 구성 및 내용

『완구유집宛丘遺集』은 10권 2책으로 구성되어 있으며 권두에 총목總目이 있고, 서발序跋이나 부록 문자는 실려 있지 않다. 2책 159판밖에 안 되는 적은 분량을 10권으로 나눈 것은 문체를 기준으로 분권하였기 때문이다. 또 본집에는 시가 한 편도 실려 있지 않다. 홍석주洪奭周는 신대우의 글이 선진고문先秦古文을 법칙으로 삼고 「문선文選」과 「당문수唐文粹」에서 섞여 나온 듯하여 시에도 뛰어났지만 고문에 능하다는 그의 장점을 살리기 위해 일부러 시를 싣지 않은 것이라고 하였다.

2) 심경호, 「宛丘申大羽論」,『강화학파의 문학과 사상』1(鄭良婉·沈慶昊 공저, 한국정신문화연구원, 1993), 493~494면.

권1~4는 잡저雜著 15편, 서書 7편, 서序 13편, 기記 6편이고, 권5~10은 묘도문자墓道文字로, 묘지명墓誌銘 6편, 묘명墓銘 4편, 묘표墓表 1편, 묘갈명墓碣銘 3편, 신도표神道表 2편, 묘비墓碑 1편, 행장行狀 8편, 내의內儀 1편 및 제문祭文 8편이다. 총 75편의 글이 수록되어 있다.

권1의 첫머리에는 효와 충의 대립을 서술한 「고요집법의皐陶執法疑」 등 전통적인 논쟁을 다룬 글 4편이 실려 있고, 정제두鄭齊斗의 일화를 담은 「기정선생회양치사紀鄭先生淮陽治事」, 형제들과 세 아들, 처조카인 정술인鄭述仁의 자설字說이 실려 있다. 또 유한준兪漢雋의 초상에 대해 찬한 「유만천진찬兪曼倩眞贊」과 이종휘李鍾徽의 「수산집修山集」에 대해 쓴 서후書後가 있다.

권2는 편지로, 문장에 대해 논한 남건복南建福에게 보낸 글, 1762년 아우의 죽음 이후 개성 일대를 둘러보고 종숙부從叔父에게 올린 글, 기자묘箕子廟의 진위에 대해 논한 「답정술인서答鄭述仁書」 등이 있다.

권3에는 북관北關으로 떠나는 구상具庠(1765년), 강화유수江華留守였던 성천주成天柱(1776년)를 전송하는 序서가 실려 있는데 이들은 모두 일찍이 저자의 문장을 알아보고 인정해 주었던 인물이다. 또 서법書法으로 이름을 떨쳤던 조윤형曺允亨(1779년), 연경燕京에 가는 조윤대曺允大(孫婿의 父)에게 보낸 송서送序가 있다. 문집에 대한 서로는 이수李隨의 「서술집敍述集」, 이광려李匡呂의 「이참봉집李參奉集」, 조재도趙載道의 「인암집忍菴集」 서문이 있으며, 1775년 선진先秦의 문장과 한유韓愈의 글을 뽑아 15권으로 편찬한 「고문정해古文程楷」의 서序도 있는데 이 글에서 저자의 문장관을 살펴볼 수 있다.

권4는 기문記文이다. 원교圓嶠 이광사李匡師의 글씨를 얻어 자신의 당호를 하상재河上齋라고 지은 「하상재기河上齋記」에서는 한호韓濩, 윤순尹淳을 동국 제일의 서예가로 꼽으며 서법書法에 대한 자신의 견해를 서술하고 있다. 건물에 대한 기문으로는 1796년 강동현감江東縣監 때 지은 「열파정중건기閱波亭重建記」, 음성현감陰城縣監 때 이양회李良會가 관사를 신축하자 지어준 「제주관신건기堤州館新建記」, 「부벽루중수기浮碧樓重修記」 등이 있다.

권5~9는 묘도문墓道文이다. 제일 처음에 실려 있는 부인 정씨鄭氏의 묘지명에서는 강화江華로 이주한 뒤 가난한 살림으로 어린 시동생들을 보살피느라 고생하던 일을 생생하게 기록하여 부인의 덕을 기리고 있다. 이 외에 종조숙부인 신단申亶, 조카 사위인 권만형權萬衡, 손서孫壻의 백부인 조윤형曺允亨의 묘비墓碑와 종조형제인 조윤익曺允益의 묘명墓銘, 사돈인 박재원朴在源의 묘갈명墓碣銘, 심성진沈星鎭의 신도표神道表와 그 부인의 행장行狀, 삼자三子 신현申絢의 장인인 이숭배李崇培의 묘명과 그의 부친 이덕윤李德胤의 행장, 그의 동생 이준배李峻培의 묘지명, 강화유수江華留守로 와서 저자의 문장을 서울에 소개했던 성천주成天柱의 묘갈명 등이 실려 있다. 이덕윤李德胤 일가는 특히 하곡霞谷의 제자로 저자가 스승으로 섬겼을 뿐만 아니라, 혈연으로도 얽혀 있어 가학家學과 혼인으로 이어지는 강화학파의 특징을 보여준다. 권7과 권8에는 주로 일가一家의 묘도문이 실려 있는데, 조부祖父 신택하申宅夏의 묘갈명과 조모祖母 이부인李夫人, 재종형제再從兄弟 신대순申大淳의 묘지명, 아우 신대익申大翼, 장인 정후일鄭厚一의 행장이다. 권7 끝에는 일찍 죽은 딸(정동형鄭東迥의 처)의 묘지와 신현申絢의 처인 며느리 이씨李氏에 대한 묘지가 신작申綽이 지은 것으로 부기附記되어 있는데, 저자가 여러 차례 지으려다가 슬픔으로 차마 짓지 못하고 아들에게 시킨 것이다. 망녀亡女 정씨부鄭氏婦에 대한 글은 제문祭文도 2편이나 나오는데 자식도 없이 20여세에 죽은 딸에 대한 측은한 마음이 잘 나타나 있다.

권10은 제문祭文이다. 아우 신대익申大翼과 누이(이운복李運復의 처), 강화江華로 이주했을 때 친자식처럼 보살펴준 장모 유부인柳夫人(정후일鄭厚一 의 처)에 대한 제문이 있으며, 철재徹齋 정지검鄭志儉, 궁관宮官 요속寮屬으로 있던 박지숙朴至叔 등의 제문이 있다.[3]

---

3) 이에 대해서는 한국고전번역원, 『완구유집宛丘遺集』(한국문집총간 251) 「해제」를 참조하여 작성하였다.

4. 자료적 가치

1) 편찬 및 간행

신대우의 저술은 아들 신작申綽이 쓴 「선부군사장先府君事狀」을 통해 대략 파악할 수 있는데, 현전하는 것은 거의 없으나 본래 상당량의 편찬서가 있었던 것으로 보인다.

『완구유집宛丘遺集』은 신대우申大羽의 아들 신진申縉, 신작申綽, 신현申絢이 편찬하여 간행하였다. 신작 형제는 본래 신진의 임소인 신령현新寧縣에서 문집을 간행하여 서울로 책을 옮기고자 했으나 뜻을 이루지 못하고, 장소를 옮겨 집안에서 사비를 들여 간행하였다. 목판본板下本은 모두 세 차례 작성되었다. 두 번은 신진의 임소에서 필사되었으며, 한 번은 광주廣州 사촌社村 신작의 집에서 필사되었다. 신령에서 필사한 본은 시험 판각을 하며 사용된 것으로 보이며, 사촌에서 필사한 본은 바로 간본의 바탕이 된 본이다.[4)]

저자의 사후 신진申縉, 신작申綽, 신순申絢 형제는 신대우의 자편고自編稿를 바탕으로 시문을 더 정선精選하여 재편집 한 것으로 보인다. 이충익李忠翊이 1816년에 쓴 「완구유집서宛丘遺集序」(椒園遺稿 册2)에 의하면 이즈음 신작 형제들이 문집의 편차를 완료하여 자신에게 서序를 부탁하였는데 그 글은 모두 옛날에 저자에게서 얻어 보았던 것이라고 하였다. 이후 1818년 10월부터 다음 해 1월까지 신작이 문집을 간행하기 위하여 목판본板下本을 손수 정사淨寫하였는데 자체字體가 해서楷書 같기도 하고 예서隸書 같기도 한 팔분체八分體여서 읽는 사람들이 어려워했으므로 세간에서는 문집이 있은 이래 처음 있는 일이라고 하였다. 이때 모두 10권 158장이 정사되었는데 1819년 9월부터 1820년 9월까지 경강京工 최호익崔浩益과 평양공平壤工 양우주梁禹舟 두 명이 간행을 시종 담당하여 1년 만에 마쳤고, 한창택韓倉澤이 10일 만에 모두 26부를 인출해내었다고 한다. 『초간본』 저자의 문집 간행과 관련된 시종의 기록은 모두 신작申綽의 「석천일승石

4) 안현, 「宛丘遺集의 刊行經緯와 刊本의 特徵」, 『民族文化』 48호, 한국고전번역원, 2016, 259면.

泉日乘』에 자세한 기사가 실려 있다.

본집은 그 간행이나 형식에 있어서 당시에 화제가 될 만큼 파격적이었던 듯하다. 문집의 글자로는 유래가 없는 팔분체八分體라는 자체도 그러한데다 시詩가 단 한 편도 실리지 않았으며 문文 또한 문체별로 나누어 분권하였기 때문에 적은 분량임에도 권수는 10권이나 된다. 홍석주洪奭周는 완구宛丘의 문집文集 2권은 취사가 자못 엄중한데다 교정校訂과 정사淨寫, 간행과 인장印裝 등을 공인工人의 손을 빌리지 않고 자식들이 직접 하였으니 세상에 드문 바라고 평하였다.[5)]

2) 내용적 가치

『완구유집宛丘遺集』은 먼저 신대우 개인의 학문과 문학을 연구하는 데 필수적인 자료이다. 신대우 자신이 정제두의 손자사위로 강화학江華學을 충실히 계승하였고, 석천石泉 신작申綽을 비롯한 자신의 아들에게 그대로 학맥學脈이 전승되기 때문이다. 그와 아울러 강화학파江華學派 연구에 있어서도 필수적인 자료이다. 『완구유집宛丘遺集』에 수록된 서序, 기記, 묘문墓文, 행장行狀, 제문祭文 등을 살펴보면 그와 교유했던 소론少論 집안 인물과 그 가문家門에 대한 중요한 정보를 얻을 수 있다. 특히 정제두로부터 이어진 강화학파와 관련된 인물들이 많이 눈에 띄는데, 이광려李匡呂를 비롯한 전주 이씨全州李氏 덕천군파德泉君派 인물이 바로 그들이다. 또 같은 소론少論에 속하면서 인척 관계로 맺어진 조윤대曺允大의 창녕 조씨昌寧曺氏 집안 인물들과도 각별한 관계였음을 알 수 있다. 요컨대 『완구유집宛丘遺集』은 조선 후기 강화학파江華學派와 소론少論을 연구하는 데 있어 없어서는 안 될 중요한 자료이다.

5) 김성애, 『완구유집宛丘遺集』 해제, 한국고전번역원(한국문집총간 251).

신대우申大羽 연보年譜6)

왕력 王歷			간지 干支	연령	기사記事
영조 英祖	11	1735	을묘	1세	8월 7일, 서울에서 태어나다.
영조	23	1747	정묘	13세	산사山寺에서 독서하다.
영조	25	1749	기사	15세	관례冠禮를 행하다. 하곡霞谷 정제두鄭齊斗의 손녀이자 정후일鄭厚一의 딸 영일정씨迎日鄭氏와 혼인하다.
영조	26	1750	경오	16세	경서를 탐독하여 『역통易通』, 『춘추고春秋考』, 『논어설論語說』, 『맹자구정孟子求正』, 『용학방주庸學旁注』 등을 편찬하다.
영조	29	1753	계유	19세	부친상, 모친상을 당하다.
영조	30	1754	갑술	20세	처가가 있는 강화江華의 진강鎭江 옹일리翁逸里로 이주하여 학업에 몰두하다.
영조	33	1757	정축	23세	이정섭李廷燮을 위해 「조선 고 통훈대부 행공조 좌랑 이공 행장朝鮮故通訓大夫行工曹佐郎 李公行狀」을 짓다.
영조	34	1758	무인	24세	조모祖母를 위해 「이부인 내의李夫人內儀」를 짓다.
영조	36	1760	경진	26세	차남 신작申綽이 태어나다.
영조	37	1761	신사	27세	소태원蘇泰元을 위해 「소군묘명蘇君墓銘」을 짓다.
영조	38	1762	임오	28세	아우 신대익申大翼이 병으로 죽자, 그를 위해 「중후행장仲厚行狀」과 「중후제문仲厚祭文」을 짓다. 고모를 위해 「이오고술李五姑述」을 짓다.
영조	40	1764	갑신	30세	남건복南建福에게 문장론을 피력한 「여남수지서與南受之書」를 보내다.
영조	41	1765	을유	31세	동생과 장녀의 혼인으로 서울에 머물다. 장인 정후일鄭厚一을 위해 「조선고통훈대부 부평도호부사 수원진관 병마동첨절제사 정공행장朝鮮故通訓大夫富平都護府使水原鎭管兵馬同僉節制使鄭公行狀」을 짓다.

6) 이에 대해서는 한국고전번역원, 『완구유집宛丘遺集』(한국문집총간 251) 「해제」를 참조하여 작성하였다.

영조	43	1767	정해	33세	가족을 이끌고 다시 강화江華로 들어가다. 심성진沈星鎭의 처 조씨趙氏를 위해 「정경부인 양주 조씨 행장貞敬夫人楊州趙氏行狀」을 짓다.
영조	44	1768	무자	34세	자신의 외조부 임정任珽을 위해 「조선 고 통정대부 이조 참의 지제교 임공 행장朝鮮故通政大夫吏曹參議知製敎任公行狀」을 짓다.
영조	45	1769	기축	35세	묘향산妙香山을 유람하고 「서정보西征譜」를 짓다. 종조숙부 신단申暺을 위해 「신부군 묘지명申府君墓地銘」을 짓다.
영조	49	1773	계사	39세	용안실容安室을 지어 자제와 친척들을 모아 강학하다. 장남 신진申縉의 관례를 행하다.
영조	50	1774	갑오	40세	종조숙부 신희申嘻의 수연壽宴을 기념하여 「종조숙부 익위군 육십일세 수서從祖叔父翊衛君六十一歲壽序」를 짓다. 원교圓嶠 이광사李匡師의 「하상노인가河上老人歌」를 얻고 「하상재기河上齋記」를 짓다.
영조	52	1776	병신	42세	성천주成天柱를 위해 「송유수성공환경사서送留守成公還京師序」를 짓다.
정조 正祖	1	1777	정유	43세	조윤열曺允說을 위해 「조성뢰묘명曺聖賚墓銘」을 짓다.
정조	3	1779	기해	45세	조윤형曺允亨을 위해 「송금천조사군이재임피서送衿川曺使君移宰臨陂序」를 짓다. 수산修山 이종휘李鍾徽 문집에 발문 「서수산집후書修山集後」를 쓰다.
정조	6	1782	임인	48세	아들 신현申絢이 관례를 올리자, 그를 위해 「삼자자설三子字說」을 짓다.
정조	8	1784	갑진	50세	선공감 감역에 보임되다.
정조	10	1786	병오	52세	일식日蝕으로 인한 구언求言에 겨울철 토목공사를 자제할 것을 상언하여 임금의 칭찬을 듣다.
정조	11	1787	정미	53세	사도시 주부, 동부도사東部都事가 되다.
정조	12	1788	무신	54세	6월, 경릉령敬陵令이 되다. 하곡霞谷의 연시례延諡禮에 참가하다. 겨울, 음성현감陰城縣監이 되어 3년간 재직하다.

정조	13	1789	기유	55세	차녀 정유인鄭孺人이 죽자, 「제망녀문祭亡女文」을 짓다.
정조	14	1790	경술	56세	신대순申大淳을 위해 「삼가현감 신부군 묘지명三嘉縣監申府君墓誌銘」을 짓다.
정조	15	1791	신해	57세	제천현감堤川縣監 이양회李良會가 제천관사를 신축한 것을 기념하여 「제주관 신건기堤州館新建記」를 짓다. 이준배李峻培를 위해 『이차산묘지명李次山墓誌銘』을 짓다.
정조	17	1793	계축	59세	강동현감江東縣監이 되어 제언堤堰을 쌓고 농사를 권면하다. 이광명李匡明의 사위 권성일權聖一을 위해 「권진사묘표權進士墓表」를 짓다.
정조	18	1794	갑인	60세	삼남 신현申絢이 과거에 급제하다.
정조	20	1796	병진	62세	청도군수淸道郡守로 부임하다. 이덕윤李德胤을 위해 「이선생행장李先生行狀」을 짓다.
정조	21	1797	정사	63세	심성진沈星鎭을 위해 「예조판서 정혜심공신도표禮曹判書貞惠沈公神道表」를 짓다.
정조	22	1798	무오	64세	원자궁元子宮 요속僚屬으로 선발되어 강학에 참여하다. 권흡權權을 위해 「호조좌랑 권군 묘명戶曹佐郎權君墓銘」을 짓다.
정조	23	1799	기미	65세	의금부 도사, 사복시 주부가 되다. 「제박지숙문祭朴至叔文」을 짓다.
정조	24	1800	경신	66세	익위사 익위가 되다. 아들 신현申絢이 시강원 보덕이 되어 부자가 동궁東宮의 요속僚屬이 되자, 여론이 영광으로 여기다. 고경高炅을 위해 「고동지행장高同知行狀」을 짓다. 조윤형曺允亨을 위해 「조선 고 지돈녕부사 조공묘비朝鮮故知敦寧府事曺公墓碑」를 짓다.
순조 純祖	1	1801	신유	67세	3월, 부인상을 당하다. 이병모李秉模의 추천으로 통정대부通政大夫에 오르고 우부승지가 되어 경연經筵에 입시하다. 승지와 형조 참의를 역임하면서 계속 경연에 들다. 부인 정씨鄭氏를 위해 「정씨부인 묘지명鄭氏夫人墓誌銘」을 짓다.

					홍응진洪應辰을 위해 「지돈녕부사 홍공 사마회방서知敦寧府事洪公司馬回榜序」를 짓다. 조윤대曺允大를 위해 「송하정상사조상서부연서送賀正上使曺尙書赴燕序」를 짓다.
순조	2	1802	임술	68세	정제두鄭齊斗를 위해 「하곡선생신도표霞谷先生神道表」를 짓다. 문정공文靖公 이수李隨의 문집 『이문정서술집李文靖敍述集』에 서문을 쓰다.
순조	3	1803	계해	69세	이숭배李崇培를 위해 「이이점묘명李而漸墓銘」을 짓다. 이만수李晩秀를 위해 「송사은정사이태사부연서送謝恩正使李太史赴燕序」를 짓다.
순조	4	1804	갑자	70세	가선대부嘉善大夫로 올라 도총부 도총관이 되다. 한성부 우윤, 좌윤, 동지의금부사, 공조 참판에 제수되다. 신현申絢이 강원도 관찰사가 되자 사직하고 따라서 원주로 가다.
순조	5	1805	을축	71세	이광려李匡呂의 문집 『이참봉집李參奉集』에 서문을 쓰다. 조재도趙載道의 문집 『인암집忍菴集』에 서문을 쓰다.
순조	6	1806	병인	72세	고故 박재원朴在源을 위해 「홍문관 교리 특증부제학 박공 묘갈명弘文校理特贈副提學朴公墓碣銘」을 짓다.
순조	7	1807	정묘	73세	동지중추부사, 동지돈녕부사, 호조 참판이 되다.
순조	8	1808	무진	74세	호조 참판이 되다. 신현申絢이 성천도호부사成川都護府使가 되다.
순조	9	1809	기사	75세	사직하고 아들을 따라 성천成川으로 가다. 11월 22일, 성천成川의 관아에서 졸하다. 12월, 광주廣州 사촌社村에 장사지내다. 서영보徐榮輔가 중수한 부벽루의 낙성식에 맞춰 「부벽루중수기浮碧樓重修記」를 짓다.
순조	20	1820	경진		신작申綽 등이 『완구유집宛丘遺集』을 간행하다.

참고문헌

김성애, 『완구유집宛丘遺集』 해제, 한국고전번역원.

임규완, 「『완구유집宛丘遺集』 해제」, 『단국대 소장 연민문고 〈동장귀중본〉 해제집』, 문예원, 2012.

심경호, 「宛丘申大羽論」,『강화학파의 문학과 사상』1, 鄭良婉 · 沈慶昊 공저, 한국정신 문화연구원, 1993.

안현, 「宛丘遺集의 刊行經緯와 刊本의 特徵」, 『民族文化』 48호, 한국고전번역원, 2016.

제2부

국역國譯 『완구유집宛丘遺集』

완구유집宛丘遺集 目錄

卷之一

雜著

卷之二

書

卷之三

序

卷之四

記

卷之五

墓文[一]

卷之六

墓文[二]

1. 霞谷先生神道表
2. 朝鮮故大臣輔國崇祿大夫議政府左議政 兼領經筵事監春秋館事 世孫傅李公墓誌銘
3. 朝鮮故嘉善大夫禮曹參判 兼同知義禁府春秋館事 五衛都摠府副摠管成公墓碣銘
4. 戶曹佐郎權君墓銘

卷之七

墓文[三]

1. 朝鮮故知敦寧府事曺公墓碑
2. 李而漸墓銘
3. 三嘉縣監申府君墓誌銘
4. 王考承旨府君墓碣銘
   附鄭氏婦墓誌銘
   附李夫人墓誌

卷之八

行狀[一]

1. 朝鮮故通政大夫吏曹參議知製敎任公行狀

2. 李夫人內儀
3. 仲厚行狀
4. 朝鮮故通訓大夫行工曹佐郎李公行狀
5. 朝鮮故通訓大夫富平都護府使水原鎭管兵馬同僉節制使鄭公行狀

卷之九

行狀[二]

1. 李先生行狀
2. 貞敬夫人楊州趙氏行狀
3. 故抱川縣監申公行狀
4. 高同知行狀

卷之十

祭文誄

1. 仲厚祭文
2. 祭亡妹文
3. 祭亡女文
4. 亡女小祥祭文
5. 祭柳夫人文
6. 祭鄭學士文
7. 祭朴至叔文
8. 曺幼安誄[幷序]

완구유집 권 1

잡저雜著

고요가 법을 집행한 것에 대한 의문
皐陶執法疑

도응桃應이 맹자孟子에게 "순舜임금이 천자天子이고 고요皐陶가 사사士師[1])를 맡았을 때 고수瞽瞍가 사람을 죽였다면 어떻게 하였겠습니까?"라고 묻자, 맹자가 "법대로 집행했을 것이다."라고 하였다. "그렇다면 순임금이 막지 않겠습니까?"라고 물으니, "순임금이 어떻게 그 일을 막을 수 있겠는가? 순임금은 천하를 버리는 일을 헌신짝 버리듯 하는 분이니, 몰래 아버지를 업고 달아나 바닷가에 살면서 죽을 때까지 모시고 즐겁게 지내며 천하는 잊어버렸을 것이다."라고 하였다.

이를 해설한 자는 다음과 같이 말한다. "군신 관계가 성립된 뒤에 법이 생겨나니, 법이란 군주를 지키는 방편이다. 만일 군주가 없다면 법이 그저 시행되지는 않는다. 고수가 누구인가? 군주의 아버지이다. 자신의 군주가 천자의 지위에서 불안을 느끼는데도 법대로 집행한다면 이는 불충不忠이고, 법대로 집행하고도 자기의 군주가 천자의 자리에서 불안을 느끼는 줄 모른다면 이는 불효不孝이다. 신하가 된 자는 이 둘 중 한 가지에 해당할 것이니, 그 죄로 보면 자신에게 법대로 집행해도 겨를이 없을 터인데, 남에게 법대로 집행할 겨를이 있겠는가.

그러므로 법이란 때에 따라 차등 적용을 하니, 경중輕重을 가지고 말한 것이다. 경중을 변동시킬 수 없이 법을 중심에 세워놓기만 한 채 그저 석자 남짓한 죽간竹簡에 새겨진 법률만을 능사로 여겨 중히 여겨야 할 부분을 살피지 못한

1) 사사士師 : 형벌을 관장하는 관리를 말한다.

다면 그 법을 어디에다 쓰겠는가. 상앙商鞅[2] 같은 후세의 혹리酷吏도 태자太子에게는 형벌을 줄 수 없다고 하였으니, 고요 같은 사람이 군주의 부친에게 형벌 줄 수 없다는 사실을 몰랐겠는가. 더구나 순임금이 몰래 고수를 업고 달아난다면 천하 사람들에게는 하루라도 군주가 없어서는 안 되니, 다시 순임금을 맞이하여 섬길 수 있겠는가. 순임금이 천하를 버리는 일을 헌신짝 버리듯 하는 것은 천자의 귀한 몸으로 범법犯法을 저지르지 않기를 원해서이다. 법이 자신으로 인해 무너진다면 비록 온 천하 사람들이 그에게 찾아가 그가 사는 곳에서 조정을 세운다하더라도 의리상 부친을 모시고 즐겁게 지내며 천하를 잊은 마음을 대번에 바꾸어 천자의 일을 수행하지는 않을 것이다. 설령 예전 대로 천자의 일을 수행하더라도 불행히도 만에 하나 고수가 다시 범법을 저지르면 그때의 범법은 이전의 범법과 같으니, 사사士師는 역시 법대로 집행할 것이다.

그렇다면 고수가 죽기 전에는 순임금이 도망치지 않을 날이 없을 것이니, 군주와 신하 관계인 순임금과 고수가 서로 뒤쫓으며 동서남북의 바닷가로 도망쳐 숨는 일만 있을 것이다. 혹자는 '고요는 법을 집행하는 사사이기에 법이 있는 줄만 알지, 군주의 아버지가 있는 줄은 모른다.'라고 한다. 아, 군주의 아버지가 있는 줄을 모른다고 치더라도 군주가 도망치리란 것을 모를 수 있단 말인가. 고요가 법을 집행하는 것은 누구를 지키기 위해서인가. 자신의 군주를 지키지 않고, 법을 지킨단 말인가. 필시 내 의혹을 풀어줄 사람이 있을 것이다."

2) 상앙商鞅 : 진 효공秦孝公을 도와 진의 부국강병을 이룬 인물로, 엄한 법령을 만들어 국가의 이익을 위해 가혹하게 법을 시행하였다.

고요가 법을 집행한 것에 대한 의문 [두 번째]

皐陶執法疑 二疑

주공周公이 근심하고 두려워하며 동쪽에 거처하였는데 태공太公과 소공召公이 태부太傅와 태보太保의 지위에 있으면서, 주공이 곤액을 당하는 것을 편안히 바라보기만 하고 어째서 어린 성왕成王을 위하여 한번 깨우쳐주지 않았는가. 바람과 우뢰가 하늘에 고하여서 그런 것이지, 그렇지 않아 주공이 끝내 되돌아오지 않았다면 태공太公과 소공召公이 어찌 편안히 있을 수 있었겠는가.[3)]

소열昭烈[4)]이 오吳나라를 공격하고 위魏나라를 공격하지 않은 일은 큰 잘못이다. 한 번의 전투로 오나라를 정복했다하더라도 그 의리는 칭송할 일이 못되는데, 어찌하여 제갈공명諸葛孔明은 그에 대해 간언하지 않은 것인가. 공명이 이전의 태도를 바꾸어 소열에게 달려가 그를 섬기며 물고기가 물을 만난 듯한 관계를 맺은 것은 한漢나라 왕실을 부흥시키기 위함이었다. 한 나라 왕실을 부흥시키느냐 마느냐의 기미가 여기에 있었으니, 만일 공명이 자신의 거취를 걸고 간쟁하였다면 뜻을 관철시킬 수 있었을 것이며, 설령 관철시키지 못했다 하더라도 공명은 역시 떠날 수 있다. 자질구레한 은총을 어찌 공명 같은 이가 연연해서야 될 일이겠는가. 오래 전부터 논의를 세워 이 세 명의 현인을 위해 분명히 밝히고자 하였으나, 결국 논지를 세울 수가 없어 이렇게 적어 나의 의문점을 전한다.

---

3) 주공周公이……있었겠는가 : 주周나라 무왕武王이 은殷을 이기고, 은의 백성을 세 아우 관숙管叔, 채숙蔡叔, 곽숙霍叔에게 감독하게 하였는데, 무왕이 죽고 나이 어린 성왕成王이 제위에 올라 주공이 섭정을 하자 "주공이 성왕에게 해롭다."라는 유언流言을 퍼뜨렸다. 그러자 주공이 수도를 떠나 동쪽으로 가서 칩거하였다. 2년 만에 관숙과 채숙이 반란을 일으켰다가 잡혀 사형을 당하였다. 그러나 그때까지도 성왕은 주공에 대한 의심을 완전히 풀지 못하였다. 마침내 하늘에서 큰 벼락과 바람이 일어 벼가 다 쓰러지고 큰 나무가 뽑히는 재변이 발생하였는데, 이에 성왕이 크게 두려워하여 천변天變을 점치기 위해 금등金縢의 서함을 열었다가 우연히 주공이 무왕을 대신해 자신이 죽겠노라고 하늘에 빌었던 축문을 발견하고는 크게 뉘우치고 즉시 주공을 맞아들였다. 『書經』「金縢」

4) 소열昭烈 : 촉蜀의 유비劉備를 말한다.

『사기史記』 위세가衛世家를 읽고
讀衛世家

『사기史記』에 기록된 위 무공衛武公의 일은 사실과 크게 다르니, 색은씨索隱氏의 변론이 옳지만, 뜻으로 미루어 짐작한 것일 뿐이다. 그가 인용한 시서詩序가 옳기는 하지만 시서는 역사서와 같이 기사紀事의 서법으로 쓴 책이 아니니, 역시 피살被殺이라 말하지 않았다고 하여 곧바로 졸卒과 살殺로 단정할 수는 없다. 내가 고찰해보니, 공백共伯은 이미 이후釐侯가 재위할 때에 죽어서 차남인 무공武公이 재위에 오른듯하다. 왜냐하면 『사기』에서 무공이 즉위한지 55년 만에 졸卒하였다고 하였고, 『국어國語』에는 "무공은 아흔 다섯의 나이에도 삼가하고 공손하였다."라고 하였으니, 몇 살까지 살았는지 상세히 알 수는 없지만, 요컨대 백 살보다 적지는 않았을 것이다. 설령 아흔 다섯까지 살았다 하더라도 그가 즉위한 시기에 이미 마흔을 넘었을 것이다. 만일 공백이 이때 살아 있었다면 분명 마흔을 훨씬 넘었을 것이니, 마흔이 넘은 사람을 두고 일찍 죽었다고 하지는 않을 것임은 분명하다. 그렇다면 시서에서 일찍 죽었다고 한 내용은 믿을 수가 없는가? 믿을 수 있으니, 나는 이미 백주柏舟 시[5]에서 징험하였다. 백주柏舟 시는 공강이 스스로 맹세한 내용이다. 그 시에 "저 양쪽 다팔머리 드리운 분이여, 실로 나의 짝이라네."라고 하였으니, 이로 인해 공백의 나이가 많았는지 적었는지는 알 수 없으나, "양쪽 다발머리"라고 한 것은 부모가 모두 살아계실 때 하는 머리장식이므로, 공백이 이후釐侯가 재위할 때 죽었다는 사실을 알 수가 있다. 양쪽 다팔머리 역시 필시 젊고 아리따운 모습을 형용하는 말이다. 『시경』에서 귀하게 여기는 것은 실정에 맞고 진실된 조어造語이니, 이 말이 귀밑머리가 희끗희끗해져 세는 시기를 두고 썼다면 그 말은 전혀 어울리지가 않는다. 더구나 만일 공백이 마흔이 넘은 나이였다면 공강은 그의 아내이니, 하늘 같은 어머니가 사람의 마음을 전혀 헤아려주지 못한다고 하더

5) 백주柏舟 시 : 백주柏舟는 『시경』 용풍鄘風의 편명篇名으로, 위衛나라 태자 공백共伯의 처妻 공강共姜이 남편 사후 재가再嫁하지 않고 절조를 지킨 내용을 읊은 시이다. 일반적으로 여성의 정절을 노래한 시로 알려져 있다.

라도[6] 어찌 쇠퇴하고 늙은이의 뜻을 억지로 떨쳐내어 그의 수절을 빼앗으려고 했겠는가. 공백이 일찍 죽었다는 사실은 분명하고, 무공이 즉위한 사실도 옳으니, 이는 천고에 바뀔 수 없는 사실이다. 그렇지 않다면, 성인이 아무리 사람이 그간의 잘못을 잘 보완하는 것을 허여한다 하더라도 찬역簒逆은 큰 죄인데, 어찌 그가 오래 살며 선대의 정치를 닦고 빛내었다는 이유로 대번에 그의 죄를 용서해주고 이 시를 풍아風雅에 끼워 넣고서 그에게 '예성무공叡聖武公'이라는 시호를 주어 후대에 올바른 모범으로 보일 수가 있겠는가.

유종원柳宗元의 「동엽봉제변桐葉封弟辨」을 읽고[7]

讀柳子厚桐葉封弟辨

영토를 나누어 번병藩屛을 세우는 것은 왕정王政 가운데 중요한 일이다. 왕이 아직 나이가 어려 다만 천자에게 봉건封建의 제도가 있는 줄만 알았지, 봉건제가 중요하여 장난으로 해서는 안 되는 일인 줄은 몰랐다. 오동잎을 잘라 홀[圭] 모양을 만들어 어린 아우에게 주어 제후로 봉하고 장난으로 치부해 버린다면 어떻게 봉건제가 중요하여 장난으로 해서는 안 되는 줄 알겠는가. 막아서 억누르는 것은 어떤가. 막아 억눌러 생기는 폐단은 반드시 이미 벌어진 일을 은폐하기 마련이다.

만일 가르쳐주려 한다면 저 숙우叔虞는 왕의 아우로 당연히 봉해주어야 하는데, 아직 봉해주지 않았으니, 봉해줄 만한 일을 만나 적당한 때에 봉해주는 것이 옳다. 그리하여 들어가서 축하하고 나와 분봉례分封禮를 거행하여 어린 임금이 봉건제의 중요함이 천자가 장난으로 해서는 안 되는 일인 줄 알게 하여, 이

---

6) 하늘……하더라도 : 「백주柏舟」에 "어머니는 하늘이신데, 이처럼 사람 마음 몰라주시나. [母也天只, 不諒人只.]"라는 말이 나온다.

7) 「동엽봉제변桐葉封弟辯」은 당나라 유종원柳宗元이 지은 작품이다. 어린 나이로 즉위한 주 성왕周成王이 그의 아우 숙우叔虞와 장난으로 오동잎을 오려 규圭를 만들어 그를 제후에 봉하였다. 이때 사관인 윤일尹佚이 택일하여 제후로 봉할 것을 청하자, 주 성왕은 장난으로 한 말이라고 하였다. 하지만 윤일이 "천자는 농담으로 하는 일이 없습니다."라고 간언하니, 마침내 주 성왕은 숙우를 당唐에 봉하였다. 『古文眞寶後集』「桐葉封弟辯」

렇게 어색하고 격에 맞지 않아 엄격히 꺼리는 실수를 저지르지 않도록 했을 뿐이니, 이것이 주공周公이 숙우를 봉해준 뜻이다. 일에 따라 간언을 하여 여유 있고 즐겁게 하였으니, 요컨대 대중大中으로 귀결된다. 유종원이 말한 속박하고 내몰아서 소와 말처럼 했다는 점을 어디에서 찾을 수 있는가. 유종원의 설은 이해가 얕고 국량이 좁아 어린아이가 일을 이해하는 수준과 같으니, 참으로 이상하다. 유종원은 "당연히 봉해주어야 한다면 어째서 적당한 시기에 요청하지 않았는가. 봉해주어서는 안된다면 어째서 도리에 맞지 않는 장난을 성사시켜 준 것인가."라고 하였다.

애초에 요청하지 않은 것과 결국 성사시켜준 것은 당연히 봉해주어야 하는데 봉해줄 만한 나이가 되지 않았기 때문이다. 그런데 부인婦人과 환관宦官의 일을 비유로 들어 자신의 변론을 억지로 끼워 맞추려 하였으니, 이는 주공을 고지식하고 융통성 없는 인물로 보려는 것이다. 또 "태사太史 윤일尹佚이 한 일이다."라고 말한 이가 있으니, 주공이 알지 못하고 원하지 않던 일인데 태사 윤일이 그 일을 하였다면 잘못은 태사 윤일에게 있는가. 아니면 주공에게 있는가.

정 선생鄭先生이 회양을 다스린 일을 기록하다
紀鄭先生淮陽治事

숙종肅宗 32년(1706) 봄에 원임原任 의정부 우의정 윤지완尹趾完이 조정에 아뢰기를, "전 경기도사 정제두鄭齊斗는 명가名家에서 태어나 일찍이 과거 공부를 그만 두고 독서를 하며 뜻을 구하여 명성이 크게 드러났습니다. 성품과 자질로 말하자면 금옥金玉 같은 군자이며, 재주로 말하자면 널리 고금에 통달하였으니, 신臣이 마음으로 기뻐하고 존경하며 탄복하였습니다. 일찍이 나라에 큰 일이 없으면 그만이지만, 있다면 반드시 이 사람이라야 일을 이룰 수 있다고 생각하였습니다. 진실로 바라건대 조정에서는 유자儒者를 수용하는 일상적인 법식만을 따르지 말아 먼저 지방관의 직임으로 시험하였다가 이어 조정의 일을 돕게 한다면 세상에 이바지할 큰 인재와 태평 시대를 이룩할 훌륭한 보좌가 될 수 있을 것입니다."라고 하였다.

강원도 관찰사에 임명되었으나 부임하지 않자, 또다시 성상聖上을 위하여 아뢰는 자가 있었다. 성상이 특별히 회양도호부사淮陽都護府使에 제수하고 말하기를, "높은 관직은 오히려 사양할 수 있겠지만, 낮은 관직도 받을 수 없겠는가."라고 하니, 선생은 마지못해 명에 응하였다. 이 당시 회양은 흉년에다 가뭄이 겹쳐서 연이어 유랑하는 백성들이 생겨나자 선생에게 맡겨 편의대로 진휼하게 하였다. 선생은 정사政事를 보며 거듭된 명령을 내리지 않고 백성들을 매질하지 않아 관아를 나가지 않아도 고을 안에 저절로 교화가 퍼졌다. 고을을 다스린 지 석 달 만에 가솔들을 이끌고 생업으로 돌아온 백성들이 천여 명이었는데, 모두 말하기를 "부자지간이 보존되고 처자식과 헤어지지 않은 것이 누구의 덕분이겠는가."라고 하였다. 관직을 그만두고 돌아올 때에는 음식을 가지고 뒤따르는 자가 수십 리에 끊이지 않았다. 또 구리와 철을 녹여 비碑를 만들어 선생의 덕을 칭송하였는데, 안렴사가 선생의 공적을 조정에 보고하기를 "옥 호리병처럼 깨끗하고, 봄바람처럼 은혜가 넉넉하다."라고 하였다. 아, 덕의 유행이 역말로 명령을 전달하는 것보다 빠르기 때문에 경서經書에 "일 년이면 충분하다."라고 하였으니, 군자가 정치를 하는데 어찌 성색聲色을 쓰겠는가.

일찍이 선생께서 하신 말을 들으니, "관직에 있으면서 백성을 대할 때에는 자신을 다스리고 남을 다스리는 데 지나치게 하지 말라."라고 하였고, 또 말씀하기를 "남을 다스리는 목민관이 되어서는 정백자程伯子[8]의 마음을 자신의 마음으로 삼고, 그의 다스림을 다스림으로 삼지 않는다면 모든 일이 구차해질 것이다."라고 하였다. 아, 이런 도리를 미루어 간다면 다만 회양 고을을 구제할 뿐만이 아니다. 옛날의 대신大臣은 사람을 잘 알아보았던 까닭에 사람을 천거할 때에도 의심하지 않았으니, 윤공尹公과 같은 사람은 참으로 사람을 잘 알아보고 잘 천거했다고 할 만하다.

---

8) 정백자程伯子 : 북송北宋의 성리학자 정호程顥를 말한다.

다섯 째 고모 이 부인李夫人에 대하여

李五姑述

고모는 본관이 평산平山으로, 성은 신씨申氏이다. 시집을 가서 이익준李翼俊의 아내가 되었는데, 11년이 지난 금상今上 을해년(1755, 영조31)에 시댁 식구들이 모두 죽임을 당했으며, 익준은 노비로 신분이 떨어져 먼 바닷가로 가게 되었다. 고모는 남편을 보내면서, "당신을 따라가지 못하니, 자신을 잘 돌보세요. 저는 돌아가신 시어머니를 따라 생을 마치려 합니다."라고 하였다. 남편을 전송한 다음날 부모에게 고하기를 "남편을 따라가지 못한데다 죄인의 노속孥屬으로 서울에 남아 있을 수 없으니, 어찌하겠습니까. 금천衿川은 선영先塋이 있는 곳이며, 거리도 가까워 조만간에 소식을 전하여 부칠 수 있을 것입니다."라고 하였다. 부모는 그 뜻을 가련하게 여겨 고모가 가는 것을 허락하였다.

고모는 떠나면서 여종 한 명을 데리고 갔는데, 이때 두 오라비 홍哄과 철瞮도 따라갔다. 금천에 도착하자 청사廳事는 죄인이 거처할 곳이 못 된다고 하고는 작은 암실에 머물렀다. 두 오라비가 사람들과 인사를 나누다가 마침내 저녁이 늦어져 다음날 아침에 돌아가기로 하였다. 한 밤중에 여종이 급히 고하기에 두 오라비가 뛰어 들어가 보니, 고모가 이미 약을 먹은 뒤였다. 고모는 두 오라비가 눈물을 흘리는 모습을 보고는 웃으며 "구차히 살아가는 것이 어찌 편안히 죽는 것만 하겠습니까. 또 일찌 자결하지 못한 것은 남편이 옥사에 갇혀 있었기 때문입니다."라고 하고는 드디어 숨을 거두었다. 당시는 이 해 아무 달 아무 일로, 고모의 나이 겨우 스물다섯이었다.

머물던 자리를 수습해보니 영결을 고하는 편지 네 통【원주原註 : 부모에게 올리는 편지 각 1통과 남편에게 부치는 편지 1통은 모두 없어졌다】과 시詩 1수가 있었다. 글씨체가 단정하고 말뜻이 차분하여 평소보다 더 신중하였다. 여종에게 물으니, 이미 밤에 종이와 벼루를 가져오게 하여 편지를 쓰고는 곧바로 작은 그릇을 들어 마시면서 여종에게 일러 두 오라비에게 알리도록 시켰다고 한다. 영결할 때에는 시종일관 편안하여 끝내 남을 미혹시키는 기미가 없었다.

고모의 부친 서하瑞夏는 지금 파주 목사坡州牧使이고, 조부는 사복시 주부를 역임한 휘 탁琢이다. 증조부는 성천 부사成川府使를 역임한 휘 여철汝哲로, 영의정 평성부원군平城府院君 신경진申景禛의 5세손이다. 고모는 시집가기 전에는 효성을 다하였고, 시집을 간 뒤에는 부인의 도리를 다하였다. 아주 민첩하고 슬기로워 남이 글을 읽는 소리를 들으면 귀로 한번 듣고서 기억하였다. 그러나 부모와 형제들은 고모가 글을 지을 수 있는지 알지 못했다. 평상복으로 염을 하고 5일이 지난 모갑某甲에 묘사墓舍의 동쪽 삼리곡三里谷에 장사지냈다. 7년 후에 파주군坡州君9)이 형의 손자인 나에게 고모의 사적을 차례대로 서술하고 그 뒤에 영결하는 편지를 함께 쓰라고 명하였다.

돌아보건대 시댁 식구들이 모두 다 죽임을 당하고 남편의 이름이 노비 문적에 올랐으니, 살아서 누구를 의지하며 살아서 또 무엇 하겠습니까. 처음에 동막東幕【원주原註 : 강촌江村의 이름이다】에 머물면서 25일의 소식을 들었을 때 즉시 자결했어야 하는데, 죽지 않고 지금에 이른 것은 옥사에 있는 남편이 혹시나 극형에 처해질지 모른다는 근심 때문이었습니다. 이제 남편이 성은聖恩을 입어 목숨을 부지해 살아서 전송하고, 또 살아서 부모에게 인사를 드렸으니, 제가 할 일은 다 했습니다. 더구나 이미 남편에게 두 세대에 걸쳐 시어머니의 장렬한 자취를 따르겠다고 고하였습니다. 이제 제가 죽으면 오라비들이 부모님을 잘 모시어 영예로운 효도로 장수를 누리게 하고, 끝없는 복을 받게 하여 저 세상으로 돌아가는 제 넋을 위로해 주신다면, 먼 길 떠나는 이 넋도 바람과 구름을 타고 부모님의 만수무강과 오라비들의 복을 빌겠습니다. 후세에는 다시 남자로 태어나 오래도록 부모님 슬하에 있으면서 잠시라도 떨어지지 않으며, 지금의 형제들과 다시 형제가 되어 한 세상을 편안히 즐기며 지금 이렇게 죽음을 재촉하여 미처 다하지 못한 정을 이어 가기를 간절히 바랍니다. 죽음은 본래 슬퍼할 일이 아닌데, 이렇게 말을 하려니 절로 눈물이 앞을 가려 속마음을 다 토로하지 못하니 어쩌겠습니까. 셋째 올케와 넷째 올케에게는 따로 편지를 쓰지 못합니다. 제 두 딸이 비록 부모에게 보살핌을 받았다고는 하지만, 올케들이 자식처럼 돌봐주기를 바랍니다. 차마 같이 죽자고 말하지 못하는 것은 오히려 정이 지나치게 약해서입니다. 【원주原註 : 오라비들을 영결하는

9) 파주군坡州君 : 신서하申瑞夏를 말한다.

편지이다】

갈대꽃이 결실을 맺고 나니 蘆花已結實
가을 찾아온 단풍 숲 쓸쓸하네 楓林秋瑟蕭
천금보다 중한 목숨을 一命千金重
외려 터럭처럼 가벼이 여기네 輕小還如毛
눈물 흘리며 영결을 고하니 垂淚作死別
슬픈 냇물 먼 바다로 흘러가리 悲泉和遠潮

【원주原註 : 영결시永訣詩이다】

자설字說을 지어 아우들에게 보이다
字說示諸弟

『주역周易』 점괘漸卦 상구上九에 "기러기가 점차 공중으로 날아간다. 그 깃을 의식에 쓸 만하니, 길하다.[鴻漸于陸, 其羽可用爲儀, 吉.]"라는 말이 있으니, 우羽의 자字를 의보儀父라고 한다. 『장자莊子』에 이르기를, "바람에 축적된 것이 두텁지 않으면 큰 날개를 지닌 새를 띄울 만한 힘이 없다.[風之積也不厚, 則負大翼也無力.]"라고 하였으니, 익翼의 자字를 중후仲厚라고 한다. 『시경詩經』 소아小雅 상체常棣에 "처자와 잘 화합하니, 금슬을 연주하는 듯하고, 형제간에 뜻이 맞아 화락하고 즐겁네.[妻子好合, 如鼓瑟琴, 兄弟旣翕, 和樂且湛.]"라고 하였으니, 흡翕의 자字를 숙담叔湛이라고 한다. 숙翻은 새가 날아오르는 소리이니, 새가 날아오르는 것은 그칠 데가 있어서이다. 그래서 숙翻의 자字를 지숙止叔이라고 한다.

아, 우리 4형제 중에 대우大羽와 대익大翼은 그 이름을 외조부께서 지어주셨고, 대흡大翕과 대숙大翻은 돌아가신 부친께서 지어주셨지만, 모두 아직 '백중伯仲의 모보某甫'라고 하는 자字가 없기에 대우大羽가 어른들의 뜻을 추술追述하여 위와 같이 그 자字를 짓는다. 부친의 가르침을 받들 길이 없으니, 우리 형제들이 이름을 되새기며 감회를 붙이는 것이 어찌 단순히 술잔과 국그릇을 보고 느끼는 부모님에 대한 그리움 정도에 그칠 뿐이겠는가. 『시경詩經』 「육아蓼

莪」[10]에 "길고 큰 것이 쑥인 줄 알았더니, 아름다운 쑥이 아니라 저 나쁜 쑥이로다.[蓼蓼者莪, 匪莪伊蒿.]"라고 하였으니, 나는 그 말을 여러 번 되풀이 하여 슬퍼하지 않은 적이 없다.

세 아들의 자字에 대하여
三子字說

임인년(1782, 정조6) 4월 길일에 현絢의 관례冠禮를 치르고 나서 그의 자字를 지어주고, 세 편의 글을 짓는다.

구름 가운데 가장 귀한 것이 진縉이다. 황제黃帝 헌원씨軒轅氏의 시대에 한번 나타나 그것을 기紀로 삼았으니, 성인聖仁의 상서로운 일이라 하겠다. 만일 제때에 맞추어 나타지지 않으면 뭉게뭉게 피어나 엷어졌다 짙어지는 기운이 있더라도 치호緇縞와 무슨 차이가 있겠는가. 진縉의 자字를 운기雲紀라고 하니, 뭉게뭉게 피어나 엷어졌다 짙어지는 기운이 진운縉雲이 되기에 부족한 줄 안다면 진운縉雲이 무엇인지 알 수 있을 것이다.

박璞은 아주 질박하니, 드러나 보이면 값어치가 떨어진다. 상자 속에 담겨 있는 옥은 군자의 덕에 견준다. 비단으로 경絅을 말하자면 상자 속에 담긴 옥과 같다. 이는 이미 자사子思가 상세히 말한 적이 있으니,[11] 공자孔子가 『주역周易』의 곤괘坤卦 육오六五에서 "아름다움이 그 속에 있다.[美在其中]"라고 말한 것도 이와 같은 뜻이다. 그러므로 경絅의 자字를 재중在中이라 한다. 거친 베옷이 존재하지 않으면 너 경絅을 쓸 일이 없다.

현絢의 도는 그 뜻이 받아들이는데 있다. 그저 희기만 한 것은 털을 제거한

---

10) 육아蓼莪 : 부모의 무한한 은혜를 노래한 『시경詩經』의 편명이다.

11) 자사子思가……있으니 : 신대우가 공자孔子의 제자인 자공子貢을 자사子思로 착각한 것으로 보인다. 자공이 말하기를 "여기에 좋은 옥이 있는데, 상자에 넣고 숨기겠습니까? 좋은 가격을 구해서 팔겠습니까?"라고 하였다. 공자가 말하기를 "팔 것이다. 팔 것이야. 나는 좋은 값에 살 사람을 기다린다."라고 하였다. 〔子貢曰, 有美玉於斯, 韞匵而藏諸? 求善賈而沽諸? 子曰, 沽之哉, 沽之哉, 我待賈者也.〕 『論語』「子罕」

호랑이와 표범의 가죽도 다름이 없으니, 현絢이 마땅히 받아들여야 할 것을 잃는다면 역시 현絢이 아닐 뿐이다. 그러므로 『논어論語』 「안연顔淵」에서 "문채와 바탕이 빛난다.[文質彬彬]"라고 하였으니, 현絢이 받아들이는 것을 두고 말한 것이 아니겠는가. 현絢의 자字를 수지受之라고 하니, 현絢은 무엇으로 받아들일 것인가. 오직 날실과 씨실을 써서 흰쌀과 보불黼黻 문양으로 수를 놓는 것이 옳다.

정술인鄭述仁의 자字에 대하여

鄭述仁字說

나의 벗 신로莘老 정지윤鄭志尹이 예전에 다섯 살 된 아들에게 '술인述仁'이라는 이름을 지어주고 그해 겨울에 세상을 떠났다. 그 아이가 나에게 와서 배웠는데, 9년이라는 세월이 흘러 어엿한 장부가 되었으니, 너무나도 흐뭇하다. 내가 그 아이에게 '조희祖希'라는 자字를 지어주고 자字에 담긴 의미를 말해주어 그가 경건하게 마음속 깊이 새기기를 바란다.

너의 선조 문충공文忠公 정몽주鄭夢周는 우리 동방에서 도통道統을 열었고, 마침내 인仁을 위해 순절하였다. 너의 선조 문강공文康公 정제두鄭齊斗는 인仁을 체인體認하고 의義를 잡이 지켜, 세 임금의 조정에서 학자들이 스승으로 높였다. 조손祖孫이 훌륭한 행적을 본받아 번갈아 고려와 조선을 빛내었다. 너의 부친에 이르러서는 훌륭한 자질을 지녔음에도 성취하지 못하고, 마침내 어린 고아에게 후손을 번성하게 하는 일을 맡겼으니, 네가 앞으로 어떻게 처신하여 그 소임을 이룰지 모르겠구나. 네가 비록 어리기는 하지만, 열 넷의 나이로 이미 관례를 올리고 장가를 들었다. 『시경詩經』 「억편抑篇」에 "가령 지식이 없다 하더라도 또한 이미 자식을 안고 있도다.[籍曰未知, 亦旣抱子.]"라고 하였으니, 앞으로 네가 자식을 품에 안을 날이 없지 않을 것이다. 선친의 뜻을 잘 계승할지의 관건은 실로 여기에서 시작되니, 잘 계승하고 못하고에 의해 영욕榮辱이 뒤따르고, 그 영욕에 가문의 흥망이 달려 있다. 네가 앞으로 가문을 욕되게 할

지 모르겠다만, 그렇지 않고 영화롭게 하려거든 마땅히 인仁을 잘 조술祖述하는 것만 한 것이 없다. 인仁이 네 집안의 가법家法이니, 가법을 계승하려 하면서 자신의 조상을 본받지 않는다면 그 도道가 어디에서 나오겠느냐.

태만한 마음이 생기면 네 이름과 자字를 돌아보고, 탐욕스러운 마음이 생기면 네 이름과 자를 돌아보며, 사치스러운 마음이 생기면 네 이름과 자를 돌아보고, 분노와 원망이 생기면 네 이름과 자를 돌아보아라. 마음에서 생겨나면 인仁을 방해하여 조상의 뜻을 저버리게 되겠지만, 어디를 가든 네 이름과 자를 돌아본다면 너는 집안을 잘 계승하는 훌륭한 자손이 될 것이다. 육척의 어린 고아를 부탁받은 나 같은 사람의 기대를 저버리지 않는다면 나 역시 함께 빛나게 될 것이다.

아, 너의 선조이신 두 분 선생은 모두 일찍 부친을 여의시고 마침내 유학儒學의 대가大家가 되셨지만, 오히려 처음에는 너와 같은 처지셨다. 나는 감히 네가 끝내 선조들처럼 훌륭한 명성을 이룰지 모르겠구나.

철재徹齋에 대하여

徹齋說

눈이 밝은 것을 '명明'이라 하고, 귀가 밝은 것을 '총聰'이라 하니, 총과 명의 만남이 '통철함[徹]'이 생겨난 원인이다. 그러나 시각에 통철한 사람이 꼭 청각에 통철하지는 않으며, 청각에 통철한 사람이 꼭 미각에 통철하지는 않으니, 후각도 마찬가지이다. 각각의 분야에 통철하지만 통철함을 소통시키지는 못한다. 다만 마음에 통철한 사람은 그렇지 않다. 마음은 지각知覺을 주관하니, 지각을 통철하면 온갖 일에 모두 통철하게 된다. 그러므로 군주를 섬길 때에는 충忠에 대해 통철하고, 부모를 섬길 때에는 효孝에 통철하며, 집안에 있을 때에는 '다스림[理]'에 통철하고, 자신을 수양할 때에는 의義에 대해 통철하며, 남과 교제할 때에는 신信에 통철하다. 어디를 가든 통철하지 않는 경우가 없게 되면 이는 지각에 통철한 것이니, 참으로 성인聖人의 공효功效이다.

유수留守 대부大夫 정지검鄭志儉이 일찍이 '철徹'이라는 글자로 그의 서재를 이름 지었다. 아, '철徹'이란 '물이 맑다[澈]'는 뜻이니, 물처럼 맑게 한다면 통철하게 될 것이다. 대부大夫는 무엇 때문에 '철澈'을 선택한 것인가. 명明을 맑게 하려는 것인가. 총聰을 맑게 하려는 것인가.

자신을 맑게 하고 남을 맑게 하지 못하면 통철함이 아니고, 먼 곳을 맑게 하고 가까운 곳을 맑게 하지 못하면 통철함이 아니며, 앞을 맑게 하고 뒤를 맑게 하지 못하면 통철함이 아니다. 나아갈 때와 물러날 때, 굽히고 돌아올 때에 법도에 맞게 하는데 이르러서도 모두 맑게 하는 도道가 있다. 대부大夫는 어쩌면 지각을 통철하는데 뜻을 둔 것인가.

대부大夫는 성품이 맑고 화락하며 사심과 허물이 적어 뜻과 기상이 늘 편안하여 이 홍진세상을 초월한 듯 여유가 있으니, 그가 앞으로 터득할 통철함의 도가 그럴 것이다. 그것을 따라 맑게 하는 도를 쓰지 않는 경우가 없다면 어떤 심오한 일이든 통철하지 못하겠으며, 어떤 통철함이든 이루지 못할 리가 있겠는가. 철재설徹齋說을 짓고 이어 시詩를 짓는다.

하늘이 만물을 낼 적에는	天之生物
호흡에 의지해 숨 쉬게 하였네	莫不恃息
꿈틀거리는 미물도 그런 법인데	爰暨肖蠉
만물의 영장인 인간은 말할 것이 있으랴	矧人其特
밤낮으로 흐트러지지 않아	日夜無降
빛이 나고 훤하도다	晃晃晥晥
행여 막혀버리는 경우에는	或梗而閼
그 이치가 곧장 그쳐버리지	厥理載蹍
뚫어서 통하게 하는 것	穿斯達斯
이를 일러 창문을 낸다고 하지	是謂決牖
텅 빈 마음으로 천리에 따라 노닐어	天遊重闐
꽉 막힌 채 고집을 부리지 않네	靡我柴守
백 개의 마디는 영롱해지고	百節玲瓏
만 개의 구멍은 소통하여	萬竅疏通

차가운 못과 가을 달처럼 상쾌하고　寒潭秋月
오묘한 거울과 갠 하늘처럼 청명하지　玅鑑晴空
온갖 삼라만상이　群彙品象
밝게 모여 다투어 드러나네　叢瑩競露
햇빛은 미세한 데까지 퍼져　景潛毫芒
빛을 발하여 품고 불어준다네　施光函煦
총명하고 작위함이 없다는 것은　有聰無作
선배들의 명언이라네　先達名言
어두운 곳에서도 밝은 낮처럼 여기는 것은　處闇若晝
어진 사람의 독실한 행동이라네　哲人攸敦
어떻게 하면 이룰 수 있나　何以攝之
도道를 허명한 곳에 모아야지　維道集虛
군자의 한 평생　君子百年
끝가지 칭송되리라　庶玆終譽

최 충정공崔忠貞公의 서첩 뒤에 쓰다
崔忠貞帖後記

위는 충정공忠貞公12)의 친필 서첩 24본이다. 영조 4년(1728)에 공이 강화도江華島에서 공신녹훈功臣錄勳을 사양하였는데, 실로 정 문강공鄭文康公13)과 이웃으로 지냈기 때문에 이 때 편지를 주고받았다.

아, 이 서첩을 보니 감회가 새롭다. 두 분은 한 해 차이로 태어났으며, 돌아가신 해도 그렇다. 처음에는 같은 동네에서 죽마竹馬를 타고 놀았고, 장성해서는 지의志意로 교우를 맺었다. 다섯 차례 임금이 바뀌는 동안 나라의 어른으로 대우받았으며, 말년에는 각각 강화도의 한 구역을 차지하여 6년 동안 함께 지냈으니, 이는 노공潞公 문언박文彦博의 덕이 이웃에까지 미치고, 구로회九老會가

12) 충정공忠貞公 : 최규서崔奎瑞를 말한다. 자는 문숙文叔, 호는 간재艮齋, 본관은 해주海州이다.
13) 정 문강공鄭文康公 : 정제두鄭齊斗를 말한다.

도의道義를 겸비한 것과 같다.14) 한 자 되는 종이에 진정眞情이 흘러 넘쳐 보는 사람으로 하여금 그 풍모에 대한 그리움에 마치 직접 곁에서 공을 모시는 기분이 들게 한다. 「임고臨顧」 1수首는 더욱 찬란하면서도 끝맺음에 무게감이 있다.

아, 붕우간의 도리는 이와 같아야 하지 않겠는가. 세상 사람들은 소원함이 없이 사이좋게 지내고, 계속해서 안부를 묻다가도 하찮은 음식 앞에서 이미 속마음이 드러나니, 작은 이해관계 앞에서 눈을 흘기고 성을 내지 않는 자는 드물다. 아, 최공崔公은 어떤 분이란 말인가.

『수산집修山集』 뒤에 쓰다15)

書修山集後

앞의 『수산집』 몇 권은 식견이 고명하고, 고증하고 핵실한 것이 넓고 깊이가 있으며, 변증하고 논설하여 드러낸 것이 정확하다. 기운이 응결되어있고, 고상한 맛이 있어 진실로 학식이 낮고 고루한 선비가 흉내 낼 수 있는 수준이 아니니, 참으로 위대하다. 세상 사람들은 흔히 지금 사람들이 옛 사람을 따라갈 수 없다고 말하는데, 수산자修山子는 어떠한가.

한 가지 신행과 기예가 있으면 사람들은 남들이 자신을 알아주지 않을까 염려한다. 그러나 수산修山은 재주가 뛰어나고 학문이 깊어 껍데기만 내보여도 충분히 세상 사람들을 놀라게 하여 눈과 귀에 천둥이 치고 번개가 쏟아지듯이 할 수 있다. 그런데 낡은 베옷 속에 주옥珠玉을 감추고 있어 평생을 벗으로 지낸 나 같은 사람이라도 오히려 그가 이같이 넓고 두터운 포부를 지니고 있는지 모를 정도이다. 그를 다 알지 못하는 내 입장에서 볼 때에도 역시 수산修山

---

14) 이는……같다 : 연로한 자들의 고아한 모임을 뜻한다. 송나라 문언박文彦博이 사마광司馬光과 부필富弼 등 13인과 함께 낙양기영회洛陽耆英會를 만들었고, 당나라 백거이白居易가 승려 여만如滿을 비롯한 나이 많고 벼슬에서 물러난 여덟 사람과 향산香山에서 향산구로회香山九老會를 결성한 일이 있다.

15) 이 글은 이종휘李鍾徽(1731~1797)의 문집인 『수산집修山集』에 대한 발문跋文이다.

을 제대로 아는 이가 드물다는 것을 알 수 있다. 아는 사람이 적으면 내가 귀하게 여기면 되니, 무슨 유감이 있겠는가.

수산修山은 본래 품성이 질박하여 화려함이 겉으로 드러나지 않는데, 문장도 마찬가지이다. 내면에 축적된 것은 많고 겉으로 드러나는 것은 얼마 되지 않으며, 이치가 문식文飾보다 뛰어나다. 공허한 말에 의탁하는 것은 행실로 드러내는 것만 못하며, 오묘하고 심오한 이야기는 실용에 옮기는 것만 못하다. 그러므로 그가 밝히고 드러낸 것은 모두 우리나라의 일이며, 찬술한 내용은 모두 당세에 힘써야 할 일이다. 또 산천의 풍물과 험한 요충지는 나라에서 소홀히 여길 수 없는 것이지만, 신라와 고려의 역사책은 본래 오래되고 자세하지 못하다. 얕은 지식에 눈을 가린 채 티가 들어간 눈으로 바라보면 마치 동이 트기 전 새벽처럼 어둑어둑하다. 그러나 홀로 분명하게 보아 근원을 밝게 알아 흐름을 소통하고, 근본을 확장하여 가지를 포괄하였다. 의義와 도道가 실리고, 문文이 정政과 통하여 자기의 견해를 독특하게 구성하여 문장을 지었다. 그래서 보는 사람이 문을 나서지 않고도 강역疆域을 알게 만들고, 더 이상 일을 겪지 않아도 득실을 알게 만든다. 시기에 맞고 일에 적합하며 흐름에 따라 물품을 변경하니, 성취하는데 밝고 일의 기미에 통달한 자가 아니라면 어찌 이와 같이 할 수 있겠는가. 수산修山은 이 분야에 있어 수준 높은 경지에까지 이르렀다고 할 수 있다.

문집 속에 「기자세가箕子世家」가 있는데, 계파系派를 차례대로 기술하며 연대의 기록을 대부분 근래에 관서關西에서 간행한 『기자통기箕子通紀』에 근거를 두고 있으니, 어쩌면 이렇게 하여 의문점을 후대에 전하려 한 것인가. 예전에 나의 벗 시랑侍郞 이의준李義駿이 『기사箕史』를 편찬할 적에 제법 그 책에서 근거로 취한 것이 많다. 내가 그를 위해 조목조목 비교하여 그 진위를 정정하였는데, 중명仲命[16]이 내 말이 옳다고 하였다. 이제는 중명에게 알려 주었던 것을 수산修山에게 알려줄 길이 없으니, 안타깝다. 그래서 여기에 그 설說을 함께 적는다.

정조 3년(1779) 4월 어느 날에 평주平州 신모申某는 쓰노라.

---

16) 중명仲命 : 이의준의 자字이다.

위암 계헌의 뒤에 쓰다

韋巖契憲後敍

효孝는 조상을 추모하는 일보다 중요한 것이 없다. 예조禰祖[17] 이상을 미루어보면, 예조禰祖와 그 예조禰祖의 관계는 나와 예조禰祖의 관계와 같다. 만일 예조禰祖의 마음을 나의 마음으로 여긴다면 먼 조상이라고 해서 추모하지 않을 수 있겠는가. 그러나 사람의 정이란 가까운 관계에는 두텁고 먼 관계에는 소홀하기 마련이다. 먼 조상인데도 추모를 소홀히 하지 않는 자가 있다면 그는 필시 일반인보다 한 등급 높은 사람이라고 할 수 있는데, 나는 이런 사람을 내 족제族弟인 시랑侍郞 계익보季益甫 신대겸申大謙에게서 보았다. 우리 선조이신 전첨공典籤公, 문절공文節公, 충익공忠翼公의 묘소가 경기 양주楊州의 망우리忘憂里에 있어 우리 종고조從高祖 장무공莊武公 이하 3대도 그 곳에 함께 묻혀 있다. 이분들은 계익季益에게 예조禰祖, 증조曾祖, 고조高祖가 된다. 계익季益이 제물祭物을 갖추어 예조禰祖, 증조曾祖, 고조高祖의 묘소에 효성을 다하고서 말하기를, "우리 가문에서 관대를 차고 조정에 출입하는 사람은 모두 충익공忠翼公의 후손이다. 대대로 집안을 잘 계승하고 다행히 큰 탈을 면할 수 있었던 것은 전첨공典籤公의 음덕과 문절공文節公의 가르침 때문이니, 어찌 그 근본을 몰라서야 되겠는가. 지금 삼종三宗의 종자宗子는 쇠퇴하여 행세를 하지 못하고, 제전祭田은 남의 손에 넘어갔으며, 묘소의 나무는 시리지고 있으니, 이는 누구의 책임인가."라고 하였다. 그리하여 재산을 덜어서 그 전답田畓을 다시 매입하여 사손祀孫에게 돌려주고는 이미 마련된 향약鄕約에 별도로 계헌契憲을 만들어 땔나무하는 것을 금하여 묘소의 나무를 보호하는 방안을 극진히 하였다. 아, 어찌 어질고 효성스럽다 하지 않겠는가. 그 한 두 조목은 모두 계헌契憲에 있으니, 이제부터 삼조三祖의 자손들이 모두 마음으로 독실한 정성을 기울이고 잘 지켜서 대대로 게을리 하지 않으면 또 어찌 먼 조상이라고 해서 추모하지 않는 일이 있겠는가. 나의 후손들은 더욱 힘써야 함을 알아야 할 것이다.

이 해 가평嘉平[18]에 대우大羽가 삼가 기록하다.

---

17) 예조禰祖 : 아버지와 조상을 모신 사당을 말한다.

유만천兪曼倩[19]의 화상畫像에 대한 찬贊

兪曼倩眞贊

청풍명월의 마음　風月情懷
강호의 기상　江湖性氣
예전에 그런 말 들었건만　昔聞其語
이 어른이 그렇구나　斯翁殆庶
주옥같은 시문詩文이 몇 상자　數函瓊琚
탁상 위엔 서책이 가득　一牀詩書
심의에 복건 차림이니　深衣幅巾
은퇴하려던 처음 뜻 이루었네　遂服之初

반옥 책상에 대한 명銘

斑玉書案銘

난새인가 고니인가　鸞邪鵠邪
고운자태로 멈춰있다 우뚝 솟은 것은　挺然停竦然峙者
봉황의 족속인가　九苞族邪
선천에 모여 있다가 후천에 드러났으니　先天而凝後天而章
우리 집안의 문운文運에 길한 징조로다　爲吾家文字之祥

기사년(1809, 순조9) 9월에 완구옹宛丘翁이 새기노라.

---

18) 가평嘉平 : 음력 12월을 달리 이르는 말이다.
19) 유만천兪曼倩 : 유한준兪漢雋(1732~1811)으로, 호는 창애蒼厓, 본관은 기계杞溪이다. 만천曼倩은 그의 자字이다. 조선 후기 문장가로 이름이 높았다.

완구유집 권2

서書

남건복南建福에게 주는 편지
與南受之書

문장 짓는 일을 이미 자주 질문하였기에 삼가 근래에 기록한 몇 편을 보여드립니다. 감히 척도尺度를 공교로움으로 삼지 못하고, 감히 형식을 모방하는 것을 재능이라 하지 못하며, 감히 송宋나라 이후의 글을 읽어 시속時俗에 아첨하지 못합니다. 잡스러울까 근심되면 빠져드는 것을 제거하고, 유약할까 두려우면 곱고 화사한 것을 내쳐서 그 뜻이 참으로 복잡하여 그칠 새가 없으니, 모르겠습니다만 그대는 어떤 가르침을 주실런지요?

오늘날 문장을 짓는 이들은 남몰래 선고先古의 작가를 마음에 두어 구양수歐陽修와 소동파蘇東坡를 모방한 글을 장황하게 평론하면서 서가에 잔뜩 쌓아두고는 무리를 지어 칭찬하며 자만하고 있으니, 고루하기가 그지없습니다. 이런 때를 만났으니, 마치 먼 지방 사람이 갑자기 귀한 손님을 만난 것 같아 화려한 언어와 좋은 수레를 본받고 싶지 않은 것은 아니지만, 옷차림새가 맞지 않고 유려한 말재주가 없어서 당황해서 물러나 달아난 지가 어느덧 십년입니다. 그래서 저를 아끼는 분들은 근심을 하고 저를 비방하는 자들은 많으니, 저를 알아줄 사람이 누구이겠습니까. 저를 비웃는 사람은 많습니다. 모르겠습니다만 그대는 어떤 가르침을 주실런지요?

이습지李習之[1]가 다음과 같은 좋은 말을 하였습니다. "『춘추春秋』를 읽을 때에는 『주역周易』이 없는 것처럼 하고, 『장자莊子』와 『이소離騷』를 읽을 때에는 육경六經이 없는 듯이 하라." 고문古文을 따르는 것은 그 말단을 모방하는데 그

1) 이습지李習之 : 이고李翺를 말한다. 중국 당나라 때의 문인으로, 자가 습지習之이고, 당송 십육가唐宋十六家의 한 사람이다.

칠 뿐입니다. 글씨가 작은 기예에 불과하지만, 자기가 쓴 글씨도 다시 쓰면 대부분 그림자도 비슷하지 않기에 "뒤에 쓰면 의태意態가 어그러진다."라고 합니다. 구양수와 소동파보다 700년 뒤에 태어나서 그들의 문법文法과 자구字句를 모방해 놓고는 자신의 문장이 진짜라고 하니, 이는 미친 것이 아니면 망령된 짓입니다. 하찮은 지식으로 자신에게만 망령된 짓을 할뿐만이 아니라, 천하의 문장을 억지로 한결같이 그렇게 망령되게 만들려 한다면 자신의 역량을 모르는 것입니다.

가령 문장의 도道가 연습沿襲을 으뜸으로 삼았다면 사마천司馬遷의 문풍文風이 계속해서 이어졌을 것이며, 한유韓愈가 쇠퇴한 문풍을 일으키는 일은 없었을 것입니다. 우맹優孟이 손바닥을 치며 담소하는 것을 보고 사람들이 손숙오孫叔敖가 살아난 것인가 의심하였지만,[2] 군자君子는 그것을 비웃었습니다. 언사偃師가 만든 물건이 현란하게 움직이는 것을 보고 저자의 사람들이 다투어 보고 유룡游龍이라 여겼지만 식자들은 변별하였습니다. 지금 사람들 중에 자신을 높이 내세우고 우쭐대면서 으뜸이라고 하는 자는 우맹優孟과 언사偃師가 가짜 구양수와 소식을 만들어내어 진짜로 생각하는 것에 지나지 않습니다. 남들은 그렇다고 하더라도 저는 마땅히 문장에서 심오한 이치를 찾을 것입니다. 그렇지 않다면 천금의 값어치가 있는 갖옷을 떨어진 솜옷과 바꾸는 일은 지혜가 있는 자라면 하지 않을 것입니다. 그대는 살펴주시기 바랍니다.

고양 종숙부께 올리는 편지
上高陽從叔父書

서쪽 유람에서 돌아오자마자 이미 행차가 떠났으니, 섭섭함과 그리움이 막급하여 마음을 가눌 수가 없습니다. 저는 11일에 파주坡州에서 묵었습니다. 풍

2) 우맹優孟이……의심하였지만 : 우맹優孟은 전국 시대 초楚나라의 유명한 배우俳優이다. 당시에 정승 손숙오孫叔敖가 그에게 잘해 주었는데, 손숙오가 죽은 뒤 그의 아들이 가난에 시달리는 것을 알고는, 손숙오의 흉내를 연습한 뒤에 손숙오의 의관을 착용하고 임금에게 나아가 설득하여 그 자손에게 땅을 봉해 주게 하였다고 한다. 『史記』「滑稽列傳」

계사豐溪祠를 알현하고 다음날에 화장사華藏寺에 올라 패엽貝葉과 전단栴檀을 보았습니다. 아침 일찍 대흥성大興城으로 향하여 현화사玄化寺 터로 길을 잡았습니다. 이곳은 고려 성종成宗이 복을 빌었던 곳입니다. 5~6개의 울타리는 깨끗하였고, 그 경계 역시 틔어져 있었습니다. 갑작스레 세속을 떠나 이곳에 살고 싶은 생각이 들었지만, 아직 도인술導引術3)을 터득하지 못하여 무릉도원을 헤아릴 수 없을 뿐입니다. 마침내 관문을 따라서 범사정泛槎亭에 올랐는데, 정자는 박연폭포 아래에 있습니다. 폭포가 떨어지는 형세를 마주하니, 기이하고 장엄한 광경이 사람으로 하여금 천곡이나 되는 티끌을 씻어버리게 만들었습니다. 성대한 명성은 그저 이루어지는 것이 아니니, 어찌 그렇지 않겠습니까.

심원尋源은 역시 지팡이를 짚고 다닐 곳이 많은데, 이른바 기담妓潭은 수석이 몹시 아름다우며 못 아래에 또 작은 폭포가 있습니다. 돌과 서로 맞부딪쳐서 늘 우렁찬 큰 북소리가 나는데 달구경하기에는 더욱 좋은 곳입니다. 밤이 깊어지자 비로소 대흥사大興寺 절간에 묵었습니다. 어제 아침에는 박석령礡石嶺을 넘어 화곡서원花谷書院을 찾아 배알했습니다. 문강공文康公 서경덕徐敬德의 묘소에 절을 하고 서사정逝斯亭에 올랐습니다. 소거小車가 머물던 곳을 생각하니, 곁에서 직접 뵙는 것 같았습니다. 다만 유람 온 사람들이 너무 번잡하여 제법 시끌시끌했습니다.

그대로 개성부開城府로 들어가 숭양서원崧陽書院을 배알하였습니다. 선죽교善竹橋를 지나 만월대滿月臺에 올랐다가 경덕궁敬德宮으로 들어가니 은殷나라와 주周나라의 흥망을 그 곳에서 상상할 수 있었습니다. 성균관成均館에 들어갔다가 오관서원五冠書院과 숭절사崇節祠를 배알하였습니다. 다만 파주를 지난 뒤로 말이 다리를 더욱 많이 절어 이틀간은 도보로 이동하였는데, 70~80리 길이었습니다. 이로 인해 다리 힘이 빠지고 발이 부르터서 크게 홍취가 줄어들어 크게 탄식할 뿐입니다. 숭양서원에서 말을 징발하여 장단長湍의 치소治所에서 유숙했습니다.

오늘 임진臨津에 도착했습니다. 말을 징발하고 또 진장鎭將의 말을 빌려 파주에 도착했는데, 파주에서는 관마官馬를 빌려 아중衙中에 이르렀으니, 마치 역말

---

3) 도인술導引術 : 도가道家의 양생법養生法으로, 몸과 수족을 굴신屈伸하면서 신선한 공기를 마시는 것이다.

을 빌려 타는 듯 했습니다. 행색이 이미 형편없고 양식도 바닥이 나서 여관에서 빌어먹을 지경에 이르니 도리어 웃음이 나왔습니다. 지금은 바닷가로 돌아가는 것이 하루가 급한데 말의 병은 더욱 심해지고 관마官馬도 일이 많아 빌리기가 어려운 터라 배편으로 내려가고자 하니, 지체되는 이때에 편의에 따라 가르침을 주시기를 삼가 바랍니다.

유람을 하며 기록한 글은 아직 탈고하지 못하여 함께 보여드리지 못합니다. 밤사이 급히 쓴 터라 자세히 기록할 겨를이 없었습니다. 우선 갖추지 못하고 이렇게 편지를 올립니다.

임오년(1762, 영조38) 음력 5월 15일 종질從姪 대우大羽.

해서海西[4]의 윤 관찰사에게 주는 편지

與海西尹觀察書

초여름에 관찰사의 임무를 수행하는 대감의 체후가 다복하시리라 생각됩니다. 저는 지난번에 봉산鳳山의 행정杏亭을 지나다가 편인기片麟奇가 여막살이를 한 일을 보고는 감탄하여 며칠이 지나도록 잊지 못했는데, 또 그대가 그를 등용하지 못한 것을 한스럽게 생각했습니다. 인기麟奇는 향리의 천민으로, 일찍 아비를 여의고 극진한 효성으로 그 어미를 섬겼습니다. 5~6년 전에 어미가 병이 들어 위독해지자, 인기麟奇가 울면서 하늘에 기도하고 손가락을 베어 피를 내어 어미에게 올리니, 어미가 이로 인해 소생했다가 지난겨울에 세상을 떠났습니다. 인기麟奇는 마침내 묘소에 여막을 짓고 그 곳을 지킨 지가 반년 남짓 되었습니다. 풀이 우거진 무덤들 사이에 있는 두 칸의 퇴락한 공간은 비바람이 들이쳐 사람이 거처할 수 없는 곳 같았습니다. 지나가는 행인들이 모두 그 일을 말하였는데, 이따금씩 눈물을 흘리며 선뜻 떠나지 못하고 머뭇거리는 사람들도 있었습니다. 아, 이 사람은 진정한 효자입니다.

4) 해서海西 : 황해도 지역을 말한다.

지난해에 동군東郡의 손님이 머물면서 그대가 하신 말씀을 기억해 말해주기를 "정치를 잘하는 것은 선인善人을 등용하여 풍속을 돈독히 하는 것만 한 것이 없다."라고 하였습니다. 저는 그 당시 이 명언에 감탄하여, 한대漢代의 공수龔遂와 황패黃覇와 같은 순리循吏의 정치도 이를 넘지 않는다고 생각하였습니다. 다만, 그대가 혹시 선인善人을 등용하는 일을 어디서부터 먼저 하실지 감히 알지 못했습니다. 선善은 한두 가지로 거론할 수 없으나, 선善은 부형父兄을 잘 섬기는 일보다 성대한 것이 없습니다. 그러므로 옛사람이 풍속을 돈독히 하는 방책에 여러 가지 단서가 있었지만, 반드시 효제孝悌가 있는 인물을 등용하는 것을 우선으로 삼았습니다. 지금 인기麟奇와 같은 백성이 있는데도 그대가 표창하신다는 소문을 듣지 못했으니, 그대가 선인을 등용하여 풍속을 돈독히 하는 정치가 과연 어디에 있습니까. 혹자는 "아직 인기麟奇의 일을 듣지 못해서 그렇다."라고 말합니다. 그러나 아직 듣지 못한 것은 그대가 구하지 않았기 때문입니다. 구하여 듣지 않고 등용하지 않은 것은 모두 잘못입니다. 아니면 등용을 늦추려 한 것입니까. 당唐나라의 이덕유李德裕가 말하기를 "선인善人을 등용하는데 더디면 선善을 행하는 사람이 게을러진다."라고 하였으니, 바라건대 그대는 더디게 하지 마십시오.

소인小人의 마음은 쉽게 상을 주어 권면할 수 있으니, 열 가구 정도 되는 작은 고을에도 반드시 충성스럽고 신의가 있는 인물이 있습니다. 진실로 우대하고 특별히 여기는 그대의 은혜를 효자의 행실을 장려하는데 아끼지 않으신다면 그대의 백성 중에 어느 누가 이끌고 공경하며 그대의 명령을 듣지 않겠습니까. 그들은 "인기麟奇도 사람인데, 내가 어찌 저 사람만 같지 못하겠는가."라고 하며, 모두 깨달아 효제孝悌의 교화에 흥기될 것입니다. 한 명의 인기麟奇를 등용하여 수천 수백의 인기麟奇가 계속해서 나온다면 해서海西의 민속民俗이 돈후하게 되지 않으려 해도 그렇게 될 수가 없을 것입니다. 그대가 이미 부패한 관리를 내쫓아 경내境內가 온통 엄숙하여 아무 일이 없으니, 덕이 있는 사람을 포상하고 행실이 있는 사람을 예우하여 백성들로 하여금 권면할 줄 알게 하려면 지금이 바로 그 때입니다. 무례함을 무릅쓰고 말씀드리니, 너무나 송구합니다. 아무개는 두 번 절을 올립니다.

정술인에게 보내는 답장

答鄭述仁書

보내온 편지의 내용 중에 박亳땅에 기자묘箕子墓가 있다는 설說은 두예杜預의 주장이니, 두예는 "양국梁國 몽현蒙縣 박벌성薄伐城에 은殷나라 탕湯의 무덤이 있고, 그 서쪽에 기자묘가 있다."라고 하였네. 그 설이 어디에서 나온 것인지 모르겠지만, 아마도 『사기史記』의 "주周나라에 조회하였다."라는 말을 따라 호사자가 첨가하여 부연한 것이라 생각되네. 그러나 기자箕子가 동쪽으로 온 것은 망복罔僕의 뜻5)을 지키기 위함이었으며, 무왕武王이 그를 봉해준 것도 망복罔僕의 절개를 온전히 해주기 위함이었네. 이미 온전히 해준데다 다시 책임을 맡기는 것은 필시 삼정구벌三征九伐의 제도에 의거한 것이네. 기자가 이미 절개를 지키고서 다시 제후가 되어 서옥瑞玉을 천자에게 바치려고 달려가는 것이 어찌 사리에 맞는 일이겠는가. 믿을 수 없는 역사서의 기록이 이미 이와 같은데, 하물며 한번 중국으로 가서 돌아오지 않고 그 곳에 무덤을 남긴 일이 있을 수 있는가. 요동遼東의 옛 기록에 "압록강 동쪽의 평양성은 기자의 나라로, 성 밖 5리 되는 곳에 기자묘가 있다."라고 하였고, 지리지地理志에는 "언사현偃師縣에 성탕成湯의 능은 있으나 기자묘는 없다."라고 하였으니, 이 또한 두예의 설이 오류라는 것을 증명해주는 한 가지 단서네. 비록 그렇다 하더라도 성탕의 능과 관련한 말도 믿을 수가 없네. 유향劉向이 성제成帝에게 고하기를 "은殷나라 탕湯은 장례 지낸 곳이 없습니다."라고 하였으니, 만일 이 세상에 탕의 무덤이 있다면 어찌 자정子政6)과 같이 견문이 넓고 박학한 사람이 이에 대해 듣고서도 임금에게 정중하게 경계하는 말을 하면서 그것을 근거로 삼지 않았겠는가.

---

5) 망복罔僕의 뜻 : 망국의 신하로서 의리를 지켜 새 왕조의 신복이 되지 않으려는 절조를 말한다.

6) 자정子政 : 유향劉向을 말한다. 한漢나라의 유학자로, 자정은 그의 자이다.

한 정자韓正字가 유주維州의 일을 논한 데에 대한 답장

答韓正字論維州事書

보내온 편지에서 말한 유주維州에 관한 사실은 호인胡寅의 논변[7]이 이미 분명하고 정확합니다. 여탈予奪의 미묘한 의미를 『자치통감강목資治通鑑綱目』에서 징험할 수 있는데도, 그대의 의심은 그치지 않으니, 어찌 그대가 상세히 몰라서 그런 것이겠습니까. 어리석은 저의 한 두 마디 말이 고명하신 그대에게 채택될 만한 것이 못되겠지만, 선현先賢이 이미 다 논술하여 밝힌 뜻을 모아 한번 말씀드리고자합니다. 그대는 정말로 유주維州를 받아들여서는 안 된다고 생각합니까. 저 유주는 옛날에 토번吐蕃에게 봉해주었던 땅이 아니고, 실달모悉怛謀가 와서 투항한 것은 중국에 교화되고 싶은 진심에서 나온 것입니다. 공연히 조종조朝宗朝 이래의 700리 강토를 덜어내고, 충성스런 마음으로 스스로 귀화하여 온 사람을 사지死地로 내치고서 스스로 "천자로서 신의를 잃지 않고 맹약을 배반하지 않았다."라고 한다면, 어찌 우스운 일이 아니겠습니까.

유주가 참으로 궁벽하고 작은 땅이지만, 가령 토번吐蕃이 함양咸陽을 훔쳐서 차지하였는데 함양의 군수가 백성들의 호적戶籍을 가지고 와서 실달모처럼 귀의한다고 하더라도 "내가 맹약을 하였다."라고 하면서 그 땅을 받아들이지 않겠습니까. 사양하거나 받는 일은 땅의 크고 작음에 관계없이 마땅한 명분을 따를 뿐입니다. 그러므로 만일 사양할 수 있다면 모욕을 하면서 주는 음식은 굶주린 사람도 받아먹지 않습니다. 만일 온당한 도道에 합당하다면, 순舜처럼 요堯의 천하를 받을 수 있는 것입니다. 천하의 일로 보자면 함양에 대한 태도는 옳고 유주에 대한 태도는 그르다는 법은 없습니다. 만일 유주를 받아들일 수 없다면, 함양보다 더 큰 땅이라고 하더라도 받을 수가 없습니다. 만일 함양

7) 호인胡寅의 논변 : 『자치통감資治通鑑』 247권 「당기唐紀」에 토번吐蕃의 유주 부장維州副將 실달모悉怛謀가 유주의 군대를 거느리고 당나라에 투항해 오자 서천 절도사西川節度使 이덕유李德裕가 실달모를 받아들이고 유주를 차지하는 이로움을 조정에 상주하였는데, 이덕유와 대립하던 대신 우승유牛僧孺가 오랑캐와 약속한 화친을 지키는 것이 더 중요하다고 주장하여 실달모의 투항을 받아들이지 않았다는 내용이 있다. 이와 관련한 문종文宗의 조치에 대해 송나라의 사마광司馬光과 호인胡寅의 상반된 견해를 제시하였는데, 호인은 실달모의 투항을 받아들였어야 한다고 하였다.

을 받아들일 수 있다면, 탄환이나 바둑알 같이 작은 땅이라도 모두 받아들일 수 있으니, 더구나 유주 같은 땅이야 말할 나위가 있겠습니까.

또 유주와 함양을 다 받아들일 수 없다고 합시다. 만일 토번이 당唐나라 천하의 영토를 훔쳐서 위魏나라가 한漢나라에, 금金나라가 송宋나라에 한 것처럼 하여 제왕帝王이 촉蜀이나 절강浙江지역의 모퉁이에서 편안히 지내며 날마다 닭을 잡고 달마다 말을 잡아 거듭 맹약을 했다고 하더라도, 어느 날 갑자기 실달모 같은 자가 있어 토번의 추장인 찬보贊普의 목을 잡아매어 이민吏民과 부고府庫를 다 바쳐서 유주를 바치듯 투항한다면, 이전에 맺은 맹약이 있기 때문에 받아들이지 못한다고 할 수 있겠습니까. 이 이치가 너무나 명백한데도 그대의 명철한 식견으로 우승유牛僧孺와 똑같은 주장을 하는 것은 무슨 까닭입니까.

그러나 주희朱熹가 견지했던 서법書法이 후세에 밝게 드러난다면 그대의 의심도 그에 근거하여 증명될 수 있을 것입니다. 자신의 땅을 가지고 남에게 투항하는 자를 『자치통감강목』에서는 반드시 "반反"이라고 적었는데, 실달모의 일에 대해서는 "유주維州를 가지고 투항하였다."라고 하였습니다. 포상과 추증을 특별히 기록하는 것은 모두 충성스럽고 절의가 있는 선비를 대우하기 위함인데, 실달모에 대해 역시 "우위장군右衛將軍을 추증하였다."라고 하였습니다. 이것이 어찌 『춘추春秋』에 말한 대일통大一統의 의리를 지켜 감히 오랑캐를 중화中華와 같은 반열에 두지 않는 뜻이 아니겠습니까. 그렇다면 실달모가 비록 불행히도 중국의 교화를 받지 못한 토번에서 태어났지만, 그 역시 당나라 천자의 일개 신하일 뿐입니다. 실달모는 당나의 신하로 당나라의 땅을 받들어 당나라의 조정에 귀의한 것이니. 어찌 배반했다고 하겠습니까. 지나치게 과장된 말로 두렵게 하는 것은 이른바 남의 마음을 감복시키는 방법이 아닌 듯합니다. 이 때문에 군자君子가 유주의 땅을 받아들이지 않았습니다만, 우승유牛僧孺가 말한 것처럼 토번이 과연 삼일도 지나지 않아 곧바로 함양교咸陽橋로 들이쳤다면 모르지만, 이 경우가 아니라면 진실로 문종文宗을 위협하여 자신의 계략을 쓰기에는 충분하지 못합니다. 그러나 말의 협의를 들어 올바르지 못하다고 단정한다면 우승유 일파와 이덕유 일파의 시비是非에 대해 그대가 또 무엇을 의심하겠습니까.

한 정자韓正字에게 보내는 두 번째 답장

重答韓正字書

지난번 편지에 제 생각을 자세히 밝혔기에 곧바로 이해하리라 여겼는데, 다시 편지를 받고 보니 이전처럼 꽉 막히고 노둔한 말이 그대의 뜻에 부합하지 못한 것이 부끄럽습니다. 유주維州에 관한 시비是非는 본래 의심할 만한 것이 아니지만, 완전무결하게 하는 책임은 늘 이덕유李德裕에게 돌아갑니다. 장문臧文의 무지無知가 그대 주장의 구실이 되었고, 문정文正의 태서론太恕論이 여기에서 비롯되었습니다. 보내온 편지에서 두 사람이 서로 침탈하는 것을 비유로 들었는데, 이는 진秦나라와 초楚나라 관계라면 괜찮지만, 당唐나라와 토번의 관계도 이와 같다고 할 수 있겠습니까. 만일 그렇지 않다고 한다면, 당唐나라는 천하를 차지한 주인이니, 사해四海와 육합六合 사이에 걷고 숨을 쉬며 날개 짓을 하고 움직이며 산림과 천지에 가득한 것은 모두 당나라의 소유입니다. 그렇다면 저 토번이 뻣뻣하고 억세게 굴며 스스로 천자국이라 칭하지만, 그것도 역시 당나라의 일부일 뿐입니다. 왕이 제후국에 대해 화친책을 쓸 때에는 비록 꼭 군대를 일으켜 죄를 물을 필요는 없지만, 제후국을 취할 수는 있습니다. 설령 지난번 편지에서 말한 것처럼 찬보贊普의 목을 매어 호적을 가지고 귀순한다면 취하지 못할 의리는 없습니다. 더구나 천리나 되는 유주維州는 수십 년 전에는 천자의 옛 땅으로, 위고韋皐가 날랜 병사를 거느리고 여러 번 견고한 성벽 아래에 주둔하며 죽도록 싸웠지만, 한스럽게도 함락시키지 못한 곳입니다. 이제 화살과 화살촉을 하나도 소모하지 않고 하루아침에 스스로 바치니, 이는 이른바 "하늘이 준 것이다."라고 하는 말에 가깝습니다. 이를 위무하여 차지한다고 한들 무엇이 의리에 해를 끼치고, 무엇이 사람의 도리에 어긋난다고 꼭 물건을 버리듯 원수를 대하듯 내친단 말입니까.

보내온 편지의 내용 중에 "이적夷狄의 신하는 마땅히 이적의 임금을 위하여 절개를 바쳐야 한다."라고 하셨는데, 이것은 적敵 이하를 두고 말한 것이지, 천왕天王을 대하는 도리가 아닙니다. 만약 달마達磨의 명령이라고 하여 달마의 병사를 이끌고 당唐나라의 영토를 침범하여 빼앗았는데, 이를 두고 절개를 다하였다고 할 수 있겠습니까. 이는 원수와 도적에 지나지 않으니, 그대가 어찌 받아들이겠습니까. 또한 그대는 자신의 주장을 억지로 맞추기 위해 실달모를 반역을 저지른 신하로 명명命名하는 것을 정설로 내세우려 합니다. 이는 이와 같지 않아 유주를 받아들여서는 안 된다는 설을 명백히 설명해 줄 수가 없습니다. 실달모 역시 천자의 신하로 밖에서 안으로 들어오고 오랑캐에서 중화로 향하였으니, 어찌 이를 반역이라고 할 수 있겠습니까.

석연분石演芬은 서강西羌 사람으로, 이회광李懷光이 그를 길러 양자로 삼아 은혜가 두터웠습니다. 이회광이 장안長安과 내통하여 모략을 꾸미자 그 실상을 천자에게 고하여 결국 이회광에게 죽임을 당했지만, 후세에서 그의 충성을 칭송하고 있습니다. 저 유주維州의 장수만은 석연분처럼 충성스럽다고 칭송을 받을 수 없단 말입니까. 맹약을 지킨다고 말하는 것은 아주 우스운 일입니다. 우승유가 과연 맹약을 잘 지키는 것을 중하게 여겼습니까. 이전 해에 토번의 기병이 노주魯州를 노략질해 갔으니, 맹약을 잘 지켰다고 할 수 없습니다. 삼주三州와 칠관七關을 받은 것은 자신의 당파가 뜻을 얻은 뒤에 있었고, 하황河湟[8]을 수복하고 유주를 취한 것도 이 해 겨울에 있었으니, 어찌 이전에는 맹약을 잘 지키다가 이제는 깨버리고, 이전에는 의리에 엄정하였다가 뒤에는 느슨하게 할 수 있습니까. 귀순하여 오면 받아주지 않다가 군사를 일으켜서 취하며, 자기 당파가 관여될 때는 괜찮다고 하고, 이문요李文饒의 당파와 관련될 때는 불가하다고 하니, 이것이 과연 의리입니까? 아니면 맹약을 잘 지킨 것입니까? 우승유가 어진 이를 질투하고 남이 공적을 세우는 것을 시기한 죄는 참으로 다 속죄할 수 없는데, 그대는 나는 그의 선善을 취한다고 하였습니다. 진실로 그대가 천하의 선善을 취할 수 있는 것이 말로 다할 수 없을 만큼 많은데, 어찌 자잘한 소인배의 말재주에 지나지 않는 계책을 우대하여 약상자 속의 약처럼 더하고 빛나게 하시는 것입니까. 부디 다시 헤아려 보시기 바랍니다.

---

8) 하황河湟 : 지금 중국의 청해성青海省과 감숙성甘肅省 경내에 있는 황하黃河와 황수湟水가 합류하는 지역을 가리킨다. 이곳은 당唐나라와 토번吐蕃사이의 국경 지역이었다.

박유칙朴維則에게 보내는 편지

與朴維則書

지금 산에 거처하시며 편안히 휴식을 취하리라 생각됩니다. 훌쩍 떠나시며 속인의 송별을 허락하지 않으셨기에 높고 우뚝하신 뜻에 다시 도성都城에 미련이 없음을 알았으니, 바라봄에 구름과 강물 같아 뒤따를 수 없을 듯합니다. 생각건대, 무성한 풀과 큰 나무그늘에 의지하여 자연이 생성해주는 기운에 일체를 맡기는 것이 바로 이 때입니다.

어느 것이 '호蒿'이고 어느 것이 '아莪'이며, 어떤 것이 '고枯'이고 어떤 것이 '완菀'입니까? 『호암기蒿菴記』에 대해 한 번 해주신 말씀은 저의 수경水鏡을 안다고 말하지 않겠습니까. 『수능엄경首楞嚴經』 두 책을 올리니, 받아주십시오. 만일 그대가 큰 깨달음을 얻는 날에는 저 같은 비루한 사람도 잘 인도하여 가르쳐 주시기를 우러러 바랍니다.

저는 근래에 서울에 있으면서 첨정僉正 종숙從叔의 상喪을 당해 곡을 하였기에 마음이 몹시 애달픕니다. 돌아온 뒤로는 아무 근심스런 일이 없어 아이들에게 일과로 글을 읽게 하고 어린 노비들에게 농사일을 권하고 있습니다만, 또한 때때로 스스로 힘을 다할 수 없을 뿐입니다. 어떻게 하면 그대를 한번 뵙고 속마음을 터놓고 말씀드릴 수 있겠습니까. 편지를 다 쓰고 나니 멀리 있는 그대에 대한 그리움이 한층 더합니다. 부디 살펴주시기 바랍니다. 이만 줄입니다. 대우大羽는 머리를 조아립니다.

4월 10일.

완구유집 권3

서序

북관北關으로 감시監市를 떠나는 어사御史 구상具庠을 전송하며

送具御史監市北關序

구상具庠 공이 홍문관 교리로 북관北關의 감시어사監市御史로 나가게 되었다. 홍문관의 관원은 임금이 잘못이 있을 때 지적하고, 의문이 있으면 상소를 올리며, 관리가 잘못을 하면 규찰하니, 사대부의 반열에 있기는 하지만 대신大臣이 임금의 잘못을 바로잡아 고쳐주는 도道를 지니고 있다. 그래서 반드시 경전經典에 통달하고 믿음이 있고 정직하며, 문학이 있는 선비를 선발하여 그 직책을 맡긴다. 비록 지금 세상의 사람들에게 꼭 요구하고 기필할 수는 없지만, 구공 같은 사람은 하루라도 그 직책을 떠나서는 안 되는 인물이다.

구공이 말하기를 "한 가지 실수를 바로잡지 못하고, 한 가지 일을 보완하지 못하고서 구차히 자기 일신만을 영화롭게 한다면 죄가 아니겠는가. 임금과 부모를 버리고 북쪽 변방으로 떠나니, 북방의 재화를 저울질 하는 것은 감당하지 못할 일인 줄 알지만, 그렇게 하지 않으면 나의 책임을 다할 길이 없다."라고 하였다. 아, 이것이 구공의 현명한 점이다. 만일 지금의 사람들이 모두 구공과 같은 뜻을 지닐 수 있다면, 내가 어찌 구공이 떠나는 것을 안타깝게 여기겠는가.

시장을 감시하는데 어사御使를 두는 것은 옛일이 아니다. 병마평사兵馬評事가 그 일을 주관한지 십 수 년 이래로 의론하는 자들이 다시 확장을 하여 음식과 거마車馬를 제공하라고 채찍질과 매질을 하여 이 지역에 소란이 일어났다. 심하도다, 옛날의 제도를 그대로 따를 수 없는 점이. 만일 적임자를 얻는다면 어찌 평사評事라고 그 일을 해내지 못하겠는가. 평사가 잘할 수 없는 일을 어사御使가 잘할 수 있다고 하여 임금을 가까이 모시는 어진 신하를 내보내어 평사評事의 남은 일을 관장하게 한단 말인가. 공의 행차에 이 글을 가지고 송별의 말을 대신하노라.

유수留守 성천주成天柱 공이 경사京師로 돌아가는 길을 전송하며
送留守成公還京師序

성 유수成留守가 강화도를 다스린 지 23개월 만에, 부절符節을 바치고 서울로 돌아갈 적에 편지를 보내와 말하기를, "그대가 한 마디 말이 없어서야 되겠는가."라고 하였다. 아, 공公의 부탁이 아니라고 하더라도 진실로 전송의 글을 올려야 한다. 공公처럼 훌륭한 문장을 지니고 명성이 있는 분이 외직에 오래 머무는 일은 조정에 이로운 일이 아니다. 내가 비록 강화도 사람이기는 하지만, 어찌 사사로운 마음으로 공을 잡을 수 있겠는가. 그러나 공이 다스리기 전과 지금을 비교해 보면, 지금은 겹바지를 입고 있지만 예전에는 홑바지 하나 없었고, 지금은 곡식이 남아 돌지만 예전에는 먹을 것이 없었다. 위엄이 있으면서도 사납지는 않았고, 은혜로우면서도 명예를 구하는데 가깝지 않았다. 공이 주렴이 드리워진 궤안에서 한가하게 앉아있어도 백성들이 바다가 둘러싸고 있는 수 백리 안에서 편안히 살았다. 만일 공을 뒤이어 부임하는 분이 공이 남긴 조그만 흔적과 껍데기를 잃지 않는다면, 오히려 충분히 다스릴 수 있을 것이다. 더구나 공과 같은 분이 떠날 수 있으니 말할 나위가 있겠는가. 이 곳을 떠나 공이 조정의 중요한 위치에 올라 품은 뜻을 실행할 수 있다면, 우리 강화도 사람들은 비록 공을 잃는다고 해도 사실상 그를 얻는 셈이다. 그렇지 않으면 조정에 있어도 그저 조정의 모범이 되는 어진 대부에 불과할 따름이다. 이제 곧 이루어지려는 업적을 거두고 돌아가 한가한 관직에서 마음 편히 지내려고 한다면 그것이 조정의 이익에 무슨 보탬이 되겠는가. 강화도는 남서쪽의 선박들이 모이는 곳으로, 공세貢稅를 조운漕運하여 생선, 소금, 대나무 화살처럼 날마다 서울로 가는 산물이 반드시 경유하는 곳이기도 하다. 그 지리적 위치가 이처럼 중요하고 긴요하지만, 사람을 선발하여 맡기기가 어렵고 다스리기도 쉽지가 않다. 그러나 오랜 기간 임지를 맡기는 제도가 폐지되어 부府를 맡는 자들이 지나쳐가는 여관처럼 여겨 선뜻 힘을 다해 일하려 하지 않는다. 또 임기가 다 되면 막아버리며, 또 적임자를 얻지 못하면, 가혹하고 방종하며 포악한 명령이 번갈아 다시 사단을 일으켜 백성들이 시끄러워 살아가지 못한다. 강화도를 버리는 땅처럼 여긴다면 모르겠지만, 만일 "지리적 위치는 중요하지만, 그곳을 다스리는 일을 중시할 필요는 없다."라고 말한다면, 그런 말은 이전에 들어본 적이 없다. 공이 떠나는 것은 애석하지만, 붙잡을 수가 없으니, 이 글을 써서 송별을 대신하고, 또 내 마음을 말해본다.

임피臨陂로 부임지를 옮기는 금천 현감衿川縣監 조윤형曺允亨을 전송하며
送衿川曺使君移宰臨陂序

금천衿川은 우리 선영이 있는 고을이다. 땅은 광활하고 또 정치와 교화가 모이는 곳과 임금의 호령이 미치는 곳에 가까우니, 가기를 기약하지 않아도 가게 된다. 태수太守의 정치는 내가 모르지 않는데, 더구나 조사군曺使君의 행적은 어찌 소문을 들은 뒤에야 알 수 있겠는가. 그는 청렴하고, 판결을 공정하게 하며, 공무를 볼 때는 집안일을 보듯 하고, 관리를 집안사람 보듯 하며, 백성을 갓난아이처럼 본다. 비록 한 달의 계획에는 부족한 점이 있을 듯하지만, 한 해에는 반드시 여유가 있으니, 이와 같이 하고도 다스리지 못할 사람이 있겠는가. 4년이 지나서 금천의 서리와 백성들이 조 사군의 정치를 편안히 여기고, 조 사군도 그들이 자신에게 편안함을 느끼는 것을 즐거워하여 자신도 편안함을 얻었다. 나날이 처자식에게 술을 빚어서 올리라고 하기에도 충분하였다. 마침 호남湖南의 임피臨陂로 부임지를 옮기게 되어 떠나면서 나에게 몇 마디 말을 부탁하였다.

내가 듣기로 풍속을 따라 잘 다스리는 일은 옛날 훌륭한 이천석二千石 벼슬아치[1]의 일이었네. 금천을 잘 다스렸는데, 어찌 임피를 잘 다스리지 못할 리가 있겠는가. 조공은 글씨를 잘 쓰니, 글씨로 비유를 들어보겠네. 적趯과 별撇이 같다고 해서 결구結構가 반드시 동일한 것은 아니네. 해서楷書와 행서行書는 서로 다른 서체이지만, 붓에 먹물을 묻히는 것은 다를 수는 없네. 청렴하고 공

1) 이천석二千石 벼슬아치 : 군郡의 장관인 태수太守이다. 한漢나라 때 군郡 태수의 연봉이 2천 석이었던 데서 연유하였는데, 이후로는 지방 수령을 지칭한다.

정한 것은 붓에 먹물을 묻히는 것에 해당하고, 임피와 금천을 다스림은 결구에 해당하네.

공은 유독 말을 모는 자를 보지 못했는가. 큰 길거리에서 빠른 걸음으로 달리지만 시내에서 고삐를 당기는 법이니, 공은 다만 말을 몰아가는 법도를 잃지 않아야할 따름이네. 떠나는 그대를 애석하게 생각하고 또 임피 사람들을 위해 어진 현령을 얻게 된 것을 축하하네. 이로 말미암아 말을 미루어 하례하는 근거로 삼아 그 행차가 이와 같음을 말하노라.

기해년(1779, 정조3) 봄 정월, 평주平州 신대우申大羽는 쓰노라.

하정부사賀正副使로 떠나는 윤 대부尹大夫를 전송하며

送賀正副使尹大夫序

세상에 전하는 말에, 양梁나라의 은거隱居 도홍경陶弘景이 『진고眞誥』를 엮고 신선이 되었다고 한다. 과연 그가 신선으로 진실로 『진고眞誥』를 남겨 사람들로 하여금 선인이 되게 하였는가. 나는 아직 그 책을 보지 못하였으나, 이미 전기傳紀에 뒤섞여 나오는 내용을 통해 징험해보고, 『진고眞誥』라는 책을 기이하게 여겼다. 우연히 성재聖載 이광려李匡呂 어른이 계신데서 말을 꺼내자 성재聖載가 기뻐하며 말하기를 "그렇네. 내가 예전에 어떤 사람의 구장서舊藏書 가운데서 빌려본 적이 있는데, 그 책이 아직 있네. 그대에게 빌려주겠네."라고 하였다. 얼마 뒤에 호서湖墅에서 심부름꾼이 와서 건네주었다. 보내온 편지에 "책을 펼쳐 조금만 읽어보면 곧 눈에 들어오는 것마다 모두 임랑琳琅[2]일 것이니, 그러면 『진고眞誥』가 어떤 책인지 알 수 있을 것이다."라고 하였다. 지금 그 책은 비록 다른 사람에 의해 화재로 잃었지만, 어찌 일찍이 하루라도 이 책을 내 마음 속에서 놓은 적이 있었던가. 우리나라는 책이 적은데다 『진고眞誥』라는 책은 없어 예전에 여러 번 연경燕京의 서점에서 구입하려 했으나 구입하지 못하였다. 이 책은 늘 쌓여있는 것이 아니며 구하는 것 역시 어려우니, 어쩌면

2) 임랑琳琅 : 아름다운 옥으로, 흔히 아름다운 시문을 뜻하는 말로 쓰인다.

기다려야 하는 것일까. 윤 대부尹大夫의 사행使行에 또 시험해본다. 다행히 지금 천하는 아무런 일이 없고 국가는 태평하여 가벼운 수레에 깃발을 싣고 가는 것은 초楚나라로 가는 사람이 얼음물을 마시는 고생과는 다르다. 이렇게 한가한 때를 만나 경전璚篆과 옥첩玉牒을 펼쳐 장사長史와 옥부玉斧3)의 숨은 자취를 바로 잡는 것 역시 한 가지 일이다. 이것으로써 하정부사賀正副使 윤 대부尹大夫를 전송하는 글로 삼는다.

종조숙부 익위군翊衛君4)의 환갑에 축수를 올리며
從祖叔父翊衛君六十一歲壽序

남는 점이 있으면 모자란 점이 있다. 그러므로 모자람이 있는 사람도 반드시 남는 점이 있으니, 바로 하늘의 도道이다. 생각하건대 우리 종조 숙부 익위군翊衛君은 문장이 생용笙鏞5)에 올릴 만하고, 행실은 세속을 돈독히 할 만하며, 충신忠信은 어린 왕과 나라를 맡길 만하다. 그러나 관직에 나아가서는 당시에 뜻을 얻을 수가 없었으며, 도성에는 거처할 집이 없었다. 태평한 세상에서 느긋하였으나 아침저녁의 끼니도 마련할 여유가 없었으며, 여러 가지 일이 세상과 어긋나는 경우가 많았다. 익위군에게 남는 점은 모두 세속에서는 모자란 점이었으니, 익위군이 어찌 홀로 모자람이 없을 수 있겠는가. 익위군이 모자람이 있었던 까닭에 나물국과 해진 삼베옷에 맑고 깨끗한 기운이 남았으며, 문을 닫고 손님을 물리친 데에 간략하고 고요한 기운이 남았으며, 마음을 분발하여 강인하게 한 데에 수양하고 성찰하는 남음이 있었던 것이다. 그래서 험난한

3) 장사長史와 옥부玉斧 : 옥부는 전설상의 신선 허홰許翽의 어릴 적 이름이며, 그의 부친 목穆이 장사長史를 지냈다. 모두 신선을 지칭한다.

4) 종조숙부 익위군翊衛君 : 신희申曦를 말한다. 자는 경회景晦이며, 익위사 익위翊衛司翊衛를 역임하였다.

5) 생용笙鏞 : 생황笙簧과 대종大鐘을 말한다. 제례악祭禮樂을 연주하는데 필요한 악기로 생笙은 동쪽에, 용鏞은 서쪽에 설치한 악기라고 하는데, 이들 악기는 나라를 잘 다스리려고 할 때 갖추어야 할 필수적인 요소로 간주되었다.

상황을 만나도 두려워하지 않고, 어려운 상황을 만나도 얼굴빛이 어두워지지 않았다. 머리카락은 비록 예전과 달리 세었지만, 정신은 안으로 여유롭고 눈과 귀는 외부로 닿아있어 한창 때와 비교해보아도 그다지 쇠하지 않았으니, 익위군이 남는 점에서 잘 상승하여 그렇게 된 것이다. 남는 점과 모자란 점이 상승하지 않으면 하늘의 도라고 말하기 어렵다.

금상今上 갑오년(1774, 영조50) 10월 14일은 익위군의 환갑이다. 친척과 빈객이 모두 모여 장수를 누린 익위군에게 축하의 말을 올렸다. 아, 상자에 남는 옷이 있기를 기원하고, 창고에 남은 곡식을 있기를 기원하며, 종과 첩에게 남은 웃음이 있기를 바라며, 덕과 기량에 남은 명예와 지위가 있기를 바란다. 사람이 태어나 예순이 되어야 비로소 장수라고 말한다. 이어 지금부터 늙어 칠십이 되고 백세가 되어도 나이가 들수록 덕이 점점 높아져 우뚝이 종당宗黨의 신령스러운 빛이 되는 것을 후생들이 날마다 볼 수 있으리라. 이것을 가지고 저것을 견주어보면 누가 남고 누가 부족한가. 어찌 이 글로 익위군을 축수祝壽하지 않겠는가.

『고문정해古文程楷』 서문

古文程楷序

나는 서한西漢의 문장을 분류하여 차례 짓고, 그 가운데 가장 완전하고 순수한 것을 기록하고 이어 선진先秦과 후한後漢에서 한유韓愈에 이르기까지 114편 15권으로 묶어서, 전체 명칭을 『고문정해古文程楷』라고 하였으니, 부족한 것을 보충하여 다시 베껴 쓰고 다음과 같이 서문을 쓴다.

선별하는 데에는 득실이 있으니, 뜻은 미치더라도 역량이 미치지 못하면 그만이다. 넘칠 만큼 온전히 갖추어진 풍부한 자료들이 있으나 지식이 그에 미치지 못하면, 이는 취하여 정리하는데 그칠 뿐이다. 더구나 소명태자昭明太子는 커다란 불길 속에서 칠대七代의 문장을 수습하였고, 모곤茅坤6)은 왕세정王世貞과

6) 모곤茅坤 : 명나라 후기의 문신이자 문인으로 호가 녹문鹿門, 자가 순보順甫이다. 고문에 뛰어났으며 당과 송의 문장을 좋아하여 『당송팔대가문초唐宋八大家文鈔』를 편찬하였다.

이반룡李攀龍7)이 무너뜨린 것을 구제하였으니, 대를 이어 받들어지며 전해지고 숭상되었다. 그러나 문장을 가늠하는 기준이 일정하지 않아 귀중하게 평가 받는 대상이 그때그때 달라서 모두 크게 통합할 수 없었고, 다시 종종 문장을 꾸미는데 안주하여 그 격식과 체제에 모자란 점이 있었으며, 공공연하게 서로 선고先古의 문장을 도습하여 문장이 마침내 가짜와 빌려온 것처럼 되어 버렸다. 더구나 잘라진 고기 덩이에 손가락 끝만 데어보고도 입은 벌써 솥 안에 들어 있는 음식 전부에 싫증이 나는 경우야 말할 나위가 있겠는가.

도깨비라는 놈은 제 생각으로 성인과 비슷하다고 여겨 작은 술잔을 가지고 바다를 측량할 수 있기를 바라지만, 아주 어리석은 사람도 오히려 그렇게 되지 않는다는 사실을 알고 있다. 그러나 옛사람의 문장은 끌어와 쓸 수 있고, 고문의 체제는 모방하여 흉내 낼 수 있다고 생각하니, 어리석다. 그 취향이 더욱 민첩할수록 길은 더욱 막히고, 걸음은 더욱 절뚝거리게 되어 고문에서 벗어나 날이 갈수록 멀어지게 된다. 그러므로 글을 잘 짓는 사람이 선집을 볼 때에 다만 자물쇠를 열어 방향을 잡고, 물을 건널 때 다리를 만들 수 있으니, 요컨대 향하는 곳을 현혹되지 않게 할 뿐이다. 이것이 선집을 이용하여 계속 물을 대는 방법이다.

영조 51년(1775) 2월 8일에 진강산초인鎭江山樵人 대우大羽는 서문을 쓰노라.

근종계近宗契의 속권에 대한 서문

近宗契續券序

『예기禮記』에 말하기를 "조상을 존중하기 때문에 종가宗家를 공경하고 종가를 공경하기 때문에 친족을 거둔다."라고 하였다. 친족이란 길거리에서 스쳐지나가는 사람의 관계까지는 이르지 않은 것을 말한다. 근본에서 말미암아 지엽에 이르고, 유파를 따라 근원으로 올라가면 그 시초는 한 사람일 뿐이다. 하나

7) 왕세정王世貞과 이반룡李攀龍 : 명나라 후기 고문사古文辭를 주창하여 복고주의를 주도했던 가정칠재자嘉靖七才子의 대표적 인물들이다.

에서 셋이 되고, 셋에서 다섯이 되고, 다섯에서 아홉이 된다. 복제服制는 위에서 다하고, 친함은 아래에서 다하니, 같은 기운을 받아 호흡하는 몸이 결국에는 반드시 길가는 사람처럼 소원하게 되니, 어찌 슬프지 않겠는가. 다행히 길가는 사람과 같이 소원한 데에 이르지 않은 사람들은 화목하게 지내고 거두어 친척으로 지내니, 충후함이 지극하다. 소원한 사람을 버리고 친족을 거두는 것이 어찌 군자가 그만둘 수 있는 일이겠는가. 지의志誼를 느끼고 성기聲氣가 이르러 다른 사람을 용납하지 못하는 마음이 있다. 이 때문에, 주周나라에서는 친족끼리 식사하는 예법이 생겨났고, 시인詩人이 길가 갈대가 밟히는 것을 보고 탄식을 하였다. 그 시에 "가까운 형제들을 멀리하지 않고 모두 가까이한다."[8]라고 하였으니, 이는 바로 친족을 거두는 것을 말한 것이 아니겠는가.

우리 집안은 예전부터 근종계近宗契가 있어 처음에는 시행하였으나 몇 해가 지나서는 중도에 그만두었다. 여러 종친들이 모임의 속권續券을 만들고자하여 항렬을 서술하여 좋은 날에 잔치를 베풀어 지난 옛날의 성대했던 일을 이어 나에게 그 일을 기록하게 하였다.

나는 적임자가 아니라 부끄럽고 더구나 족조族祖 평운군平雲君[9]께서 예전에 쓴 서문序文이 있으니, 내가 어찌 다시 덧붙여 말을 하겠는가. 일반 사람의 정리는 처음에는 조심하다가 마지막에는 소홀해지며 잠시 동안은 노력하다가 오래 되면 태만해지기 마련이니, 종친들은 힘써야 할 것이다. 또 어찌 명예와 절개를 갈고 닦아 법칙을 따르고 시키며, 서로 충효를 권면하고 서로 돈독함을 이어서 예전부터 덕을 쌓아온 명가名家로 족식族食을 하지 않겠는가. 세상에 전하는 아름다운 소문과 명망을 강구하여 실추시키지 않는다면 이 행사가 어찌 단지 친족을 거두어 잔치를 벌이는 즐거움에 그치겠는가. 『시경詩經』「대아大雅 문왕文王」에 "너의 조상을 생각하지 않느냐, 그 덕을 닦을지어다."라고 말하지 않았던가. 이 말로 계모임의 술잔에 곁들이는 안주로 삼노라.

정조正祖 6년(1782) 7월 신유일辛酉日에 대우大羽는 삼가 서문을 쓰노라.

---

8) 가까운……가까이 한다 : 『시경詩經』「대아大雅 행위行葦」의 내용이다.

9) 족조族祖 평운군平雲君 : 신성하申聖夏(1665~1736)를 말한다. 자는 성보成甫, 호는 화암和庵으로, 평운군에 봉해졌다.

지돈녕부사 홍공洪公의 사마회방에 대한 서문[10]

知敦寧府事洪公司馬回榜序

금상今上 원년(1801, 순조1)은 신유년辛酉年인데, 지돈녕부사 홍공洪公은 92세이다. 공은 영조 신유년辛酉年(1741, 영조17)에 진사進士가 되었다. 아들 경효景孝가 이 해에 태어났으니, 지금에 이르러 갑자甲子가 한 바퀴 순환하였다. 올 가을에 경효景孝의 아들 석연錫淵이 또 생원시生員試에서 1등을 하여 인정전仁政殿 뜰에서 방방放榜하려 하는데, 때마침 유사有司가 회방回榜[11]의 고사故事로 공의 이름을 들어서 임금께 아뢰니, 임금이 말씀하기를, "같은 날에 시행할 만 하도다."라고 하였다. 이에 공은 진사進士 백인을 압도하고, 석연錫淵은 생원生員 백인을 압도하여 나뉘어 좌우로 곁에서 붙들어 부축하여 응방應榜하니, 몹시 성대한 모습이었다.

공은 궁료宮僚를 말미암아 재상의 반열에 올랐으며, 지위가 상경上卿에까지 오르고, 또 녹훈과 품계는 숭록崇祿에 이르렀다. 임금께서 직접 편전便殿에서 만나보시고는 자손이 부축하여 들어올 것을 허락하시고, 명을 내려 '일좌一坐재지再至의 예禮'를 행하게 하고 절은 하지 않게 하셨다. 나이와 근력筋力의 상태를 묻자, 공이 엎드려 대답하자 축수하니, 말씀하기를, "신하가 감히 신하의 기한을 다 바쳤다. 이미 술을 내렸으니, 쌀과 비단을 하사하라."라고 하였다.

석연錫淵이 사은謝恩하여 입시入侍하니, 임금이 말씀하기를, "회방回榜한 노인의 나이가 백세에 가깝고, 또 양조兩朝의 궁관宮官을 지냈으며, 그 아들은 61세이고, 그 손자가 또 올해 상상上庠에 올랐으니, 드문 일이다. 노인의 마음을 위로하고 기쁘게 하고자 한다면, 그 아들에게 관직을 주는 것 만한 일이 없다."라고 하고는 이조와 병조에 명하여 경효景孝를 경릉 참봉敬陵參奉에 제수하도록 하였다. 총애와 넉넉한 대우가 일시에 사람들을 감동시켰고, 이르는 곳마다 구경하는 자들이 담장처럼 둘러 부러워하는 모습이 신선神仙과 같았다고 한다.

---

10) 이 글은 순조純祖 원년(1801) 9월에 진사시進士試의 회방回榜을 맞은 홍응진洪應辰을 축하한 글이다.

11) 회방回榜 : 과거에 오른 사람이 급제한 지 60년 만에 급제한 해가 다시 돌아오는 것을 회방이라 한다.

친척들이 다 찾아와 멀고 가까운 곳에 있는 자들이 서로 하례하기 위해 공의 집에 모이니, 수백 수천의 사람이 모두 시문詩文으로 그 일을 기록하였다. 마침내 공이 나에게 그 일을 기록하라고 명하였다.

공은 우리 선친과 함께 경인년庚寅年(1710, 숙종 36)에 태어났으며, 또 뜻을 같이 하는 벗이다. 내게 명하지 않으셔도 오히려 즐겁게 듣고서 기쁘게 말하려 했는데, 하물며 그 일을 명하셨으니 말할 나위가 있겠는가. 사람의 상수上壽는 백세百歲이고, 중수中壽는 팔십八十이며, 하수下壽는 육십六十이니, 10간과 12지가 서로 짝하여 수가 60에 이르면 천운天運이 주복周復하는 것이며, 인사人事의 종시終始이다. 이 때문에 태어나서 61년이 지나 회갑回甲이라는 칭호가 있고, 혼인한지 61년이 지나면 회근回巹의 예禮를 베풀어 인가人家에서 경사를 말하니, 진실로 이를 넘어서는 것은 없다. 비록 그렇지만 회갑回甲은 하수下壽 중에 항상 있고, 회근回巹은 중수中壽 중에 할 수 있다.

선비의 진출은 과거 급제를 영광으로 여기지만, 사람마다 얻을 수 있는 것이 아니며, 비록 얻더라도 60년을 한번 순환한 사람은 또 상수上壽에 있는 경우가 많을 것이다. 이 회방回榜의 은전은 늙음을 넉넉하게 해주는 것이다. 세상에서 회방回榜을 맞는 사람은 드물고, 어진 아들과 훌륭한 손자가 슬하에서 기쁨을 받들어 부친과 조부에게 경사를 주는 경우는 더욱 지극히 어려운 일이라 쉬이 함께 얻을 수가 없다.

지금 공의 수壽는 이미 회방回榜했던 지난해를 지났고, 아들의 갑제甲第와 손자의 과제科第가 때마침 또 이날에 있었다. 신체가 건강하고 기운이 강하며 자손이 번성하니, 임금께서 대우하여 은혜롭게 길러주신 것이 또한 이처럼 지극하다. 모든 이루어질 만한 복에 경사가 있는 경우는 적으니, 함께 모인다면 어찌 사람이 얻지 못할 일이 아니겠는가. 그러나 공은 홀로 이것을 소유하였다. 『시경詩經』 「기취旣醉」에 이르기를 '군자는 만년토록 당신의 광명정대함을 크게 하리라.', '소명함이 매우 밝으니, 고명하여 마침을 잘하리라.'라고 하였고, 또 말하기를 '위의가 매우 때에 맞으니 군자가 효자를 두었도다. 효자가 끊이지 않으리니 영원히 네게 좋은 것을 주리라.'라고 하였다. 진실하도다, 그 말이여.

공에 대하여 말하자면 평소에 마치 실질이 없는 듯하고 텅 빈듯하며, 사물에 응하고 사람을 대할 적에는 항상 자신을 낮추어 부인과 어린 사람들도 모두 공경할 줄을 알았으니, 이는 휘겸撝謙의 덕[12]이 매우 밝게 소명하는데 가까운 것이 아니겠는가. 근력이 이미 쇠하여 예를 갖출 수가 없는데도 스스로 경계하고 공순恭順하여 심한 병이 아니면 아침에 일어나고 저녁에 누울 때까지 의관과 띠를 잘 갖추었으니, 이는 경敬을 견지하는 공부가 위의威儀가 제 때에 맞는데 가까운 것이 아니겠는가. 생각해보건대 이는 마음속에 공경심이 있어서 겉으로 겸양이 드러난 것이리라.

『주역周易』 겸괘謙卦에 "겸손하고 존중하면서도 빛나면, 낮추더라도 뛰어넘을 수 없다."라고 하였으니, 이는 공을 두고 한 말이 아니겠는가. 그래서 하늘의 도가 더해주고 사람의 도가 좋아하며 귀신이 복을 주는 것이다. 장수하면서 귀해지고, 복을 내려 줄어들지 않으니, 여기에서 천하의 선을 행하는 자들이 권면할 바를 알 것이다. 사람들도 여기에서 권면할 바를 아는데, 자손들이야 말할 나위가 있겠는가.

공의 아들과 손자들 또한 순히 효성을 다하고 근실한 풍모를 지니고 있으니, 나는 홍씨洪氏 가문의 복이 오늘 회방回榜의 경사에 그치지 않을 줄을 잘 알겠다. 삼가 이 글로 서문을 삼고, 또 공의 후손을 위하여 암송하는 말로 삼노라.

이해 9월 29일에 신모申某는 머리를 조아리고 쓰노라.

하정상사賀正上使로 연경燕京에 가는 상서尙書 조윤대曺允大를 전송하며

送賀正上使曺尙書赴燕序

판중추부사 조공曺公이 연경으로 떠나면서 유헌輶軒에는 깃대를 싣고 깃발이

---

12) 휘겸撝謙의 덕 : 『주역周易』 「겸괘謙卦 육사六四」에 "겸손을 베풂에 이롭지 않음이 없다.[無不利, 撝謙.]" 하였는데, 그 전傳에 "휘撝는 펴는 상象이니, 사람이 손으로 펴는 것과 같다. 동식動息하고 진퇴進退함에 반드시 겸손謙巽함을 펴야 한다.[撝, 施布之象, 如人手之撝也. 動息進退, 必施其謙.]"라고 하였다.

길에 앞서가니, 평주平州 신대우申大羽가 다음과 같이 전송하는 글을 쓴다.

조종祖宗께서 나라를 세운지 400년이다. 성스럽고 훌륭한 군주가 서로 이어 받들고, 다스림과 교화가 널리 퍼져 집집마다 명예와 절개와 검약, 시詩와 예禮를 알아 성대한 교화가 하늘과 더불어 끝이 없으니, 아아, 성대하도다. 이에 불순한 무리들이 모여 서쪽 오랑캐의 올바르지 못한 도를 소개하여 우리의 선비와 백성들을 현혹시키며 우리의 인륜과 떳떳한 본성을 망쳐서 점점 젖어들게 하여 불어나고 퍼지게 하였다. 그 우려는 실로 "서리를 밟으면 두꺼운 얼음이 어는 계절이 곧 닥친다.[履霜堅氷至]"[13]라는 데 있다. 우리 성스러운 군주께서는 복식을 새롭게 하시고 태사太姒[14]와 같으신 중전께서는 발을 드리워 나라의 법도를 엄숙히 정제했으며, 요망함과 재앙을 제거하셨다. 당시에 괴상한 복식과 이상한 말이 근원이 되어 관인關人의 기찰을 받았고, 또한 이미 왕법을 바르게 하여 담장을 넘어 들리니, 예禮가 마땅히 그러하였다.

이에 공에게 폐백과 부절을 주어 이로 인해 하정賀正의 사행使行을 떠나게 되었다. 아, 공의 사행이 무사하지 않고, 조정에서 부탁하고 주는 것이 또한 중요하지 않은 것이 아니니, 공이 이 일에 어떻게 대처할지 모르겠다. 『춘추春秋』의 의리에 따르면 대부가 국경을 나아가 나라를 편안히 하고 사직을 이롭게 할 수 있으면, 사행을 전담하는 것이 옳다. 위의威儀를 지니고 사령에 익숙하여 임금의 명을 빛내는 것이 사신이며, 문물文物로 기강을 세우고, 충신忠信을 마음에 지녀 두 나라 사이의 우호를 잃지 않는 것이 사신이다. 대국은 헤아릴 수 없으니 은미한 기미를 자세히 살펴 사명辭命을 만들고, 일에 임하여 임기응변으로 절충하는 말을 하는 사람이 역시 사신이다. 저 백성들의 떳떳한 본성과 사물의 고유한 법칙은 중화나 오랑캐나 동일하다. 바르지 못한 말과 마음대로 내뱉는 무고誣告는 그 폐해가 홍수와 맹수보다도 더 심하니, 이에 진술하고 아뢰어 천하에 노魯나라를 넓힐 것을 생각하라.

옛날에 공의 조부 문충공文忠公[15]께서는 심양瀋陽의 관사에서 엄정하게 절개

---

13) 서리를……닥친다 : 『주역周易』 「곤괘坤卦 초육初六」의 말로, 사태가 점점 악화된다는 뜻이다.

14) 태사太姒 : 주周나라 문왕文王의 아내로, 훌륭한 왕비를 말한다.

15) 문충공文忠公 : 조한영曺漢英을 말한다. 자는 수이守而, 호는 회곡晦谷, 본관은 창녕昌寧이다.

를 지키셨으니, 참으로 백세에 대의大義라 하겠다. 지금 우리나라가 올바르게 가르치고 인도하며 넓게 변별하고 물리치는 것은 저 중원中原에서 부끄러워할 일이다. 공 역시 이 일을 합당하게 처리하여 사신의 명을 받들어 의로운 명성을 드러내어 남달리 뛰어난 우리의 강토와 풍속을 가지고 우리의 도를 지켜서 다른 부류를 멀리하는 이유를 다 알게 한다면 어찌 옛날의 일에 대해 빛남이 없겠는가. 이는 이른바 "발걸음이 선대의 아름다움을 이어 자취는 비록 다르지만 공은 같다."라는 것이니, 이번 사행에 달려있다. 공은 사행 길에 힘써야 할 것이다.

순조純祖 원년(1801) 10월 경오일庚午日에 신모申某는 서문을 쓴다.

『이문정서술집李文靖敍述集』 서문

李文靖敍述集序

삼가 생각하건대 우리 세종대왕世宗大王의 덕은 그보다 더 성대한 이가 없다. 존숭하여 세실世室을 만들 적에 세신世臣이 된 신하가 다섯 명이 있어 종묘에 배향되었다. 우리 선조이신 상국相國 문희공文僖公 신개申槩와 상국相國 익성공翼成公 황희黃喜, 상국相國 문경공文敬公 허조許稠, 영중추부사 정렬공貞烈公 최윤덕崔閏德, 이조 판서 문정공文靖公 이수李隨가 그분들이다. 이공李公의 휘諱는 수隨로, 일찍이 공거公車에 추천되어 경행명수經行明修로 성조聖祖[16]의 잠저潛邸 시절에 사부師傅를 지냈다. 이조 판서를 지내고 문형文衡을 전담하였으며, 세상을 떠나자 태상시太常寺에서 시호謚號를 의논하고 종묘에 배향되었다.

세상에 전하기를, 공의 선조는 전주인全州人으로, 공의 시대에 비로소 해서海西 봉산군鳳山郡에 살게 되었으며, 청렴하고 소략하며 욕심이 없어 살던 집이 비바람을 막지 못했다. 임금이 공을 위하여 봉산군의 서쪽 사십 리를 떼어 주고 집을 지어 주었는데, 뒷사람들이 그 곳을 문정방文靖坊이라 부르고 우물은 어수정御授井이라 하였으며, 자손들이 그곳을 관향으로 삼아 마침내 봉산 이씨

16) 성조聖祖 : 세종世宗을 말한다.

鳳山李氏가 가문을 이루었다고 한다. 우리 성조聖祖께서 무武를 버리고 문文을 닦아 당대에 태평성세를 이루게 하여 나라의 기강이 진실로 긴밀하고, 문물과 예악이 찬란하여 기술할 수 있었는데, 큰 교화에 참여해 돕고 천공天工을 밝혀 빛나게 한 데에는 한 두 신하의 보필한 공적이 없지 않았다. 그래서 이들의 빛나는 공적이 역사서에 기록되어 떳떳한 본성이 밝게 드리워졌으니, 우뚝한 모습이 마치 이윤伊尹, 여상呂尙, 주공周公, 소공召公의 공적이 시서詩書와 전기傳記에 여기저기 드러난 것과 같다. 그런데 유독 이공李公만은 저와 같이 그 대략의 행적을 살필 수 있으나 공적에 대한 기술이 아주 소략하니, 이는 무엇 때문인가. 이는 이른바 『노자老子』의 "만물을 육성시키면서도 자기 능력을 과시하지 않고, 공을 이루고서도 그 자리에 있지 않고 물러난다."라는 것이니, 전쟁으로 인해 서적이 흩어지고 자손들이 계승하지 못했기 때문이리라. 감추어진 자취를 어떻게 찾을 것인가. 찾을 만한 자취가 없도다.

임술년(1802, 순조2) 봄에 호남의 선비 이득원李得元이 포의布衣에 집신 차림으로 우리 집 문을 두드리고는 두 집안의 세의世誼를 말하고는 선조의 사적을 기록한 글 몇 장과 고관들이 지은 시문詩文을 내보이고, 『문정서술집文靖敍述集』이라 이름하고는 나에게 서문을 써달라고 하였다. 그리고 또 말하기를, "선조이신 문정공文靖公의 성대한 덕과 훌륭한 계책이 묻혀서 드러나지 않는 것은 후손들의 책임인데, 다행히 박식하고 고아한 군자에게 가르침을 받아 기송杞宋의 밖에서 문헌으로 징험하게 되었습니다."17)라고 하였다. 아, 어찌 그렇지 않겠는가.

세종世宗의 태평성세에는 훌륭한 유학자와 큰 명망이 있는 분들이 무리지어 나왔으나, 반드시 공에게 은殷나라 고종高宗이 어릴 때 감반甘盤이 이끌어 주었던 것처럼 세자빈객世子賓客의 임무를 맡기고, 판서의 지위에 까지 오르게 하여 녹봉을 사상四相과 같게 하였으니, 공이 성주聖主의 신하가 되었던 이유와 성주가 공을 돌보시고 총애한 일은 야승野乘이나 기록물에서 자세한 내용을 찾을

17) 기송杞宋의……되었습니다 : 후세에 증거할 만한 문헌을 찾았다는 뜻이다. 기송杞宋은 춘추시대에 각각 하夏나라와 은殷나라를 이었던 나라이다. 공자가 이들 나라에서 하나라와 은나라의 예를 상고하려 하였으나, 증거로 댈 문헌이 없다고 탄식하였다. 『論語』「八佾」

필요가 없다. 탕湯 임금의 신하인 내주萊朱와 무왕武王의 신하인 태전泰顚과 굉요閎夭에 대하여 나는 이름은 들었지만, 그 사적에 대해서는 들은 적이 없다. 하지만 내주萊朱는 이윤伊尹과 나란히 칭송되며, 태전泰顚과 굉요閎夭는 주공周公, 소공召公, 태공太公과 같은 반열에 들어 그 사람됨이 우뚝하여 이윤伊尹만이 아름다운 덕을 독차지 하지 못하니, 이공二公이나 태공망太公望과 더불어 빛나는 자취를 다투는 인물이라는 점은 분명하다. 비록 역사서에는 기록이 빠져 있으나, 내주萊朱와 태전泰顚이 훌륭한 인물이라 결국에는 "만년토록 이와 같다."[18]는 말에 대해 할 말이 있으니, 무슨 해가 되겠는가. 공의 일이 어찌 이와 다르겠는가.

공자孔子가 "멀리 있는 것을 듣는 사람은 그 울림을 듣지, 그 소리를 듣지 않는다."라고 하였으니, 이전 시대의 사적을 전해들을 수 있는 시대에 살면서 반드시 옛 기록에서 증거를 찾으려 한다면, 그것은 너무도 우활한 것이 아니겠는가. 나는 이공의 후손이 공의 사적을 말할 수 있는 점이 기쁘고, 또 그 뜻이 근면하며 성실히 구하는 것이 기쁘다. 그래서 이렇게 써서 돌려준다.

순조純祖 2년(1802) 5월 경술일庚戌日에 통정대부 승정원 좌부승지 겸 경연 참찬관 평주平州 신대우申大羽가 서문을 쓴다.

사은정사謝恩正使로 연경燕京에 가는 이 태사李太史[19]를 전송하며

送謝恩正使李太史赴燕序

태사太史 판중추부사 이공李公이 조정에서 사은謝恩의 명命을 받들어 연경燕京으로 떠나니, 태세성太歲星이 계癸에 있을 때이며[20], 절기는 맹추孟秋이니, 우리

18) 만년토록 이와 같다 : 『시경詩經』「하무下武」에, "이와 같이 밝은지라 후세에서 그 선조의 발자취를 계승한다면, 아, 만년토록 하늘의 복을 받으리라.[昭茲來許, 繩其祖武, 於萬斯年, 受天之祜.]"에서 나온 말이다. 이 시는 무왕武王이 성덕을 지녀 문왕을 잘 계승한 것을 읊은 시이다.

19) 이 태사李太史 : 이만수李晩秀를 말한다. 자는 성중成仲, 호는 극원屐園, 본관은 연안延安이다.

20) 태세성太歲星이……때이며 : 간지干支에 '계癸'가 들어가는 해로, 이때는 계해년癸亥年(1803)이었다.

성상聖上21)께서 즉위하신지 3년째 되는 해이다. 연회를 베풀 날이 정해져 관원들이 조정에 가득하고, 시내와 들판은 무성하고 숲에는 빛이 났다.

태사의 문장은 집안 대대로 전해온 것으로, 맑고 깨끗함으로 문채를 떨쳐 시속時俗을 바로잡아 우뚝이 여러 인재들의 으뜸이 되었다. 궁궐에 나아가 우리 선왕에게 신임을 받아 몸소 규장奎章을 받들어 천광天光을 높이고 밝혔으니, 신하로서의 영화와 총애는 실로 짝할 만한 이가 드물었다. 그러나 마구간에는 곡식을 축내는 말이 없고, 음식을 먹을 때는 고기가 그릇을 채우지 않아 아름다운 소문이 귀에 가득하였기에, 중히 여기고 공경하지 않는 자가 없었다.

이에 조정의 고관들과 도읍의 인사들이 크게 감탄하여 모두 이별의 정을 들어 백 동이의 전별주를 올리고 만개의 시축으로 전별시를 지었다. 나와는 돈독한 교의와 집안의 세교가 있으니, 안타까운 마음이 어찌 남들만 못하겠는가. 허전한 마음을 가눌 수 없어 술잔을 잡고 위로하여 말하기를 "도성에 함께 살며 가깝게 지내면서 혹은 담 하나를 사이에 두고도 몇 달 만에 한번 본적도 있고, 혹은 도성을 떠나 반년이나 못 만난 적도 있었으니, 이 일을 가지고 슬퍼하지 않은 것과 유사하다. 달관한 자의 관점에서 보면 맷돌 구멍과 달팽이 뿔같이 아주 좁은 것도 똑같이 이 세상 안에 있는 것이니, 어찌 멀리 있는 명산冥山으로 간다고 망연자실하고 시시콜콜한 당부를 하겠는가.

태사는 젊은 시절 돌아가신 상국相國 문정공文靖公22)의 행차를 따라 심양瀋陽에 갔다가 돌아왔으나, 멀리까지 가보지 못하고 두루 돌아보지 못한 것을 한스러워하였다.

이제 정사正使의 높은 지위에 올라 포의布衣 시절의 유람을 이어 좋은 수레와 화려한 옷으로 영화로운 빛이 먼 지역에까지 비치게 되었으니, 심양 사람들이 인품이 고결한 공을 만나게 되면 예전 모습과 달라 반드시 "청명한 세상에 군자가 지위에 있으니, 어찌 아름답지 않은가."라고 말하리라. 풍속을 살펴보고 두루 방문하여 물어보아 의함欹緘을 보고서 신패申佩하고, 소호韶濩23)를 듣고

21) 성상聖上 : 순조純祖를 말한다.
22) 문정공文靖公 : 이복원李福源을 말한다. 자는 수지綏之, 호는 쌍계雙溪, 본관은 연안延安이다.
23) 소호韶濩 : 은殷의 탕왕湯王이 지은 음악의 이름으로, 하우夏禹의 덕德을 이은 것이라 한다.

정치의 상황을 알며, 찾아가서 장홍萇弘과 노담老聃[24]에 대해 묻고, 중국의 명망 있는 인사들과 교유할 수 있을 것이니, 태사가 평소 품었던 뜻을 이룰 수 있을 것이다.

비록 연경燕京이 외진 곳에 있어 명明나라 조정이 남쪽에 도읍했을 때 지녔던 옛날의 위용을 다시 볼 수 없지만, 눈으로 보고 귀로 들은 것으로 말해보자면 땅은 요양遼陽의 들판보다 광활한 곳이 없고, 산은 진산鎭山인 의무려산醫巫閭山 보다 장엄한 곳이 없으며, 물화物化는 주 선왕周宣王 때의 북보다 오래 된 것이 없으니, 이 세 가지는 천하의 큰 볼거리이다. 이밖에도 사람을 기다려 드러날 빼어난 경치와 뛰어난 자취 중에 이보다 더한 것이 없으리라 어찌 장담하겠는가. 우혈禹穴[25]을 찾고 구의산九疑山을 엿보며, 원수沅水와 상수湘水를 건너고, 장강長江과 회수淮水에 배를 띄워 발자취가 이어져 용문龍門의 사마천司馬遷이 보았던 것이 높았기 때문에 홀로 그 기운을 배양하여 장엄한 문장을 지을 수 있었던 것이다. 태사는 뛰어난 감식안을 지녔으니, 역시 어찌 누구나 보고 들은 것을 초월하여 얻는 것이 없겠는가. 도道가 없는 곳이 없으나 오직 현자賢者만이 도가 큰 것을 알 수 있다. 나는 세 번 목욕하고 세 번 향을 피워 공이 돌아오기를 기다려 물어보고자 한다.

이달 길한 날 아침에 평주平州 신모申某는 서문을 쓰노라.

『이참봉문집李參奉文集』 서문

李參奉文集序

천성天性을 넉넉하게 타고난 사람은 하늘의 재앙을 받지 않기 때문에 늘 만물의 근원에서 노닐 수 있다. 이 선생李先生 같은 분이 그런 분일 것이다. 선생의 휘諱는 광려匡呂이며, 자는 성재聖載이다. 어려서 예의를 따르고 겸손함을 몸

---

24) 장홍萇弘과 노담老聃 : 장홍은 춘추 시대 주 경왕周敬王의 대부大夫이며, 노담은 노자老子이다. 공자孔子가 일찍이 노자에게 예禮를 묻고 장홍에게 악樂을 물은 적이 있다.

25) 우혈禹穴 : 회계산會稽山 위에 있는 동굴로, 우 임금이 순수巡狩하기 위해 회계에 이르렀다가 이곳에서 사망하였는데 전하는 말에 의하면 우 임금이 이 굴로 들어갔다고 한다.

에 익혔으며, 가정에서의 행실은 화목하였다.

장성해서는 시서詩書를 독실하게 즐겨 이전 시대의 전적典籍에 박식하였다. 육예六藝의 향기로운 영역에 젖어들고, 선철先哲의 뛰어난 자취를 이었으며, 초가에서 유유자적한 생활을 하면서도 인륜人倫을 드러내고 세웠으며, 도道는 임종林宗 곽태郭泰의 풍모를 지녔고, 운치는 도연명陶淵明과 부합하였다. 그러므로 그의 문장은 성령性靈을 발휘하였고 이치가 깊고 원대하였으며, 시 역시 풍정風情이 깃들어 정시正始의 음률[26]이 가득했다. 비록 시어詩語를 아름답게 꾸미려고 하지 않아도 시어가 모두 고아高雅하여 세속의 기운을 벗어났으니, 비유하자면 옥덩이 속에 감춰진 수후隨侯의 옥구슬과 변화卞和의 벽옥璧玉이 광채를 뿜어내고 윤기가 흐르는 것과 같아 짧은 글도 역말로 전하듯 빨리 사람들의 입에 올랐다.

고문古文과 기이한 책을 보면 마음으로 몹시 즐거워하였으나 몇 차례 읽고 감상하고는 생각을 트이게 할 뿐이었다. 어떤 사람이 와서 글을 부탁하면 기쁘게 붓을 적셔 몇 장의 종이를 단숨에 써내려갔다. 후배들을 깨우치고 이끌어 은혜와 가르침을 게을리 하지 않았다. 도성의 고관대작들이 바람에 쏠리고 그림자를 따르듯 하였고, 식견이 높고 맑은 풍도가 있어 명성이 자자하였다. 이에 신을 거꾸로 신고 허겁지겁 달려왔는데 소문을 듣고 와서는 모두 다 경탄하였으며, 사안謝安의 포규선蒲葵扇이나 콧소리를 따라하듯[27] 모두 선생의 글을 모방하였다. 그러나 세상에서 선생을 배우는 자들은 대부분 빈껍데기뿐이어서 거리가 더욱 멀어졌다.

과거에 참봉參奉에 제수되었으나 한번 사은숙배를 하고는 곧바로 떠나 평소 좋아하던 것을 따라 자신의 뜻대로 한가하게 살았다. 64세의 나이로 서울 서대문 밖 평동리平洞里의 집에서 세상을 떠났다. 초야에 묻혀 살며 선생의 이름을 아는 자들은 모두 목소리가 나오지 않을 정도로 통곡하였다.

지금 태사씨太史氏 이공李公[28] 역시 선생을 길이 받들고 흠모하는 사람인데,

---

26) 정시正始의 음률 : 『시경詩經』의 풍격이 있다는 뜻이다.

27) 사안謝安의……따라하듯 : 명사名士의 작은 행동조차 따라 한다는 뜻이다. 사안은 동진東晉 때 사람이다.

28) 태사씨太史氏 이공李公 : 이만수李晩秀를 말한다.

아름다운 유행을 그치게 하고 빛나는 신령한 기운을 이어지지 못하게 하는 것은 우리의 부끄러움이라고 여겼다. 선생이 남긴 문장을 차례에 맞게 정리하고서 간행을 미루어 두고는 나에게 서문을 짓게 하였다. 별 볼일 없는 내가 선생께 오랜 기간 사적인 은혜를 입었다. 사돈 관계를 맺은 선인先人의 두터운 세의世誼를 추모하고, 편지에서 나를 깊이 나를 인정해 주신 것에 감사함을 느껴 대략적인 내용을 써서 책 뒤에 붙인다. 꽃다운 향기를 퍼뜨리고 대대로 쌓인 덕을 드날리는 것으로 말하자면 묘지墓誌와 가첩家牒에 더욱 상세하다.

순조純祖 5년(1805) 4월 초하루 아침에 평주平州 신대우申大羽가 쓰노라.

조 진사趙進士의 『인암집忍菴集』 서문

趙進士忍菴集序

상황上皇 시대의 백성들은 백성들이 봄볕이 퍼지듯이 나라가 교화되던 시기에 태어나서 풍속이 인仁하지 않음이 없었고, 인仁하여 장수하지 않는 자가 없었다. 이후로는 기氣가 문드러지고 형形이 나뉘어 순수함과 박잡함이 같지 않아 풍속이 꼭 인仁하지 않고, 인仁하다 해도 반드시 장수하지는 않는다. 더구나 정밀하고 순수한 사람은 천만 명 중에 한 둘이 있을 정도였다. 그런 인물이 태어나기가 어려웠기 때문에 그 운명이 더욱 오래가지 못하니, 이것이 과연 이치인가. 조 진사趙進士의 『인암집忍菴集』을 보면 더욱 그런 사실을 알 수 있다.

조군의 휘諱는 재도載道이고, 자字는 문지文之이다. 자질이 아주 뛰어나고, 천성이 순수하고 맑았다. 대여섯 살에 이미 시비를 분변하려 하였고, 인문人文을 사랑하고 즐겨 언제나 읊조리며 책을 손에서 놓지 않았다. 나이 아홉에 「채미론採薇論」을 지었는데, 족부族父 동계東谿가 감탄해 마지않으며, "이는 곡량체穀梁體이다."라고 하였다. 열 셋의 나이에 경전經傳에 통달하였고, 스물 셋에 진사시에 합격하였다. 부모를 지극 정성으로 섬기며 효성으로 병간호를 하여 신명을 감동시켰으며, 상喪을 당하여 애통해 하는 마음이 이웃을 감동시켰다. 상기喪紀가 다 끝나기 전에 결국 몸이 상해 세상을 떠났으니, 겨우 스물다섯이었다.

아, 너무도 짧은 삶이다.

조군은 세상일에는 담담하여 즐기는 일이 없었으나 문장에 만큼은 욕심이 있었다. 학문은 입지立志를 근본으로 하고 마음을 다스리는 것을 우선으로 하여 깊이 사고하고 실천에 힘을 기울였다. 정신을 쏟아 깊고 미묘한 이치를 밝혔고, 아득한 이치를 깊이 깨우쳐 혹은 가만히 잊은 듯하고 혹은 우뚝 세운 것이 있는 듯하였다. 암장闇章29)의 실제를 남몰래 수양하여 절로 가릴 수 없는 점이 있었다. 그러므로 머물러 있을 때는 화순한 기운이 되고, 흘러가서는 빛나고 성대한 문채가 되었으니, 젊은 나이에 도달한 경지가 노성한 학자 보다 넉넉했다. 이에 고을에서는 숙도叔度30)처럼 어진 사람이라고 일컬어졌으며, 서울에서는 가생賈生31)과 같은 인물이라고 칭찬하였다.

또 그가 말을 하여 단서를 만들고, 유학儒學을 공부한 것은 자신의 마음에서 시작하여 마음의 미세한 뜻까지 통달하지 않은 것이 없다. 역사의 치란治亂에 대해 논하면, 과거를 비판하고 현재를 높이 평가하여 조리에 들어맞는 말이 마치 봄 누에고치에서 실을 뽑아내듯 거침없었다. 도덕에 대해 말하면 이치를 분석하고 기미를 연구하여 근원을 탐구하고 갈래를 나누어 마치 세찬 물줄기가 골짜기를 통과하는 것 같았다. 그밖에 자신의 뜻에 대한 기록, 만남과 이별의 정서, 인륜의 수양, 국시國是의 판단과 관련된 글들은 대체로 모두 십대 초반에서 스물다섯 이전에 지은 것이다. 깊은 학식과 빼어난 재주, 풍부한 지식과 고매한 견해는 땅에 떨어진 천고의 학맥을 잇고, 심시三溢의 끊어진 향기를 새로 열며, 꽃을 따고 열매를 씹어 우리 유학의 빛이 되었을 것이다. 그러나 산을 만들면서 아홉 길에 이르러서는 갑자기 옥이 부서져 끝내 공을 이루지 못하고 재주를 다 펼치지 못하였으니, 이는 또 무슨 이치인가.

조군의 큰형인 전주공全州公32)도 역시 촉망받는 선비로, 자신의 아우를 대적

29) 암장闇章 : '암연이일장闇然而日章'의 준말로, 군자는 도덕이 심원하여 처음에는 잘 보이지 않기 때문에 분명하지 않지만 도덕이 속에 있기 때문에 날로 그 빛이 드러난다는 뜻이다.
30) 숙도叔度 : 후한 말기의 고사高士인 황헌黃憲을 말한다. 도량이 넓고 학문이 깊어 진번陳蕃, 곽태郭泰 등 당대의 명사들로부터 존경을 받았다.
31) 가생賈生 : 한 문제漢文帝 때의 문신으로 장사왕 태부長沙王太傅를 지낸 가의賈誼를 가리킨다.
32) 전주공全州公 : 전주 판관全州判官을 지낸 조재우趙載遇를 말한다.

할 자가 없는 자명慈明33)처럼 생각하였는데, 아우가 먼저 세상을 떠난 것을 애통해 하여 손수 아우의 훌륭한 문장을 가려 뽑아 후대에 남기려고 하였으나 뜻을 이루지 못하였다. 그의 맏아들 상서尙書와 조군의 양자인 간의諫議 양진良鎭이 선군의 뜻을 추술하여 목판에 새겨 주옥같은 뛰어난 문장을 집에다 두고 누구나 볼 수 있도록 하였으니, 역시 좋은 일이 아닌가.

조군은 나에게 종조 자형이 된다. 내가 어려서부터 때때로 석곡石谷의 처가살이 하던 곳에서 그 풍모를 바라볼 수 있었다. 나보다 겨우 열 살 위였으나, 나는 늘 그를 엄한 어른을 대하듯이 하여 손에 이끌려 뒤를 좇아다니던 모습이 근래의 일처럼 또렷하다. 이제는 세월이 많이 흘러 향기가 다하고 빛이 바래졌으니, 세상에서 조인암趙忍菴이란 분이 있었는지 아는 사람이 드물다. 그러나 책 상자에 남아 영원히 후대에 전해질 문장은 세상의 교화를 장려하고 후대의 볼거리가 되기에 충분하니, 한유韓愈가 원빈元賓의 묘지명에서 말한 요절과 장수의 이치34)를 내가 어찌 의심하겠는가. 편목에 따라 이른 바를 기술하여 서문을 쓰니, 뒤에 이 문집을 보는 자들은 나의 이 말을 깊이 이해할 것이다.

---

33) 대적할……자명慈明 : 자명慈明은 동한東漢의 순상荀爽을 가리킨다. 형제 여덟 명이 모두 재덕才德이 뛰어났는데, 그 중에서도 여섯째인 순상은 12세 때 이미 『춘추』와 『논어』에 정통하여 '자명무쌍慈明無雙'이라는 칭찬을 받을 정도로 재기가 출중하였다.

34) 한유韓愈가……이치 : 당나라 한유韓愈의 「이원빈묘명李元賓墓銘」에 "살아서 착하지 않다면 누가 장수했다 하겠으며, 죽어서 불후할 수 있다면 누가 요절했다 하리오.[生而不淑, 孰謂其壽? 死而不朽, 孰謂之夭?]"라고 하였다.

완구유집 권4

기記

하상재기
河上齋記

새발자국이 변하여 전주篆籒가 되고 그것이 나뉘어 대전大篆과 소전小篆이 되었으며, 널리 퍼져 예서隷書와 해서楷書가 되었고, 그것이 흘러서 행서行書와 초서草書가 되었으니, 이것은 자연스러운 현상이다. 위魏나라의 종요鍾繇와 진晉나라의 왕희지王羲之는 아득히 멀지만, 당唐나라의 저수량褚遂良, 안진경顔眞卿, 유공권柳公權이나 송宋나라의 미불米芾과 소식蘇軾도 모두 시대에 따라 변천하여 각자의 오묘한 능력을 다 발휘하였다. 원元나라의 조맹부趙孟頫, 명明나라의 동기창董其昌에 이르러서는 아주 경박하여 진실한 맛이 없다. 우리나라의 작가로는 한호韓濩와 윤순尹淳을 꼽는다. 그 중에서도 한호가 더 고체에 가깝지만, 지식이 재주와 부합하지 못하여 뛰어난 재능을 다 발휘하지 못하였다.

서법書法은 육예六藝 가운데 하나로 일상생활에서 하루라도 없어서는 안 된다. 그러나 지극한 경지에 도달한 자는 적으니, 서법의 도道를 어찌 쉽게 말할 수 있겠는가. 오직 원교員嶠 이광사李匡師 어른 만이 여러 서체의 오묘한 맛을 발휘하고 여러 대가의 정수를 모아, 먼지가 끼고 묵은 것을 다 쓸어버려 한 가지 능숙한 서체만을 전적으로 쓰지 않았다. 그리하여 심상한 것은 산이 서있는 듯하고, 기괴한 것은 벼락이 치는듯하며, 달리는 것은 성난 말과 같고, 고요한 것은 처녀와도 같아 바람, 구름, 새, 짐승과 칼, 쇠뇌, 쇠북, 솥이 손이 가는대로 기이한 자태를 나타내니, 무어라 형용할 수가 없다. 높고 오묘한 것은 이따금씩 위진魏晉의 종요鍾繇와 왕희지王羲之의 경지에 들고, 못 미친다하더라도 조맹부와 동기창의 수준까지 내려가지는 않았다. 천고의 서법의 변화를 다하여 구궤九軌의 길에서 멀리 벗어나 내달렸으니 진실로 세상에 뛰어난 재주이다. 팔법八法의 모범을 늘 구하여 늘 얻는 경우가 있으면 한 글자나 조각을 얻더라도 나는 감히 소홀히 완상하지 못한다.

갑오년(1774, 영조50) 여름에 나는 남저藍邸에 있었다. 때 마침 이관위李觀煒가 자신이 소유하고 있던 초서로 된 한 폭의 「하상노인가河上老人歌」를 가지고 와서 보여 주었다. 더욱 기이한 것은 끌어당겨진 필획과 차례대로 줄지어 찍어진 점이 마치 신의 도움이 있는 것 같아 마음과 눈을 놀라게 하여 생각하거나 의론할 수 없는 오묘함을 볼 수 있다는 점이다. 서체에 있어 이광사李匡師 어른은 참으로 독특하다. 비록 내가 글씨에 익숙하고 병장屛障을 감상한 것이 수십, 수백 본을 넘지만, 그 글씨를 보고나니 가장 좋아 간절히 원하여 그것을 얻게 되었다. 서울에서 뛰어난 장인을 불러 잘 배접하여 축 하나를 만들고, 보관하는 방을 이름 하여 하상재河上齋라고 하였으니, 그저 옛사람이 소재蕭齋라고 이름 붙인 뜻[1]과 동일하게 한 것이다. 이로 인해 다시 고금의 글씨와 그림을 안치하고 관인款印을 찍으니, 뒷날에 나의 글씨와 그림을 소유하는 자는 이를 보고서 감별할 수 있을 것이다.

호암기

蒿菴記

'호蒿'라는 글자를 넣어 집의 이름을 지은 것은 느낌을 기록한 것이다. 우선 소나무나 잣나무, 편남楩枏이나 예장豫章으로 이름을 붙이려 하려고 하다가 도리어 흔쾌히 하리下里의 미천한 사람에게 뜻을 부탁하였다. '호蒿'는 길러줌을 필요로 하지 않으니, 그래서 삼년 동안 글을 짓지 못한 것이다. 호암자蒿菴子가 말하기를, "그렇네. 비록 그렇지만 옛날에 내가 젊고 씩씩할 때 지기志氣가 어찌 하늘의 은하수를 능가하고, 긴 바람을 밟고 설 정도였겠는가. 그러나 어려

1) 옛사람이……뜻 : 양 무제梁武帝가 절을 지은 뒤 소자운에게 큰 글씨로 '소蕭' 자를 쓰게 하였는데, 이약李約이 이 글자를 매입한 뒤에 작은 정자를 세우고는 이름을 소재蕭齋라고 하였다는 고사가 당唐나라 장회관張懷瓘의 『서단書斷』에 전한다.

움을 겪고 불우하여 노쇠하고 쇠약하게 되었네. 내가 스스로 생각하지 못한 점이 있으니, 우리 선군께서 나를 위하셨던 것을 말하는 것이네. 이 때문에 나는 고향에 대해 떨리고 부끄러우며, 선조의 묘소에 대해 두렵고 조심스러운 것이네. 시인詩人이 '쑥이 아니고 다른 풀일세.'[2]라고 한 구절의 뜻에 깊은 감회가 있으니, 그대가 끝내 기록해주게나."라고 하였다.

1척尺에도 단점이 있고 1촌寸에도 장점이 있다. 비천하지 않고 귀하게 되며, 빈곤하지 않고 부유하게 되는 것은 사람의 마음에 공통적으로 바라는 점이다. 그러나 의義와 명命이 없으면 군자는 구차히 하지 않는다. 공려公閭[3]의 수레를 타고, 계륜季倫[4]의 종을 치며, 정모旌旄가 뒤에 꽂혀있고, 시중드는 사람들이 앞에서 뜻을 만족시켜주는 것을 일삼을 것인가. 끈으로 문지도리를 만들어 살고, 헤어진 굵은 베옷으로 정강이를 가리면서도 검오黔敖가 주는 한 그릇 밥을 달갑게 여기지 않고,[5] 자여子輿의 금석金石[6]에 마음을 둔다면 남들이 비록 선생의 '호蒿'를 말하더라도, 나는 반드시 그것을 일러 '아莪'라 할 것이며 '호蒿'라 하지 않을 것이다. 그렇다면 만일 그대가 비록 불행하여 크게 쓰여지지 않게 되더라도, 또한 스스로 깊은 산과 큰 골짜기에 살 뿐이다. 하늘을 우러러 보고 땅을 굽어보아 바람과 이슬이 만들어주는 대로 모두 내맡기니, 누가 기꺼이 거

2) 쑥이……풀일세 : 효자孝子가 부모의 봉양을 뜻대로 하지 못하여 슬퍼하는 정을 뜻한다. 『시경詩經』「소아小雅 육아蓼莪」에 "저 장대한 풀을 쑥인 줄 알았더니, 쑥이 아니고 다른 풀일세. 불쌍하신 우리 부모님, 날 낳으시느라 수고하셨네.[蓼蓼者莪, 匪莪伊蒿, 哀哀父母, 生我劬勞.]" 한 데서 온 말이다.

3) 공려公閭 : 가충賈充을 말한다. 진晉나라 양양襄陽 사람으로, 자가 공려公閭이며, 시호는 무武이다. 무제武帝 때 벼슬하여 시중侍中과 상서령尙書令을 지냈다.

4) 계륜季倫 : 진晉나라 때 석숭石崇의 자이다. 그는 일찍이 금곡원金谷園이라는 호화스런 별장을 만들어 놓고 빈객들을 모아 놓고 크게 주연酒宴을 베풀면서 풍류를 즐겼다.

5) 검오黔敖가……않고 : 검오는 제齊나라 사람이다. 흉년에 밥을 지어서 길가에 왕래하는 굶주린 사람을 먹이는데 어느 한 사람이 굶주려서 기운 없이 오는 것을 보고, "아아, 불쌍하다. 와서 먹어라." 하니, 그 사람은 "나는, '불쌍하다, 먹어라'하는 밥을 먹지 않기 때문에 이 지경에 이르렀다."하면서 먹지 않았다.

6) 자여子輿의 금석金石 : 자여는 공자의 제자인 증자曾子의 자이다. 증자가 위衛나라에 있을 때 사흘이나 불을 때지 못하고 십 년 동안 새 옷을 해 입지 못하는 극빈極貧의 생활 속에서도 신발을 끌고 상송을 노래하니 그 소리가 천지간에 가득 차면서 마치 금석에서 나오는 것과 같았다.[曳縱而歌商頌, 聲滿天地, 若出金石.]는 고사가 전한다. 『莊子』「讓王」

름사이에 싹을 틔워 '아호莪蒿'와 높음과 낮음, 시듦과 울창함을 점유하려하겠는가. 그렇다면 호蒿를 쓰는 것이 불가하지 않으며, 아莪 역시 높일만한 것이 못된다. 이것을 '호암蒿菴'의 기문記文으로 삼기를 바란다.

열파정 중건기
閱波亭重建記

이 정자는 옛날의 서강원西江院7) 자리에 있다. 서강西江의 물줄기는 하나는 영원군寧遠郡에서 나오고 하나는 양덕현陽德縣에서 나와 서남쪽으로 치달려 사오 백리를 돌아 여기에서 합쳐진다. 물가 쪽은 모두가 석벽이고, 석벽 아래에는 또 꿈틀거리는 듯한 기암奇巖이 있어 물속에 잠긴 채 강의 오른쪽을 채우고 있다. 수심이 낮아져 바닥이 드러나면 사람들이 혹 옷을 걷고 건너기도 하므로, 용교원龍橋院이라고도 한다. 그 위에는 손님이 묵을 수 있는 여관이 있는데, 전하는 말로 이전 고려시대에 지어졌다고 하나 증거로 삼을만한 기록이 없다. 고려 중엽에는 이곳이 관북關北으로 통하는 길이었으므로, 아마도 그때 지어진 것으로 보인다. 가정嘉靖 무오년(1558, 명종13)에 연위사延慰使 송인宋寅이 이곳을 지나게 되었는데, 열파閱波라고 이름을 붙이고 정자를 지었으니, 그 때는 명종 13년이었다.

사물이 모이는 데는 반드시 '열閱'을 하기 마련이이다. '열閱'이란 '검檢'의 뜻이니 백성을 사열査閱하고, 말을 사열査閱하는 모두 이런 것이다. 이곳에 모든 물줄기가 함께 모여서 역시 '열閱'의 의미를 취한 것인가. 당시에는 이 길이 이미 외져서 원院을 지을 일이 없었기에 '원院'이라 말하지 않고 '정亭'이라 하여 오로지 시인묵객들로 하여금 술잔을 잡고 시를 읊조리는 장소로 제공한 것인가. 무오년에서 지금까지는 년수로 239년이다. 무오년 이전의 일은 알 수가 없고, 무오년 이후로는 세 번이나 다시 짓고 수리하였다. 인조仁祖 을미년乙未年에 현감은 이지백李知白이었고, 숙종肅宗 경오년庚午年에 현감은 이천李蕆이었으

7) 서강원西江院 : 평안도 강동현江東縣 서강西江의 동안東岸에 있던 곳이다.

며, 영조英祖 갑술년甲戌年에 현감은 이명환李明煥이었다.

정조正祖 병진년(1796, 정조20)에는 정자가 다시 무너져 내렸는데, 마침 내가 현을 다스린 지 4년째 되는 해이다. 공조功曺의 이사목李師穆을 시켜 목재를 마련하고 기와를 굽게 하여 공역을 감독하게 하니, 70일 만에 공역을 마쳤다. 이름난 정자가 세워지고 무너지는 것은 아마도 운수가 있는 듯하다. 예전에는 남쪽방향으로 정자를 지었고, 경오년에는 서쪽 방향으로 바꾸어지었는데, 지금도 그대로 따랐다. 정자가 완공된 뒤 올라보니, 서쪽을 바라보고 있었는데, 조금 북쪽으로 돌려서 손자산孫子山의 봉우리와 마주보도록 하지 못한 것이 안타까웠다. 그렇게 된 뒤에야 산 빛과 물결의 형세가 균형을 이루고 좌우의 언덕과 산이 모두 제 위치에 놓이기 때문이다. 내가 늦게 보아서 더 아름다운 광경을 만들지 못한 것이 애석하였다. 『시경詩經』에 "상쾌하고 상쾌한 정면이여. [噲噲其正]."8)라고 하지 않았던가. 이 말은 방향을 제대로 잡았음을 뜻한다. 내 뒤를 이어 이 정자를 수리할 사람이 거의 내 말을 보고 고친다면 괜찮을 것이다.

정조正祖 20년(1796) 10월 병술일丙戌日에 현감縣監 신모申某가 쓰노라.

제주관 신건기
堤州館新建記

관사館舍의 구조는 벽돌로 쌓은 전殿이 내문內門의 북쪽에 위치하고, 전패殿牌를 놓은 것이 동서로 7연筵이고, 남북으로 4연筵이며, 문진門陳은 5연筵이다. 옥색 벽과 자줏빛 기둥이 5가架 4아阿이며, 나지막한 담으로 주위를 둘러 굴곡지게 아래로 이었으며, 앞에는 높고 세 겹으로 큰 문을 설치하였다. 내문內門은 벽돌로 쌓은 전殿의 남쪽에 있고, 좌우에 액문掖門을 두었다. 동방東房은 좌측 액문의 동쪽에 있어 상빈上賓을 묵게 하고, 서방西房은 우측 액문의 서쪽에 있

8) 상쾌하고 상쾌한 정면이여 : 『시경詩經』「소아小雅 사간斯干」에 나오는 말로, 이 시는 주나라 선왕宣王이 궁실宮室을 지은 것을 읊은 것이다.

어 일반 손님을 묵게 하는데, 모두 문양이 있는 기둥과 채색 서까래와 화려한 작은 기둥으로 이루어져 있다. 좌우로 사랑채가 있는데, 군대의 지휘관이 묵는 곳이다. 차문次門은 내문의 남쪽에 있고, 좌우에 액문이 있으며, 문 곁에는 방이 있는데 관청의 속례屬隷가 묵는 곳이다. 외문外門은 차문의 남쪽에 있고 좌우에 액문이 있는데, 겹 구조로 된 다락에 조각된 난간으로 이루어져 있고, 화려한 무늬의 들보에는 아름다운 조각이 둘러져 있으며, 용 문양을 새겨 넣었는데, 듣기 좋은 풍경소리와 물고기가 뛰노는 소리가 어우러진다. 연못은 서쪽 사랑채의 서쪽에 있고, 무기고는 벽돌로 쌓은 전殿의 오른쪽에 있다. 높은 담이 관사를 빙 둘러있고, 구矩는 외액外掖에 속해있다. 이것이 새로 지은 제주堤州[9] 관아의 구조이다.

구경九卿 조사당朝事堂은 노침路寢[10]의 바깥 아래에 있으니, 임금보다 한 등급을 낮춘 예법이다. 우리나라에서 관館을 지을 때는, 그 제도가 반드시 동서의 두 공간을 만들어 벽돌로 쌓은 전殿을 가지런히 이어지게 하여 용마루와 집이 시렁을 나란히 하고 있으니, 이것은 진秦나라 대부와 나란히 앉는 것과 무슨 차이가 있는가. 또 제주堤州의 관館은 그 터에 잡초가 무성하여 빈객을 맞이하고 보내는 역할을 하지 못한 것이 백 년하고 몇 해나 더 지났다. 현감 이양회李良會 공이 그곳을 잘 거두어서 옛 터에 새로운 관사를 만들었다. 기간을 계산하여 옷과 음식을 줄이고, 고을의 장정들을 독려하여 삼태기를 지고 널을 다져 쌓게 하면서 편안함과 수고를 균등하게 하여 그 공정을 기록하였다. 재목을 선별하고 공인들을 헤아려서 능력 있는 자들을 데려다 쓰니, 석 달이 지난 뒤에 건물과 담장이 이처럼 엄숙하고 장엄한 모습을 갖추었다. 관사가 완성되고 공역이 끝나자 이웃고을의 현령인 나 신대우申大羽에게 기문을 부탁하니, 나는 술잔을 높이 들며 다음과 같이 말하였다.

"진실되구나. 이 체제를 나라 안에 고르게 적용하는 것이 옳다. 벽돌로 쌓은 전殿이 위에 두어 백성의 공경을 보고, 객관客館을 아래에 두어 백성의 충성을 보며, 무기고를 북쪽에 두어 백성이 다투지 않는 것을 보며, 규수規水를 남쪽에

9) 제주堤州 : 충청북도 제천堤川을 말한다.
10) 노침路寢 : 임금이 나라의 정사를 맡아 보는 정전이다.

두어 백성이 아래에서 은택을 받는 것을 볼 수 있다. 충성하면서 공경하고, 다툼이 그치고 은혜가 아래로 미치니, 백성을 인도하는 데 있어 무슨 어려움이 있겠는가."

이공은 도성 교외에 거처하면서 전원에서 유유자적한 생활을 하여 마치 세상에는 뜻이 없는 사람 같았다. 출사하여 호조 정랑에 임명되어서는 일을 공정하게 처리하였다. 또 작은 고을을 비루하게 여기지 않아 사람들이 굳세고 교활하면 억눌러 바로잡고, 건물이 못쓰게 되면 손질을 하여 보수하였다. 1년 정도가 지나자 남아있는 폐단이 거의 없어졌으니, 자신의 힘이 미치는 곳을 다하고 그만둔 것이다. 이공 같은 사람은 잘 다스리는 관리라고 할만하다. 내가 듣기로, 잘 다스리는 관리는 마치 뛰어난 장인이 폐허가 된 집을 수리하는 것과 같아 더 폐허가 될수록 장인은 더욱 잘 수선한다고 하니, 아마도 이공을 두고 말한 것이리라. 이것을 「제주관신건기堤州館新建記」로 삼는다.

정조正祖 14년(1790) 6월 임자일壬子日에 평주平州 신모申某는 기록하노라.

소사기
小槎記

중심이 견고한 나무를 도끼로 베었는데, 고목이 그 사이에서 니와 뱃속에 아이가 들어있는 듯하였다. 겨우 1척 2촌의 길이에 봉우리도 있고, 통로도 있고, 골도 있어 험준하고 휑한 공간이 모두 구비되어 있으며, 빛깔은 검푸른 황색이다. 용도는 물을 끌어들여 모종을 하는 것이다.

아, 몇 길이나 되는 아름드리나무가 우뚝하고 크기는 하지만, 비바람에 꺾이고 좀 벌레에게 구멍이 나서 잠깐 사이에도 기약을 할 수가 없는데 홀로 꼿꼿한 절개를 보전하여 백년이 지나도록 더욱 굳세고 견고해졌으니, 기이하도다. 선비가 이와 유사한 점이 있으니, 강하고 견고하지 않으면 어찌 그 지조를 지켜내겠는가.

부벽루 중수기

浮碧樓重修記

정치와 교화에 있어 이전 시대 현인들의 훌륭한 법을 살펴보면 문물이 여전히 후세 현자들의 아름다운 법칙과 통한다. 이 때문에 오흥吳興에다 백빈정白蘋亭을 새로 지었고, 서성西省에다 자미각紫薇閣을 다시 지었으니, 이는 풍류가 멀리까지 숭상된 이유이고, 문조文藻가 추락하지 않은 까닭이다.

현재 관찰사인 태사太史 서영보徐榮輔 공은 맑고 진솔하며 옛것을 좋아하여 전승하기만 하고 새롭게 창작하지 않는 데 뜻을 두었다. 공손히 임금의 명을 받들어 서관西關의 42개 주州를 어루만져 편안하게 하고 훌륭한 풍교를 펼치고 인도하니, 백성들이 기뻐하며 말하기를, "이전 사람이 했던 것을 바꾸지 말고, 뒷사람이 보기에 사치스럽게 하지 마십시오."라고 하니, 옛날의 제도대로 수리하는 것을 의논하였다.

청류벽淸流壁과 을밀대乙密臺 사이에 홀로 우뚝 솟아 있는 것이 부벽루浮碧樓이다. 고려 때 승려 홍 상인興上人이 처음 창건하였는데, 몇 대를 지나다 보니 새로워지기도 하고, 오래되기도 하였다. 지금은 거의 빛이 바랜 채 용마루와 초석, 처마와 난간이 무성한 잡초에 뒤덮이고 먼지에 황폐화되었다. 나무를 잘라 부지런히 공사를 하면서 공역을 시간에 얽매이지 않았는데, 얼마 뒤에 완공되었다. 서까래를 화려하게 장식하고, 기둥은 여유가 있고 가지런하게 하였는데, 전면의 강을 보면서 벽에 기대면 번쩍번쩍 빛이 났다. 순조純祖 9년 청룡靑龍 기사년(1809) 음력 7월 16일에 여러 관료들과 모임을 열어 술을 마시고 낙성식을 하였는데, 크고 작은 일에 모두 감탄하고 칭송하였다. 마침 내가 성천成川의 관아에 머무르고 있었는데, 심부름꾼이 와서 서찰을 전하여 나에게 기문을 부탁하였다. 나는 다음과 같이 말하였다.

"화려하고 아름다운 연광정練光亭이 있지 않은가. 공이 다만 여기에서 상쾌하고 산뜻한 나날을 보내니, 어쩌면 붉은 꽃이 조용히 흩날리는 광경이 싫어서인가. 나는 중국 사신使臣이 이곳을 중국의 금릉金陵11)과 같다고 칭송한 것을 보

11) 금릉金陵 : 남경南京의 옛 이름으로 중국 강소성江蘇省에 있다. 삼국시대 손권孫權이 오나라

았다. 포은圃隱 정몽주鄭夢周와 목은牧隱 이색李穡 두 선생이 완상하여 시詩를 읊었고, 김부식金富軾, 이숭인李崇仁 등의 명사들이 현판에 시詩를 지었으니, 이는 모두 연광정에는 없는 것이다. 채릉가采菱歌를 노래하고 양아곡陽阿曲을 연주하면 사람들이 듣기에는 연로延路와 양국陽局12)만 못하지만, 노래가 졸렬하고 비속하다고 귀로 들을 수 없는 것은 아니다.

성대한 잔치 자리가 펼쳐져 관찰사가 자리에 참석하고 사대부들이 구름같이 모여 들며, 아름다운 단청 빛에 성대한 음악이 땅을 흔들고, 무희들이 음악에 맞추어 춤을 추며 실컷 하루의 즐거움을 다하는 것으로 말하자면, 부벽루가 연광정만 못하다. 그러나 빈객과 주인이 즐겁게 모여 얼근하게 술에 취하여 지난날의 자취와 기이한 일을 토론하고 아름다운 산수를 품평하며, 술잔을 들고 시를 읊조리면 해가 저도 피곤한 줄 모르고 오히려 뜻에 차지 않아 음악을 연주하여 회포를 푸는 것으로 말하자면 연광정이 부벽루만 못하다. 맑은 밤에 혼자 올라 달이 강 속에 비칠 때 승려를 만나 적멸을 이야기하며 속세의 방종한 관점을 억누르고 정신을 맑게 하는 것으로 말하자면 이는 더욱 연광정에서는 할 수 없는 일이다.

정취가 정묘해질수록 일이 더욱 미묘해지고, 뜻이 정밀해지지 못할수록 일이 더욱 번다해지니, 이것이 바로 부벽루가 옛날 사람들에게 중요시되고, 오늘날 사람들에게서는 소홀히 여겨지는 이유이다. 저 황폐했던 누각이 서공 덕택에 새로운 모습을 갖추게 되었으니, 사물의 행운도 역시 운수가 있는 것인가."

감회가 없을 수 없어 보내온 편지로 인해 기문을 짓는다.

의 도읍으로 정한 이후로 강남의 중심지였다.

12) 연로延路와 양국陽局 : 고대의 민간가요이다. 『회남자淮南子』 「인간훈人間訓」에 "채릉采菱과 양아陽阿를 노래하면 비천한 사람이 듣기에는 연로와 양국陽局만 못하다."라고 하였는데, 채릉과 양아는 고아한 노래이고 연로와 양국은 속된 노래이므로 이렇게 말한 것이다.

완구유집 권5

묘문墓文 1

정씨 부인 묘지명[1]

鄭氏夫人墓誌銘

정씨의 선조는 영남嶺南 영일현迎日縣 사람이다. 고려의 지주사知奏事 습명襲明에서부터 현달하였으며, 포은선생圃隱先生 몽주夢周에 이르러 도덕道德과 충절忠節로 우뚝이 유종儒宗이 되었으니, 부인은 그 후손이다. 고조 휘 유성維城은 현종顯宗 때 재상을 지냈으며, 시호는 충정공忠貞公이다. 증조 휘 상징尙徵은 성균관 진사이며, 좌찬성에 추증되었다. 조부 휘 제두齊斗는 우찬성과 성균관 좨주를 역임하였으며, 시호가 문강공文康公이니, 이분이 하곡선생霞谷先生이다. 부친 휘 후일厚一은 부평도호부사富平都護府使를 역임하였다.

영조英祖 10년 갑인년(1734) 8월 27일에 부인이 태어났다. 나이 열다섯에, 평주平州 신대우申大羽에게 시집왔다. 순조純祖 원년 신유년(1801) 3월 13일에 세상을 떠났으니, 향년 68세였다. 부인이 세상을 떠난 지 15일 만에 대신大臣의 말로 인해 대우大羽의 품계를 통정대부로 올려주시고, 특지特旨로 승정원 우부승지에 제수하시고는 의례대로 부인을 숙부인淑夫人에 추증하였다.

부인은 무척이나 질박하고 꾸밈이 적어 사소한 말이나 행동이라도 겉꾸밈을 좋아하지 않았다. 54년 동안 가난한 집안의 살림을 맡아 집안 형편을 짐작하여 끼니를 마련하고 베를 짜는 일을 직접 하였다. 일을 주관하고 가정을 다스리면서 시기에 어긋나거나 때를 놓친 적이 없었으니, 사람들이 이러한 행적으로 인해 부인을 현명하다고 여겼다. 그러나 만일 부인이 이 정도에 그친다면, 부인보다 현명한 사람을 세상에서 그런 사람이 없을까 어찌 근심하겠는가.

---

1) 이 글은 자신의 아내인 정씨 부인鄭氏夫人(1734~1801)에 대한 묘지명이다. 본관은 영일迎日로, 하곡霞谷 정제두鄭齊斗의 손녀이다.

부부지간은 지극히 가까운 사이여서 부인의 장단점을 내가 전부 알고 있다. 다만 내가 속에 감추어 두고 말하지 않은 것이 있다. 대우大羽가 하늘에 죄를 얻어 관례를 올리고 얼마 지나지 않아 부모를 여의었고, 가난으로 인해 집안을 건사할 수 없었다. 부인의 모친 유 숙인柳淑人은 청백리 경창慶昌의 손녀인데, 나를 몹시 아껴 의지할 곳이 없는 처지를 불쌍히 여겨 이웃에 살게 해주셨다. 그래서 부인과 함께 강화도 바닷가에 살게 되었다. 강화도는 문강공께서 은거하여 덕을 닦으신 고장이며, 부인이 태어나고 자란 곳이다. 내 누이와 아우 네 명이 당시에 아직 나이가 어려 나를 따라 강화도로 왔는데, 가는 가지와 연약한 벼이삭 같았다. 그러나 부인이 그들을 살뜰히 보살펴 먹고 마시게 해주었고, 또 씻겨주고 빗겨주었다. 추우면 솜옷을 입히고 더우면 베옷을 입혀주었으며, 해지고 때가 묻으면 꿰매주고 빨아주었으며, 이와 벼룩까지 잡아주었다. 이런 일은 아주 천한데다 여종들이 늘 많았는데도 감당할 수 없었건만, 부인은 도맡아 하며 조금도 싫어하거나 귀찮아하는 내색을 보이지 않았으니, 가만히 살펴보면 조금도 진정에서 우러나오지 않은 것이 없었다. 이렇게 하루 또 하루 한해 또 한해가 지나 모두 성인이 되어 자립하였다. 나는 여러 아우들을 가르치고 인도하는 것을 우선으로 하여 은혜와 사랑보다는 나무라고 독촉하는 일이 많았으나, 부인은 잘 조절하여 내가 미치지 못하는 곳을 잘 보완해 주었다. 이때 부인의 나이는 갓 스물이 넘었을 때였다.

나에게 벼슬길에 나아가 현달하여 세상에서 필요로 하는 사람이 되라고 말하는 사람이 있었는데, 과시科試의 물색에 대해 말해주고, 또 자신의 말대로만 하라고 하였다. 나는 나의 불민함을 사죄하고 들어가 부인에게 그 일을 말해주었더니, 부인이 어떻게 대답했는지 물었다. 내가 웃으며 허락했다고 하자, 부인은 한참을 가만히 바라보다가 말하기를 "어찌 그리 하셨습니까? 그 사람이 당신을 흠모하는 것은 하지 않는 일이 있기 때문입니다. 당신이 지닌 뜻과 지조를 하루아침에 다 쓸어내 버린다면 당신을 어디에 쓸 수 있겠습니까."라고 하였다. 아, 어찌 세속 부녀자의 식견이 여기에까지 미칠 수 있단 말인가.

부인의 평생을 살펴보면 불선不善은 본래 없었지만, 선善이 있다고 해도 그것이 선善인 줄을 몰랐다. 행동과 말은 옛날의 이른바 음덕陰德에 부합하지 않은 것이 없었다. 그러므로 시종일관 염을 하고 봉분을 만드는 일까지 어느 하나도 유감과 여한을 품을 일이 없었다. 이는 아마도 부인의 보시報施에서 얻은 것이 그렇게 만든 것일 터이니, 내가 다시 무엇을 탄식하겠는가.

슬하에 자식 다섯을 두었다. 장남은 진縉이고, 차남은 경絅인데, 이름을 작綽으로 고쳤다. 삼남은 현絢이니, 지금 홍문관 응교이다. 모두 유업儒業을 일삼고 있다. 장녀는 지금의 순안 현령順安縣令 박성규朴性圭에게 출가하였고, 차녀는 사인士人 정동형鄭東迥에게 출가하였다. 내외內外의 손자가 여러 명 있다. 명銘은 다음과 같다.

아아, 무갑鍪甲이 광동廣東을 눌러	猗鍪甲鎭廣東
방향을 돌려 손향巽向의 언덕을 택했네	盤且旋巽爲岡
겹겹의 산이 나란하고 물길은 휘감아 돌아	山駢疊水紆縈
서로 감싸 안아 무덤을 썼네	互襟抱治窆堂
정 부인이 여기에 묻혔으니	鄭夫人葬焉此
음력 5월 갑자일이라네	鶉火月日甲子
비워놓은 오른 쪽은 남편의 자리이니	虛其右爲夫君
길이 편안하고 자식들에게 복 주기를 바라오	惟永寧利嗣人

신 부군 묘지명[2)]
申府君墓誌銘

부군府君의 휘는 단晅이고, 자는 광서光瑞로, 지돈녕부사 동성군東城君 충도공忠度公 휘 경인景禋의 5세손이다. 충도공은 아들이 없어 큰형 영의정 평성부원군平城府院君 충익공忠翼公 휘 경진景禛의 아들 돈녕부 도정 증 평원군平原君 휘 해垓를 양자로 삼아 봉작封爵을 세습하고 후사後嗣를 잇게 하였다. 평원군의 아들 휘 여철汝哲은 성천도호부사를 지냈으며, 성천도호부사의 아들 휘 탁琢은 사복

2) 이 글은 신대우의 종조숙부 신단申晅(1696~1769)에 대한 묘지명이다. 자는 광서光瑞, 본관은 평산平山이다.

시 주부를 지내고 동릉군東陵君에 추증되었다. 동릉군의 아들 휘 필하弼夏는 나의 백조伯祖로, 파주 목사를 지냈는데, 이분이 부군의 부친이다. 고려 태사 때부터 저명한 성씨가 되었으며, 마침내 대대로 해서海西의 평산平山을 본관으로 하였다.

성천군成川君은 처음 부친을 여의고 나서 모친을 잘 섬겨 효자로 이름이 났으며, 선대先代의 제사를 받드는 일에 더욱 삼가 집안의 체모를 세웠는데, 당시에 질박한 행실이 있는 집안 모두가 스스로 미칠 수 없다고 여겼다. 성천군이 세상을 떠나고, 사복군이 일찍 세상을 떠났으나, 백조伯祖께서 그 실마리를 독실하게 계승하였으며, 부군에 이르러 사묘四廟가 되어 한번 조천祧遷을 하였다. 재계齋戒할 때에는 몸가짐을 엄숙히 하였고, 봄과 가을에 선인先人의 제사 때에는 제물祭物을 잘 갖추어 놓고 귀신의 신령한 기운에 숙연한 마음을 가졌으며, 제사를 지내는 동안에는 마치 제향 하는 분이 앞에 와 있는 듯이 하니, 제사를 돕는 사람 및 노복과 첩들도 숨을 죽이고 용모를 엄숙히 하였다. 만년에는 예禮를 거행할 힘이 없었지만, 반드시 관과 의복을 바루고 똑바로 앉아서 예를 마칠 때까지 기다렸으며, 시절時節이나 참헌參獻3) 때에도 역시 동일하게 하였다. 앞선 세대의 일을 내가 비록 직접 보지는 못했지만, 부군에게서 보고 느낀 것으로 앞선 세대의 일이 이처럼 성대했음을 알 수 있다. 『서경書經』에는 치확菑穫의 뜻4)이 있고, 『주역周易』에는 정괘鼎卦5)와 진괘震卦6)을 상象이 있으며, 공자孔子께서는 효孝를 말씀하시면서 역시 삼 년 동안 고치지 말아야 한다7)고 하

---

3) 참헌參獻 : 초하루나 보름 때 사당에 참례參禮하는 것을 말한다.

4) 치확菑穫의 뜻 : 『서경』「대고大誥」에 "그 아비가 밭을 일구었는데, 그 자식이 씨를 뿌리려 하지 않으니, 하물며 수확하려 하겠는가.[厥父菑, 厥子乃弗肯播, 矧肯穫.]"라고 하였다. 씨를 뿌린다는 것은 선대가 일궈 놓은 터전에서 일을 시작하는 것을 말한다.

5) 정괘鼎卦 : 『주역周易』「정괘鼎卦」단사彖辭에 "성인이 음식을 삶아서 하늘에 제사 지내고, 음식을 크게 삶아서 성현을 기른다.[聖人亨, 以享上帝, 而大亨, 以養聖賢.]"라고 한 말을 가리킨다.

6) 진괘震卦 : 『주역周易』「진괘震卦」에 "천둥소리가 백 리를 놀라게 하더라도 비창을 잃지 않는다.[震驚百里, 不喪匕鬯.]"라고 한 말을 가리킨다. 비匕는 종묘宗廟 제기祭器의 일종이고, 창鬯은 종묘의 제사에 쓰는 울창주鬱鬯酒를 가리킨 것으로, 전하여 정성과 공경의 마음으로 제사를 받드는 것을 의미한다.

7) 공자孔子께서는……한다 : 『논어論語』「학이學而」에 "아버지가 살아계실 때 그 뜻을 살피고

셨으니, 오래 걸리고 어려운 일임을 말씀하신 것이다. 하물며 효孝를 종신토록 실천한 경우야 말할 나위가 있겠는가. 부군은 74세가 되던 7월의 어느 날, 영조英祖 45년(1769)에 태평방太平坊에 있는 집에서 세상을 떠났다. 이해 9월 17일에 광주廣州 우치牛峙에 있는 선영先塋에 장사지냈다.

부군은 평소에 원망을 담아두지 않았고, 남과 교제할 적에는 곡진히 은혜로운 뜻이 있었으며, 현인賢人이든 불초한 사람이든 비천한 사람이든 관계없이 성심을 다하여 대하였다. 형제들이 허물이 있으면 비록 연장자라 하더라도 가차 없이 바로잡고 질책하였다. 인후仁厚하고 질직質直하여 성대한 세가世家의 풍도가 있었는데, 남을 밀어주고 이끌어줄 수 있는 당시의 제공諸公과 귀인貴人들은 그 도道가 진실로 이와는 반대였다. 그들이 사람을 가려 뽑을 때에는 반드시 얼굴빛과 말을 살폈기 때문에 부군은 결국 당세에 인정을 받지 못했으며, 당세는 끝내 부군에게 미관말직도 주지 않았다. 비록 그렇지만 공으로 하여금 선대의 전범典範을 잘 이어 명성과 행실을 깨끗하고 온전히 하게 하였으니, 조천祧遷할 때에 차자손次子孫이 된 것으로 괜찮다고 하겠다.

부인은 반남 박씨潘南朴氏로, 금양위錦陽尉 박미朴瀰의 현손이며, 이산 현감尼山縣監 박필로朴弼老의 딸이다. 부녀자의 덕을 갖추어서 모든 친척들이 공경하였다. 1남 1녀를 두었는데, 딸은 진사 풍양豐壤 조재도趙載道에게 출가하였으며, 아들은 대순大淳이다. 대순이 장례를 치르고 난 뒤에 울면서 말하기를 "선부군先府君의 행적과 일이 당세에 드러나지 않았으니, 돌아가신 뒤에 행적이 전해지는 것은 글에 달려 있네."라고 하고는 드디어 육촌 아우인 나에게 묘지명을 부탁하였다. 명銘은 다음과 같다.

우리 집안의 소종小宗은	肇我小宗
성천군에게서 시작되었네	自成川世
사당에 경건하게 모시고	揭虔廟宇
선대를 편안히 제향하였네	妥其祖禰

아버지가 돌아가시면 그 행함을 살펴 3년 동안 아버지의 도에서 고치지 말아야 효라 이를만하다.[父在觀其志, 父沒觀其行, 三年無改於父之道, 可謂孝矣.]"라고 한 구절에서 연유한 말이다.

제기는 질서 정연하고	鉶豆秩秩
예법과 제물 성대하였네	儀物齊齊
이처럼 기강을 세워	樹此綱紀
후손들에게 전하였네	詒爾來裔
증손이 이를 받들어	曾孫是將
더욱 힘써 노력하였네	其修彌勵
물건은 부수어 지기도 하고	物有轢毁
일은 오래되면 없어지지만	事或久敝
없어지지도 부수어지지도 않는 것은	不敝不毁
실로 후손이 잘 계승하기 때문이지	實繇善繼
새긴 명銘이 무덤에 있으니	刻銘在幽
길이 변치 않음을 보이노라	永示靡替

권 진사 묘표[8]

權進士墓表

부군府君의 휘는 만형萬衡, 자는 성일聖一이다. 미륜彌綸[9]의 재능이 있어 집안일 보다 나랏일을 더 근심하였으며, 남을 생각하는 뜻이 있어 남을 구제하는 일을 자신의 일보다 더 급히 하였다. 작은 일에 삼가고 청렴을 지키는 일로 구구한 법도에 얽매이지 않았으며, 집안에서는 볼만한 행실이 있었다. 마음껏 술을 마시고 하고 싶은 말을 다하여 넓고 아득해 끝이 없는 듯하였으나, 가만히 살펴보면 현달한 사람의 취지에 들어맞지 않는 것이 없었다. 간혹 바둑을 두고 시를 지어 저녁때까지 실컷 노닐기도 하고, 승경을 찾아 멀리 유람을 떠나 오랜 시일이 지난 뒤에 돌아오기도 하였으며, 산에 올라 노래하기도 하고, 물가에서 통곡을 하기도 하였다. 또 궤변을 늘어놓아 어지러운 감정을 풀어내기도 하였다. 자신의 본모습을 드러내지 않은 채 세속과 어울려 마음껏 세상을

8) 이 글은 권만형權萬衡(1727~1793)에 대한 묘표이다. 자는 성일聖一, 본관은 안동安東이다.
9) 미륜彌綸 : 천지天地의 도道를 인용하여 인도人道에 알맞게 보합하는 것을 말한다.

살았는데, 세상에서 권군을 아는 사람들은 불우한 시절을 만나 그런 것이라 하였고, 권군을 모르는 사람들은 오만함을 즐기는 것이라고 하였다. 그러나 권군의 은미한 뜻은 그를 아는 자도 제대로 모르는데, 모르는 자가 어찌 알겠는가.

권군은 고려 태사太師 행幸의 후손이다. 태사는 고려 태조太祖를 섬겨 성姓을 하사받고 안동安東을 식읍으로 얻었으니, 안동 권씨安東權氏가 여기에서 시작되었다. 자손이 삼대에 걸쳐 상국相國을 역임하였다. 휘 엄嚴은 집의執義로, 고려가 망하고 조선이 들어설 때 자취를 감추고 도성에 발을 들이지 않았으며, 휘 절節은 홍문관 교리로, 단종端宗이 선위禪位를 하자 미친 척하며 불우하게 지냈는데, 자호를 율정선생栗亭先生이라고 하였다. 죽고 난 뒤에 충숙忠肅이라는 시호를 받았다. 휘 확鑊은 승선承宣으로 광해군 때에 깨끗이 절개를 지켰다. 승선承宣이 휘 우堣를 낳았는데, 예조 참판을 역임하였다. 참판공이 휘 두상斗相을 낳았는데, 이조 참의에 추증되었다. 참의공이 휘 익순益淳 낳았는데, 사간원 대사간을 역임하였으며, 이조 판서에 추증된 계부季父 두선斗璿의 양자로 들어갔다. 권군은 이분의 작은 아들로, 영조英祖 3년(1727)에 태어났다.

뛰어난 풍모를 타고나 여느 아이들과 달랐다. 조금 자라서는 대범하고 남다른 위엄이 있었으며, 사려가 깊고 식견이 투철하여 교유하던 사람들은 대부분 선배나 윗사람들이었다. 독서와 사색을 즐겼으며, 특히 글을 잘 지었다. 한 번에 천 마디를 써 내려 가면서도 사리辭理가 풍부하고 여유가 있어, 사람들이 모두 국사國士로 기대하였다. 권군 역시 자부하여 스스로가 대대로 임금의 은혜를 입었으니, 앞으로 임금을 받들고 백성을 보살펴서 배운 것을 시험해야겠다고 생각하였다. 그러나 당세에 용납되지 못해 어긋나 버렸고, 나이가 들어 머리와 이빨은 빠져버렸다. 세상과 멀어지고 나이가 들어 다시 세상의 쓰임에 부합할 수 없게 되었는데도 권군의 뜻은 여전히 요동쳐 그치지 않았다. 의리義理의 대방大方과 종사宗社의 대의大義에 대해서는 늘 고수하는 것이 밝고도 굳세었으며, 그 마음은 잊지 못해 가슴아파하고 격앙된 채 슬퍼하여 자신도 모르게 소리를 삼키고 눈물을 흘려 주위 사람들을 감동시켰으니, 어찌 이른바 충성에 지나친 자가 아니겠는가.

어려서 부친을 여읜 뒤에 극진한 효성으로 모친을 섬겼는데, 모친이 돌아가

시자 지나치게 슬퍼하다 몸을 상하였고, 이어서 이상한 질병에 걸렸다. 신의를 돈독히 하고 숭상하였으며, 남을 해칠 마음을 두지 않았고, 가슴속은 항상 드넓어 아무 일이 없는 듯하였다. 그러므로 마주 대하고 훈계를 해도 남들이 화를 내지 않았고, 남의 꾸지람을 받아들이면서도 자신은 따지지 않았으니, 죽을 때까지 원망과 거스르는 일이 없었다. 궁곤한 벗이나 선비를 보면 데리고 와서 굶주림을 함께 하였으며, 비록 힘이 미치지 못하더라도 깊이 생각하고 묵묵히 행동하여 일의 득실과 마땅함의 여부를 헤아릴 겨를 없이 구제해주려고 하였다. 향리에 있을 때 마침 역병이 돌아 자식과 손자들을 위해 약재를 많이 비축해 두었는데, 먼저 이웃의 환자에게 약을 나누어 주어 자식과 손자가 병에 걸렸을 때는 약이 없어 손을 쓰지 못하였는데, "내 삶의 방식이 이렇다."라고 하였다.

권군은 열다섯의 나이에 사마시司馬試에 합격하여 명성이 도성에 자자하였으나, 서른셋이 되어서야 진사에 합격하였다. 정조正祖 17년(1793) 2월 30일에 서울의 집에서 세상을 떠났으니, 향년 67세였다. 이듬해 3월 모일某日에 경기도 양주楊州 평구향平丘鄕 마산馬山의 언덕에 장사지냈다. 부인 이씨는 종성宗姓[10] 광명匡明의 딸이고, 호조 참판 대성大成의 증손이다. 아들 넷을 두었는데, 흡熻은 진사進士로 호조 좌랑을 지냈으며, 종조부從祖父의 양자로 출계하였다. 차남 식烒은 문과에 급제하여 전 병조 좌랑을 지냈다. 삼남 엽燁은 진사이고, 사남은 익熤이다. 흡熻의 아들 복馥도 진사이다. 손자와 증손 여러 명이 있다.

권군은 나보다 여덟 살 위로 성남城南의 정씨 댁鄭氏宅에서 처음 보았다. 그때는 스스로 어리다고 생각했는데, 권군은 늘 속에 있는 말을 다하며 "이 사람만이 나를 알아준다."라고 하였다. 만나면 말을 하지 않은 적이 없고, 말을 하면 다하지 않은 적이 없어 해시계가 기울어 밤이 새도록 하였고, 날마다 또 싫증내지도 않았으니, 이렇게 지낸지가 46년이다. 어진 사람과 불초한 사람의 거리는 비록 같지 않지만, 그의 마음에 임금이 없었다고 해서는 안 된다. 태아검太阿劍[11]이 후올朽兀보다 무디고, 소를 가릴 만한 나무[12]가 산보다 무성한 법이

10) 종성宗姓 : 전주이씨全州李氏를 말한다.
11) 태아검太阿劍 : 전설상 유명한 보검의 이름이다.

다. 임금과 백성에 뜻을 두고, 초야에서 곤궁한 삶을 살았으니, 아, 이것이 운명이로다. 여러 아들이 부탁하기에 묘표를 써서 묘소에 새기도록 하노라.

조성뢰 묘명[13]

曺聖賚墓銘

참판 조명교曺命教 공은 별도로 담운옹澹雲翁이라는 자호自號를 썼다. 준엄하고 고결하며 법도가 있어 선비들에게 명망이 높았다. 집안에 또 훌륭한 자제들이 많았는데, 그 중 한 명이 윤열允說로, 자가 성뢰聖賚이다. 뒤에 열說에서 익益으로 이름을 고쳤다. 그는 참판의 아우인 홍문관 교리 휘 명경命敬의 넷째 아들이다. 일곱 살 때 부친을 여의고 자서姊壻인 대사간 이세연李世演에게 배웠다. 충정공忠正公 이장彝章은 대사간의 숙부인데, 그를 몹시 아껴서 보던 서책을 거두어 그에게 주었다.

장성해서는 친족과 화목하게 지내고 선善을 좋아하였으며, 일을 생각할 때에는 의義를 좋아하였으며, 뜻과 행실이 밝고 깨끗하였다. 만일 의리에 어긋나는 일인 줄 알면 천금으로도 그의 지조를 바꿀 수가 없었다. 벗과 교유할 때에는 반드시 신중하게 교제를 하였고, 교제를 하고 난 뒤에는 신의를 굳게 지켜 평생토록 변치 않았다. 따로 거주하는 집은 몇 동네 떨어진 곳에 있었는데, 모친을 모실 적에는 날마다 반드시 아침저녁으로 문안을 드렸으며, 비록 비바람이 불 때에도 병이 나지 않으면 그만두지 않았다.

한번은 조군의 명성을 흠모하여 과거 시험에서 선발하려고 물색하던 사람이 있었는데, 조군이 알아채고는 번번이 시험장에 나아가지 않았다. 벗이 찾아와

---

12) 소를 가릴만한 나무 : 아주 큰 나무를 말한다. 『장자』 「인간세人間世」에 "장석이 제나라로 가는 길에 곡원에 이르러 사당의 나무로 서 있는 역목櫟木을 보았다. 그 크기는 그늘이 소 수천 마리를 가릴 수 있었고 둘레는 백 아름이나 되었다."라고 하였다.

13) 이 글은 조윤익曺允益(1737~1776)에 대한 묘명墓銘이다. 다른 이름은 조윤열曺允說이다. 자는 성뢰聖賚, 본관은 창녕昌寧이다.

술상을 낼 때에는 반드시 술을 맛보았고, 종일 술잔을 권하면서도 술을 마실 때에는 더 범절이 있었으며 더욱 단정하고 여유가 있었으니, 조심하고 삼가는 태도가 그러했다.

조군은 평소에 몸이 약해 병치레를 하였는데, 모친의 상을 당해서는 애통한 마음에 병세가 더욱 심해져 결국 영조 52년(1776) 12월 12일에 세상을 떠났으니, 그의 나이 겨우 40세였다. 정직한 도道가 사라져 선비들이 나아갈 길이 올바르지 못한 지가 오래인데, 다행이도 성뢰聖賚와 같은 사람이 한 명 있었건만, 곤궁하게 지내다 일찍 세상을 떠났으니, 하늘의 이치라 따질 수가 없다. 내가 예전에 조군을 맑은 물처럼 깨끗한 인물이라고 평한 적이 있으니, 아! 이런 사람을 어찌 쉽게 얻을 수 있겠는가.

창녕 조씨昌寧曺氏는 신라 때부터 저명하였으며, 고려를 거쳐 조선에 이르기까지 이름난 종족이다. 충정공忠貞公 상치尙治, 충정공忠貞公 계상繼商, 충경공忠景公 광원光遠이 모두 명절名節과 공훈으로 조선 왕조에 이름이 났다. 휘 문수文秀는 공조 참판을 지냈는데, 문장으로 당시에 중망을 받았다. 이분이 예조 참판 휘 한영漢英을 낳았는데, 인조仁祖와 효종孝宗 때에 절의節義와 선견先見이 일세의 으뜸이어서 특별히 문충文忠이라는 시호諡號를 추증하였다. 이분이 담양 부사潭陽府使 휘 전주殿周를 낳았는데, 계부季父 한상漢相의 후사後嗣로 들어갔으니, 군에게는 증조가 된다. 이분이 장례원 판결사 휘 하기夏奇를 낳았는데, 장자長者로 일컬어졌으니, 조군에게는 조부가 된다. 아내 덕수 이씨德水李氏는 병조 참판 우堣의 따님이며, 대사간 혜嵇의 증손이다. 집안 살림을 잘하여 집안 형편으로 인해 조군에게 누를 끼치지 않았는데, 조군이 마땅하게 여겼다. 조군보다 2년 먼저 세상을 떠나 경기도 양주楊州 우이牛耳 고을에 장사지냈다. 조군이 세상을 떠난 다음해 2월 모일某日에 조군의 시신을 그 곁에다 장사지냈다. 아들 응진應振은 조군을 위해 묘명墓銘을 부탁한 사람이다. 조군의 형인 윤량允亮 성공聖功 역시 선사善士로, 조군과는 질 나팔과 피리처럼 잘 어울려 즐겁게 지냈다. 조군의 상喪을 당하고 나서는 늘 그와 마주할 때마다 창려昌黎가 원빈元賓에게 지녔던 감정[14]을 느껴 흐느껴 울었는데, 지금에는 성공聖功도 볼 수가 없

14) 창려昌黎가……감정 : 창려昌黎는 중국 당대唐代의 문인 한유韓愈이며, 원빈은 한유의 제자이

다. 명銘은 다음과 같다.

성품이 맑고 행실이 고결하였으며	澡其性絜其行
수명은 짧았으나 장례를 잘치렀네	羸其命固其葬

이 차산 묘지명[15)]

李次山墓誌銘

차산次山은 절개 있고 깨끗하게 처신하였고, 마음가짐을 굳세고 방정하게 하였으며, 돈후하게 남들을 대하였다. 절개가 있고 깨끗하였기에 행동으로 옮길 수 있는데도 하지 않는 일이 있었고, 굳세고 방정하였기에 외물에 흔들리지 않았으며, 돈후하였기에 늘 남의 선함을 보고 남의 불선함은 덜 보았으며, 불선함을 보고도 말을 한 적이 없었다. 비록 남을 따뜻하게 대하고 이끌어 주는 마음이 그렇게 만든 것이지만, 역시 남들보다 뛰어난 덕성을 소유하였다. 그는 나를 형으로 대했으나, 나는 그를 두려운 벗으로 보았다. 아, 슬프도다. 이제는 소용없는 일이 되어 버렸다.

이군의 휘는 준배峻培이며, 자는 차산次山이니, 이 선생李先生 휘 덕윤德胤의 막내아들이다. 이씨는 호서湖西의 전의全義를 본관으로 하는 성씨인데, 모두 고려 태사太師 도棹를 시조로 삼는다. 조부 휘 징성徵成은 성천도호부사成川都護府使를 역임하였으며, 증조 휘 정겸廷謙은 이조 참판을 역임하였다. 고故 명신名臣 휘 제신濟臣과 휘 수준壽俊은 공에게 7대조와 6대조가 된다. 모친 숙부인淑夫人 심씨沈氏는 영의정 수현壽賢의 딸이다.

이군은 영조英祖 19년(1743)에 태어났다. 태어나 성장하는 동안 언제나 고전의 세계에 몸을 담았기에 말이 신중하고 공손하였다. 옷차림을 단정히 하고 삼갔

자 벗인 이관李觀이다. 한유가 이 수재李秀才에게 보낸 답장에 "원빈을 그리워해도 만날 수 없으니, 원빈과 어울렸던 사람만 봐도 원빈을 만난 것 같다.[思元賓而不見, 見元賓之所與者, 則如元賓焉.]"라고 하였다. 『韓昌黎集 卷16 答李秀才書』

15) 이 글은 이준배李峻培(1743~1789)에 대한 묘지명이다. 자는 차산次山, 본관은 전의全義이다.

으며, 이치를 따라 행동하여 묻지 않아도 선생 집안의 자제임을 알 수가 있었다. 부모를 잘 섬겼으며, 그 형과는 수족과 한 몸처럼 지냈다.

정조正祖 원년(1777)에 이군의 상소가 국옥鞫獄의 공초供招에 연루되어 옥사에 갇혀 고문을 받아 앞일을 헤아릴 수가 없었는데, 이군 역시 온전히 살아남을 생각을 하지 않아 마음이 흔들리지 않고 어그러지지 않았다. 공손하고 올곧게 답변을 하고 행동거지가 조용하여 임금이 그 실정을 살펴 불쌍하게 여기시고는, 마침내 죽음을 앞둔 상황에서 사건의 원인을 자세히 살피셨다. 이때에 지극히 어질고 밝은 임금의 마음을 우러러 보지 않은 이가 없었고, 옥사獄事가 다른 사람들에게까지 미치지 않았으니, 이 역시 이군의 덕택이 크다. 북변北邊의 경흥慶興으로 귀양간 지 7년 만에 임금의 은혜를 입어 남쪽으로 돌아왔으며, 그 후 8년이 지난 모월某月 모일某日에 질병으로 세상을 떠났으니, 향년 47세였다. 한 달을 넘겨 아무 갑자甲子에 선영이 있는 서울 동대문 밖 40리 되는 곳에 있는 내곡柰谷에 장사지냈다.

이군은 여산礪山 송집명宋集明의 딸에게 장가 들었다. 슬하에 아들이 없고, 측실 소생인 두 아들 천회千會와 증회曾會가 있다. 이군이 세상을 떠난 지 2년 뒤에 선생이 내게 명하시기를 "그대가 내 자식을 위해 명銘을 짓는 것이 마땅하네. 삼가 실제에 지나친 과장된 말을 하여 죽은 자를 부끄럽게 하지 말게나."라고 하셨다. 글을 속히 짓지 못했는데, 이제 또 선생까지 세상을 떠났으니, 슬프도다. 삼가 그 공적과 행실을 서술하는 차에 이군을 위해 명銘을 지어 광壙의 남쪽에 기록하여 선생께서 이전에 명하신 일을 끝마친다. 명銘은 다음과 같다.

아, 차산이여	烏呼次山
그리도 맑은 자태 지녔건만	何姿之淑
어찌 그리도 수명에는 인색했나	何命之嗇
뜻과 절개를 지니고	有志有操
행실과 덕이 있었네	有行有德
유순하고 공경스럽게	愉愉翼翼
부모와 형을 섬겼네	事厥兄考

부친은 순한 자식이라하고	考曰順子
형은 공손한 아우라 하네	兄曰悌弟
불행한 상황을 만났지만	不丁其幸
그 지킴이 드러났네	其守乃見
명銘에 드러내 보이니	銘以發之
후대에 알려지리라	維後之聞

소군 묘명16)

蘇君墓銘

대우大羽의 조부 승지 부군이 일찍이 호남湖南 익산益山의 한천寒泉 고을에 땅을 가려 집을 지어 거처하셨다. 당시에 친히 배웠던 마을의 수재秀才가 한두 명 있었는데, 그 중 한사람이 소군蘇君 선장善長이다. 조부는 간중簡重하신 성격에 남을 허여하는 일이 적어 만일 제대로 된 사람이 아니면 비록 그 사람이 존귀하고 현달했다 하더라도 가차 없이 말을 섞지 않았는데, 유독 소군에게 만큼은 그런 뜻을 두지 않았다.

그곳의 생활을 접고 서울로 돌아오실 때에는, "잊을 수가 없는 것은 오직 한천寒泉의 물과, 소군蘇君 선장善長이다."라고 하셨다. 혹자가 말하기를 "한천寒泉의 물이 지극히 깨끗하고 아름다운 것은 지지地誌에 기재되고 노래로 전파되어 호남에서 유명하다. 소군蘇君이 비록 훌륭하지만 한천에 필적한 것은 지나치게 허여하신 것이 아닌가."라고 하였다.

나는 그래도 소군蘇君을 직접 보았으니, 소군蘇君은 성격이 급하지 않은데다 정밀하고 명백하여 의義가 아니면, 조금이라도 함부로 남들에게서 취하지 않았고, 타인이 불선을 보면 거리를 두어 마치 자신이 그에 물이 들까 두려워하였다. 가는 곳 마다 반드시 땅을 쓸고 자리를 털고 앉았으며, 도포와 띠와 두건과 버선은 항상 정갈하게 하여 조그만 먼지와 티끌도 묻히지 않았으니, 소군蘇

16) 이 글은 소태원蘇泰元(1683~1761)에 대한 묘지명이다. 자는 선장善長, 본관은 진주晉州이다.

君을 알만한다. 자신을 다잡아 절조를 지켰으니, 아름다운 한천寒泉에 필적함에 소군은 부끄러울 것이 없다.

소군의 휘는 태원泰元이며, 자는 선장善長이다. 부친은 경우景愚이고, 조부는 이굉爾宏이다. 진주 소씨晉州蘇氏는 고려 판도판서版圖判書 을경乙卿에서부터 드러났다. 7대조 대사간 세량世良, 그 아우 좌찬성 세양世讓, 6대조 대사간 봉逢이 함께 명성과 지위로 알려졌다. 고조 영복永福은 희릉 참봉禧陵參奉으로, 덕을 숨기고 벼슬하지 않아 더욱 사람들이 높이 평가하였다. 향현사鄕賢祠에 배향되어 봄가을로 끊이지 않고 제사를 올린다. 내가 소군의 선대를 논하였으니, 소군의 훌륭한 행적이 또 어찌 근원 없이 그렇게 된 것이겠는가.

소군은 젊어서 의원을 업으로 삼았는데, 그 방법이 매우 기이했다. 일찍이 아들 수열洙悅에게 말하기를, "의술이 비록 작은 방도이지만, 그 조화는 지극하여 신명神明에 참여할 수 있고, 민생을 구제할 수 있으니, 내가 지금 너에게 전수해 준다. 그러나 부모에게 효도하고 자식을 자애롭게 대하는 정은 같다. 삼가 사람의 귀천에 따라 차별하지 말고, 네가 지니고 있는 의술에 근면하여라."라고 하였다. 그 때문에 비록 천하고 보잘 것 없는 사람이라도 소군에게 진료를 해달라고 하면 가지 않은 적이 없었다. 진료하러 가면 반드시 구후九候를 살피고 방제方劑를 찾아서, 반드시 성심을 다했다. 병에 걸렸다가 소군을 만나 병이 나은 자들은 모두 그 효험을 남다르다고 생각하였다.

금상今上 37년(1761, 영조37) 모월일某月日에 세상을 떠났으니, 향년 79세였다. 모월일某月日에 모현某縣 모향某鄕에 장사지냈다. 부인 남궁씨南宮氏는 함열咸悅 사람이다. 선전관 견熞의 딸로, 자식이 없어 족제族弟 응태凝台의 아들 수열洙悅을 양자로 들였다. 수열洙悅이 내가 소군과 이전의 친분이 있다고 찾아와서 길이 후대에 전할 묘지명을 부탁하니, 높일 만하도다. 명銘은 다음과 같다.

맑고 맑은 한천의 물	泉之水湜湜兮
소군이 그에 짝하여 진실되고 사특하지 않았네	蘇君媲之允不忒兮
물은 오히려 흐려지거나 마르기도 하지만	水猶可混亦可涸兮
소군을 두고 쇠퇴한다고 할 수는 없네	謂君且朽兮不可得

공인 신씨 묘지명[17]

恭人申氏墓誌銘

종조숙부從祖叔父 통덕군通德君이 직접 정씨鄭氏에게 시집간 그의 죽은 딸 공인恭人의 행장行狀을 써서 진강鎭江의 바닷가로 심부름꾼을 보내어, 내게 명하기를 "딸이 불행하여 오래 살지 못한데다 후사마저 없으니, 훌륭한 행실을 갖추고서도 명운이 없는 것이 너무나 슬프네. 자네가 명銘을 지어주었으면 하네. 딸은 어려서부터 총명하여 벽에 왼손으로 쓴 글자가 있는 것을 보고 '오른쪽이 조금 높으니, 왼손으로 쓴 것이 아닙니까.'라고 하였네. 언젠가 밤에 앉아 우연히 딸에게 언서諺書의 반절反切을 가르쳐주었는데, 아침에 모두 이해하여 마치 그전에 익혀두었던 것처럼 하였네. 또 옆에서 아비가 독서한 내용을 암송한 것이 많아 내가 마음속으로 기이하게 여겼네. 시험 삼아 『시경詩經』의 「주남周南」과 「소남召南」을 가르치자, 그 대지大旨를 바로 이해하였네. 조금 장성해서는 온후하고 말과 웃음이 적어 함부로 기뻐하거나 성을 내지 않았네. 아무리 급한 일이 닥쳐도 한 번도 덤벙대지 않았네.

계모 이씨李氏를 아주 정성스레 섬겼네. 공인이 이씨를 섬기고 이씨가 공인을 돌봐주는 모습은 모두 부모와 자식사이 같았네. 이씨 집안은 대대로 영락하여 한번은 사사로이 그 부모의 묘에 올릴 제수祭需를 구하였네. 이씨 집안은 후사가 없어 절일節日이 되면 딸이 슬퍼하여, "나중에야 없어지겠지만, 차마 갑자기 없앨 수야 있겠는가."라고 하면서 이씨가 살아 있을 때처럼 제수를 마련하였네. 정씨 가문은 번성하고 사람도 많았네. 그러나 좌우가 돈독하고 협심하여 모두가 마음이 맞고 환심을 얻었는데, 부형父兄인 득검得儉이 자주 칭송하였네. 이로 보면 딸이 부인의 덕성을 갖추었던 사실을 알 수 있네. 아, 나는 이미 늙었네. 이제 이런 사실을 말하지 않으면, 딸의 훌륭한 행실이 끝내 묻히고 말 것이네. 딸의 묘지명을 지어 초리樵犂에 묻히게 하지 말게나."라고 하였다. 나 역시 평소 공인恭人의 훌륭한 점을 잘 알고 있었는데, 지금 행장을 보고 더욱 그 사실을 믿게 되었다.

---

17) 이 글은 정후검鄭後儉의 아내인 신씨부인申氏夫人에 대한 묘지명이다.

평산 신씨平山申氏는 고려 태사 장절공壯節公으로부터 드러나서, 대대로 명망과 덕을 지닌 분들이 나왔다. 성천도호부사成川都護府使 여철汝哲에게 두 아들이 있었는데, 장남 탁琢은 사복시 주부를 역임하고 동릉군東陵君에 추증되었으며, 둘째 호頀는 연안도호부사를 역임하였다. 그의 아들 적하迪夏는 자식이 없어, 종부형從父兄 돈녕부 도정 서하瑞夏의 차남인 홍哄을 양자로 들였으니, 이분이 통덕군通德君이다. 판돈녕부사 조석명趙錫命의 딸에게 장가들어 공인恭人을 낳았다. 공인은 태어나 여덟 살에 모친을 여의고, 열 셋의 나이에 사인士人 동래東萊 정후검鄭後儉에게 시집갔다. 12년이 지난 11월 5일에 병으로 세상을 떠났다. 이듬해 정월 모갑某甲에 경기도 금천현衿川縣 북가北檟 방축防築의 언덕에 장사지냈으니, 춘추 겨우 스물넷이다. 명銘은 다음과 같다.

앞으로 살날이 아득했건만	芒乎其居也
갑자기 세상을 떠났네	忽乎其逝也
맑고 깨끗한 음성과 용모 볼 수 있을듯한데	音容之淸泠如可逮兮
해를 거듭하여 무덤가엔 풀이 무성하구나	墳艸芊芊而歲歲兮
천추만세를 지난 뒤에도	千秋萬世兮
감히 훼손하지 말지어다	毋敢夷傷
아, 훌륭한 부인이 묻힌 곳이니	嗟維令儀之攸藏

홍문관 교리 특증부제학 박공 묘갈명[18]

弘文校理特贈副提學朴公墓碣銘

세속에 얽매이지 않고 권세와 위엄에 흔들리거나 굽히지 않으며, 곤궁과 재난에 근심하거나 두려워하지 않고, 군주에게 무례하게 대하는 이를 보고서는 낯빛에 의리가 드러나 용맹을 생각지 않고 공격하며, 참소하고 아첨하는 백성들이 편을 지어 위태롭게 하여 자신이 위험에 처해도 의지를 빼앗을 수 없었

18) 이 글은 신대우의 사돈인 박재원朴在源(1723~1780)의 묘갈명이다. 박재원은 신대우의 아들인 신작申綽의 장인이다.

으니, 그 자립自立이 이와 같은 분은 고故 학사學士 박이천朴而川 공이다.

이천而川의 휘는 재원在源으로 나주羅州 반남潘南 사람이다. 집안 대대로 명예와 덕을 이어 내려왔으니, 문정공文正公 상충尙衷, 평도공平度公 은訔, 문강공文康公 소紹, 대사헌 응복應福, 충익공忠翼公 동량東亮, 금양도위錦陽都尉 미瀰 같은 분들이 더욱 드러난 분들이다. 공은 도위의 5세손이다.

문정공은 고려 우왕 때에 이인임李仁任의 간악함을 탄핵하다가 재앙을 입었고, 문강공은 조선 중종中宗 때에 김안로金安老를 배척하다가, 영남嶺南으로 쫓겨나 세상을 떠났는데, 사람들이 오늘날까지 칭송한다. 증조 휘 태만泰萬은 홍문관 교리를 역임하였고, 조부 휘 필철弼哲은 사간원 대사간을 역임하였다. 부친 휘 사복師復은 첨지중추부사를 역임하였다. 모친 한산 이씨韓山李氏는 판서 태중台重의 여동생으로, 그 부친은 병철秉哲이다. 네 명의 아들을 두었는데 공은 서열로 둘째이다. 52세의 나이에 비로소 과거에 급제하였다. 그 해에 홍문관에 선발되어 부교리에 임명되었다. 정조正祖 즉위 2년(1778)에 상사喪事가 끝났는데, 적신賊臣 홍국영洪國榮이 중전中殿이 질병이 있다는 말을 퍼트려 태자를 낳아 양육하기 힘들다고 하였는데, 그 속내는 자신의 여동생을 중전 자리에 올리려는 속셈이었다.

이윽고 후궁을 가려 뽑으라는 명이 내려지자, 공이 말하기를, "중전께서 병환이 있으시니 이는 종사宗社와 신민臣民의 근심입니다. 실력 있는 의원을 널리 구하고, 진귀한 약제를 처방하여 원자를 낳게 하는 것이 옳습니다. 백성들을 생장시키는 시詩가 오늘에 지어지지 않으리라 어찌 장담하겠는가마는 조정의 신하들이 이에 대해 한 마디도 하지 않는 것은 어째서입니까."라고 하였다. 마침내 반대하는 상소를 올려 할 말을 다하니, 과연 홍국영의 뜻을 크게 거슬렀다.

당시에 홍국영의 권세는 일세를 움직여 위엄과 복록을 믿고 있었는데, 그와 대면하여 조금이라도 저촉되는 자는 해를 입고 말았으니, 사람들이 감히 수하誰何를 할 수가 없었다. 공은 특히 소외받던 외로운 신하로 언의言議가 임금의 신임을 얻지 못해 윗사람은 당겨주지 못하고 아랫사람은 밀어주지 못했다. 그런데도 홀로 간언을 하여 앞으로 나아가 홍국영의 사악한 마음을 미리 알아채고 꺾었으니, 권세를 쥔 강한 자를 두려워하지 않았다 할만하다. 이에 온 세상이 풍모와 뜻을 흠모하자, 유언비어로 비방을 받아 재앙의 조짐이 조만간에 닥치려 했는데도 늠름하였다. 공은 덤덤하게 아무런 기미도 낯빛에 드러내지 않고 서적에 마음을 두었으며, 변변찮은 음식으로도 끼니를 잇지 못했으나 태연하였다.

한해 남짓 지나자 홍국영의 누이동생이 병에 걸려 죽자, 홍국영의 권세는 더욱 줄어들었다. 정조 4년 봄에 조정에서 비로소 공을 불러 사간원 헌납에 제수하였다. 관직에 나아가서는 제일 먼저 홍국영의 상소에서 "전하께서 내전을 다스리는 일이 끝이 없다."라고 한 말은 신하의 예의가 없으니, 마땅히 엄한 처벌을 내려야 한다고 하였다. 홍국영이 보고는 놀라 넘어지며 말하기를, "내가 죽게 될 것이다."라고 하였는데, 강릉江陵으로 내쳐져 그곳에서 죽었다.

당시에 화빈 윤씨和嬪尹氏가 이미 후궁으로 낙점되어 입궁해 있었다. 조정의 신하들이 상소를 올려 반드시 먼저 후궁으로 간택된 일에 대해 하례하라고 하였는데, 공은 홀로 하례하지 않고 말하기를, "임금을 모시는 후궁을 간택하는 일은 부득이 한데에서 나온 일이니, 위로를 해야지 하례하는 것은 옳지 않다."라고 하였다. 김치묵金峙默이라는 자가 있었는데, 국구國舅 청원부원군淸原府院君 김시묵金時默의 친아우이다. 몸소 중전을 질정하여 고질병에 대해 증거가 되는 기미를 살피고는 공에 대해 모함을 하여 극형에 처하라고 간언하였으나, 임금이 듣지 않고, 단지 전리田里로 내쫓으라고 명하였다. 공은 교외를 방황하여 잠자리와 음식이 맞지 않았는데, 근심과 질병이 중해져서 마침내 이해 6월 17일에 세상을 떠났으니, 향년 58세였다. 석 달이 지난 갑자일甲子日에, 파주坡州의 검암黔巖에 있는 선영에 장사지내고, 이씨 부인을 합장하였다.

그 후에 임금이 다시 올바른 식견을 되찾아 나라가 크게 안정되었다. 유신儒臣 이은모李殷模가 공을 기려 추증할 것을 청하고, 이어 대신들의 말이 있었다. 임금이 말씀하기를 "아, 이는 나의 허물이로다."라고 하고 특별히 공을 부제학에 추증하니, 공의 훌륭한 행실이 더욱 드러났다. 아, 공의 족조族祖인 문열공文烈公 박태보朴泰輔가 이미 기사년己巳年의 난리[19]에 죽고, 공 역시 떳떳한 기강을

19) 기사년己巳年의 난리 : 1689년(숙종15)에 희빈禧嬪 장씨張氏의 소생을 원자로 정호定號하는 문

잡아 부지하여 백대에 명예와 의로움을 드리웠으니, 문정공과 문강공은 훌륭한 자손을 둔 것이다.

공의 성품은 효우孝友에 독실하여 대부인의 병을 간호할 때에 곁에서 받들어 모셨다. 옷과 기물이 더럽혀지면 반드시 몸소 깨끗하게 씻었다. 형인 진사군進士君 박유원朴有源 및 그 두 아우인 좌원左源 대봉大逢과 우원右源 계봉季逢 형제와 지기知己가 되어 자리를 연이어 날마다 저녁에 담론하고 토론하여 화목하고 평안히 지냈다. 가까운 벗들과 뜻이 맞아 술잔을 기울이며 머무르게 하여 거나하게 취해 서로 거스름이 없었다. 돈후하고 욕심 없이 담담하였으며, 신중하여 말에 능하지 못한듯하였고, 외물과 어긋남이 없었다. 자신의 마음과 어긋나는데도 구차하게 뇌동하여 앞의 것을 물리쳐 움츠리는 태도를 차마 보아 넘기지 못했다.

한번은 삼사三司가 연명聯名하여 탄핵상소를 올린 적이 있는데, 가까운 친척의 일이라도 피할 수가 없었다. 공은 "상복喪服을 입는 의리가 있는 가까운 친척을 탄핵하는데 연명을 핑계대어 참여할 수 있겠는가. 패륜이 심하다."라고 하고는 끝내 동참하지 않았는데, 임금도 잘못이라 여기지 않았다. 이 일이 전례가 되어 이후로는 연명상소를 올릴 때에는 아무리 친족과 관련된 상소라도 참여하지 않았다.

한번은 태묘太廟에 대축大祝을 지내는데 내관이 오자, 집사들이 종종걸음으로 나아가 절하고 성명을 아뢰었으나, 공은 마땅치 않다고 여겨 "나는 임금을 가까이 모시는 근신인데, 어찌 내관에게 예를 표하겠는가."라고 하였다. 억지로 청했으나 끝내 하지 않았다. 임금이 듣고서는 체통을 지킨 공의 태도에 감탄하였다. 크고 작은 제사에 승선承宣을 함께 보내어 살피도록 내버려 두고 그냥 지켜보는 것은 바로 공으로 인해 비롯되었다.

부인은 완산完山의 일족으로 참봉 돈중敦中의 딸이다. 슬하에 2남 2녀를 두었다. 장남 종명宗明은 동몽교관으로 성품이 경개耿介하여 잡아 지키는 것이 있었으나 요절하였다. 딸 한 명이 있는데, 계례笄禮를 올리지 않았다. 차남 종경宗京은 지금 홍문관 응교로 몹시 강직하여 공의 풍모가 있다. 아들 셋을 두었는데,

---

제를 계기로 서인이 축출되고 남인이 정국을 장악한 기사환국을 말한다.

자신의 맏이로 형의 후사를 잇게 하니, 바로 영수英壽이다. 나머지는 어리다. 딸은 자라서 홍취연洪取淵에게 출가하였고, 차녀는 신작申綽에게 출가하였으니, 모두 사인士人이다.

공이 세상을 떠난 지 수십 년 뒤에 공의 아우 대봉大逢이 종경宗京에게 일러 말하기를, "우리 형님을 장사지냈으나 묘갈명이 없으니, 이는 우리들의 책임이다. 우리 형님이 평소에 가장 자신의 마음을 알아준다고 했던 친지 중에 신의보申儀父 만한 이가 누가 있겠는가. 이 사람은 반드시 우리 형의 일을 말할 수 있을 것이니, 너는 가서 명銘을 요청하여라."라고 하였다. 이에 행장行狀을 써서 종경宗京에 주어 고하게 하니, 대우大羽가 받아서 읽고 말하기를, "그렇다. 아, 그대의 선인께서는 행의行誼가 사우들에게 믿음을 받았고, 명절名節은 역사책에 기록되어 있는데, 내 문장이 어찌 공의 행적을 기릴 수 있겠는가. 도리어 또 공의 일이 나의 문장을 기릴 것이다."라고 하였다. 명銘은 다음과 같다.

신하가 임금을 섬김은	臣之事君
자식이 아비를 섬기는 것과 같아	如子事父
표준과 법이 되어	爲是表經
우주를 지탱하는 법이다	亘宙撑宇
어느 누가 아비만 있고	孰有其父
어미가 없겠는가	而母其無
떳떳한 본성과 신하의 기강이	民彝臣紀
공에 힘입어 변치 않았네	賴公不渝
용감하고 굳세어	矯矯伉伉
강직함을 드러내었네	以旣厥剛
이 명銘으로 드러내어	將之以銘
아득히 고하노라	爲詔茫茫

순조純祖 원년(1801)에 교리 오한원吳翰源이 상소하기를, "고故 유신儒臣 박재원이 임금의 모친을 위해 항소抗疏를 올렸으니, 높은 충성과 의로운 빛이 우주와 통하여 태양과 별처럼 밝습니다. 이전 조정에서 그 정신貞藎함을 깊이 아름답

게 여겨 특별히 이어 벼슬을 추증하였으니, 풍화風化가 오늘에 전해집니다."라고 하니, 임금이 "내가 처음 즉위하여 높은 관직을 추증할만하니, 상하 대신大臣들은 의논하라."라고 하였다. 대신들이 모두 "선을 표창은 악을 미워하는 것이며, 충忠을 드러내는 것은 기강을 바로잡는 것이니, 이 사람을 추증하여 전대보다 빛나게 해야 합니다."라고 하자, 임금이 명을 내려 참판으로 더 증직하였다.

순조 4년(1804)에 우의정 이경일李敬一이 또 아뢰기를 "홍국영의 치솟는 기세를 한 번의 상소로 억눌렀으니, 충성이 해와 별과 통한다고 할 만합니다. 의리가 천지에 바로 서니 곤축坤軸이 실려 편안하고, 백성의 떳떳한 본성이 이로 인해 펼쳐지게 되었습니다. 만약 자신을 버리고 나라를 지킨 행적을 논할 것 같으면, 옛날의 어진 이들도 이보다 더할 수가 없습니다. 일은 절개를 다함에 있었고, 공은 위태로움을 바꾸는데 있었습니다. 조정에서 마땅히 특별히 포상해야 할 일입니다. 관직을 내려 훌륭하게 여기고 시호를 내려 높이시되, 시호를 내리는 은전은 이전의 뜻을 따르소서."라고 하였다. 임금이 명을 내려 태재 양관 대제학太宰兩館大提學을 더 추증하고, 이로 인하여 태상시太常寺에 안건을 내려 시호를 의논하게 하였다. 관신館臣이 의론한 내용을 올려 고하기를 "삼가 살피건대 고故 유신儒臣 박재원이 나라를 염려하여 집안을 돌아보지 않은 절개와 충성을 지향하고 덕을 품은 의리가 실로 시법諡法에 마땅하니, 시호를 '충헌忠獻'으로 내리소서."라고 하니, 임금이 옳다고 하였다.

임금이 융숭한 교지를 내려	渥恩華誥
온 천하에 밝게 빛나네	耀熠壤墟
임금이 은전 내려 총애하니	褒典龍光
신하들이 감격 하네	感激紳緌

삼가 정표旌表하여 크게 보답해 주신 성덕盛德과 성은聖恩을 추술追述하고 이어 명銘을 짓노라. 6년 뒤 5월 어느 날 대우大羽는 기록하노라.

예조 판서 정혜 심공 신도표[20)]

禮曹判書貞惠沈公神道表

원임原任 예조 판서 정혜貞惠 심공沈公이 돌아가신 지 19년째 되던 해에 맏아들인 홍영興永이 신도표神道表를 세우려 하니, 평주인平州人 신대우申大羽가 그 서문을 짓는다. 그 내용은 다음과 같다.

공은 붕당으로 혼란하던 시기에 평화로 그 지조를 충실히 하고, 보합하여 일을 조치하였다. 일찍부터 취사선택의 기미를 살핌에 세태의 변천이 심상치 않았으나, 공은 격분하지도 넘치지도 않아 조정에 있던 50년 동안 하루같이 변함이 없었다. 그래서 당시의 이름난 공경들과 어긋나지 않았던 것이다. 역신逆臣 정후겸鄭厚謙이 자신이 친구의 어린 손자라는 이유로 시절時節에 평상 아래에서 절을 올렸는데, 공은 그를 늘 원만하게 그를 대했으나 그가 물러나면 번번이 "나라와 집안에 해를 끼칠 사람이다."라고 하여 그 소리가 밖에까지 들렸다. 정후겸도 마침내 공의 집에 발길을 끊게 되었다. 아, 큰 제방이 무너지듯 염치가 사라져 과격한 행동이 요구에 맞았지만, 그로인해 자신을 망친 자가 한두 명에 그치지 않았다. 공만은 밝게 처신하여 굳게 자신을 지켜 끝을 삼가고 처음에 더욱 엄하였기에 공이 또 남들보다 훨씬 훌륭했던 것이다. 영조英祖가 언젠가 공에게 친필을 내려주며 "조용하고 담박한 이를 묻는다면, 경卿 말고 또 누가 앞서겠는가."라고 하였다. 공이 감격하여 눈물을 흘리며 "성상聖上께서 신臣을 이 정도까지 아셨단 말인가."라고 하였다. 이어 '담澹'이란 글자로 서재 이름을 짓고, 자신의 호로 삼았다.

공은 영남嶺南 청송부靑松府 사람으로 휘는 성진星鎭이며, 자는 시서時瑞이다. 청송 심씨가 드러난 것은 청성백靑城伯 덕부德符로 때부터이며, 대대로 명덕名德으로 알려져 왔다. 휘 지택之澤이란 분이 광해군 때에 덕을 감추고 벼슬에 나아가지 않았는데, 공에게는 고조가 된다. 증조 휘 력櫟은 창평 현령昌平縣令을 역임하였으며, 조부 정희廷熙는 경학經學과 행실로 추천되어 제릉 참봉齊陵參奉을

---

20) 이 글은 심성진沈星鎭(1694~1777)에 대한 신도표이다. 자는 시단時瑞, 호는 담와澹窩, 본관은 청송靑松이다.

역임하였다. 부친 휘諱 준埈은 대사간을 역임하였다. 모친 파평 윤씨坡平尹氏는 부제학 진搢의 딸이다.

공은 숙종肅宗 20년(1694)에 태어났다. 스물다섯의 나이에 진사시에 합격하고, 영조英祖 3년(1727)에 증광문과增廣文科에 급제하여 시강원 설서에 제수되었다. 사간원 정언으로 서장관이 되어 연경에 다녀왔고, 홍문관에 선발되었으며, 이조의 낭관을 거쳐 동벽東壁21) 겸 춘방학 교수 교서관 교리 · 지제교에 제수되었다. 승진하여 승선承宣에 제수되었으며, 사간원 대사간, 성균관 대사성, 이조 · 호조 · 예조 · 병조 · 형조 다섯 부서의 참의를 두루 거쳤다. 이조에 가장 오래 근무했고 재직 기간도 길었다. 승진하여 사헌부 대사헌이 되고, 이조 · 예조 · 공조 세 부서의 참판을 지내고 동지경연춘추관사 · 승문원 제거 · 비변사 주사를 거쳤다. 또 승진하여 한성부 판관에 올랐고 예조 · 형조 · 공조 세 부서의 판서에 제수되었다. 의정부 참찬 · 지경연춘추성균관사로 원접사遠接使가 되었고, 기로사耆老社에 들어갔으며, 판의금돈녕부사로 승진하였다. 그 사이에 외직으로 관서關西의 영유永柔, 정주定州, 성천成川과 영남嶺南 안동安東의 수령으로 나갔으며, 또 강원도 관찰사와 경기도 관찰사를 역임하였고, 강화도 유수를 지냈다. 품계는 보국숭록대부에 이르렀다.

정조正祖 2년(1778)에 84세의 나이로 9월 1일에 자택에서 세상을 떠났다. 그해 11월 신묘일辛卯日에 경기도 광주廣州 상령雙嶺의 언덕에 장사지내고, 조 부인趙夫人의 묘소 좌측을 열어 합장하였다. 부인은 본관이 양주楊州로, 익위사 시직 태만泰萬의 딸이며, 이조 참의 가석嘉錫의 손녀이며, 형조 판서 계원啓遠의 증손녀이다. 정순貞純하고 단정하면서 명철하여 공이 아주 공경하고 중시하였다. 공보다 2년 뒤에 태어나 공보다 11년 먼저 세상을 떠났다. 아들을 낳았으나 요절하였다. 종자從子 득운得雲을 양자로 들였으나 요절하여 후사가 없었으므로, 족제族弟의 아들을 양자로 들였으니, 바로 영흥興永이다. 지금 홍문관 교리로 있다. 선조의 미덕을 잘 계승하고 금석에다 공렬을 기록하여 감추어진 아

21) 동벽東壁 : 벼슬아치가 모여 앉을 때 벼슬의 차례에 따라 좌석의 동쪽에 앉던 벼슬로, 곧 의정부 좌 · 우찬성, 승정원의 우승지 · 좌부승지, 홍문관의 직제학 · 전한 · 응교 · 부응교 벼슬이 이에 해당한다.

름다움을 드러내었으니, 효자라고 할 만하다. 비문에 상세한 내용은 모두 생략하고 크게 드러난 공의 공덕만을 밝혀 후세에 길이 보이고자 한다. 이것으로 신도표를 삼는다.

완구유집 권6

묘문墓文 2

하곡선생 신도표[1)]
霞谷先生神道表

영조英祖 12년(1736) 8월 임신일壬申日에 의정부 우찬성 성균관 좨주 문강공文康公 하곡霞谷 정 선생鄭先生이 세상을 떠나셨으니, 향년 88세였다. 그해 10월 모갑某甲에 강화부江華府 하현霞峴에 있는 사시던 집 뒤편 언덕에 장사지냈다. 나라에서 내린 부의賻儀는 대신大臣의 장례에 견주어 동일하게 하였다. 장례를 치를 적에 문인門人인 태학사太學士 윤순尹淳이 제문祭文을 지어 선생에게 제祭를 올렸는데, 제문에 이르기를 "이 마음을 간직하여 만 가지 이치를 정미롭게 하고, 이 마음을 진실되게 하여 모든 일에 응했던 것은 선생의 학문이 통달하며 깊고 충실하여 마침내 평탄하고 편안히 실천하는 경지에 이르렀기 때문이다. 그러나 댁에 계실 때에는 말없이 이를 성취하셨고 본연의 천성天性을 즐기셨으며, 변박辯博과 영화英華를 가지고 남에게 자랑하려고 하지 않았다. 세상에 나아가실 때에는 예禮로써 행하시고 세신世臣의 절의節義를 공손히 실천하였으며, 도덕과 빈사賓師의 지위를 가지고 자신을 높이려 하지 않았다. 비록 외면에만 힘쓰는 자가 선생을 의혹하고, 높은 것을 좋아하는 자가 선생을 의심해도 선생은 자신을 믿고 후회하지 않았을 뿐 아니라, 남이 알아주기를 원하지 않았으니, 공자孔子와 안자顔子를 자신의 스승이라고 하였다."라고 하였다. 또 이르기를 "당우唐虞의 구법九法이 막혀 어둡고, 조종祖宗의 육전六典이 황폐하여 땅에 떨어졌다 해도 선생이 계실 적에는 먼 것은 부합하고 가까운 것은 기술하여 실천하면 큰일을 할 수 있을 듯하였으나, 선생이 돌아가신 뒤로는 다만 세상이 쇠퇴하여 운수가

---

1) 이 글은 정제두鄭齊斗(1649~1736)에 대한 신도표이다. 자는 사앙士仰, 호는 하곡霞谷, 본관은 영일迎日이다. 신대우는 정제두의 손녀사위이다.

막히고 학문의 맥이 끊어져 이어지지 않음을 보겠다. 아, 슬프도다! 백세百世 뒤에 선생을 징험할 자료가 여기에 있지 않겠는가."라고 하였다.

선생의 휘는 제두齊斗이며, 자는 사앙士仰으로, 영남嶺南 영일현迎日縣 사람이다. 고려 때에 시중侍中인 문충공文忠公 몽주夢周가 그의 11대조이다. 증조 휘 근謹은 승문원 박사이며, 조부 휘 유성維城은 우의정 충정공忠貞公이며, 부친 휘 상징尙徵은 성균관 진사이다.

선생은 인조仁祖 27년(1649)에 태어나 숙종肅宗·경종景宗·영조英祖를 섬겼으며, 장헌세자莊獻世子가 태어나자 원자 보양관과 세자 이사世子貳師에 임명되었다. 선생이 받은 극진한 예우와 임금께 아뢴 좋은 계책은 국사國史와 묘비墓碑에도 기록되어 있다. 선생의 도량은 박옥璞玉처럼 혼후渾厚하였고, 조화를 이루면서도 휩쓸리지 않았다. 혼탁한 세상을 순박하게 돌려놓을 수 없었던 까닭에 선생은 훌륭한 재주를 품고서도 한가하게 지내셨다. 과감하게 세상을 잊는 것은 교훈으로 삼을 것이 아니었기에, 선생은 때때로 조정에 드나드셨다. 뜻을 돈독히 하여 힘써 행하고 널리 배워서 들은 것이 많은 것으로 말하자면, 육예六藝와 뭇 성인들의 법에서부터 백가百家 여러 부류의 글, 역대 도서관의 장서藏書와 이전 시기의 법전法典이나 서적에 기록된 내용은 모르는 것이 없었다. 그 지식은 마치 깊은 바다와 높은 산과 같아 아무리 써도 다함이 없었으니, 그 요점은 또한 『이아爾雅』에 요약되어 있다. 예禮는 선배들을 따랐으며, 제도는 당시의 예법을 따랐다. 그리고 학문적 역량은 만물을 열 수 있었고, 신하로서의 역량은 시대를 바룰 수 있었다.

이 당시 여러 공들이 의義를 품고 입을 모아 선생을 교대로 천거하였으니, 벼슬은 내·외관을 합하여 무려 서른 한 차례나 바뀌었지만, 선생은 모두 끝내 나아가지 않았으며 나아가도 역시 오래 머물지 않으셨다. 그러나 나라에 큰 의혹이나 큰 정사가 있을 때에는 선생이 참여하지 않은 적이 없었고, 큰 일이 있다는 소문만 들어도 나아가지 않은 때가 없었다. 그러나 나아갈 때에도 영화를 가까이 하지 않았으며, 물러날 때에도 명예를 가까이 않았다. 꼭 주장하는 일도 없고, 꼭 하지 않는 일도 없이 오직 의義를 따를 뿐이었다. 저술을 즐기지 않으셨고, 학생들을 맞이하여 가르치지도 않으셨다. 갑과 을이 다투는 사이에 있으면서도 홀로 우뚝 서서 함께 다투지 않으셨으니, 이른바 귀하게 할 수도 없고 천하게 할 수도 없으며, 친근하게 할 수도 없고 멀게 할 수도 없는 것이 선생이 지닌 풍모이다.

부인 파평 윤씨坡平尹氏는 일찍 세상을 떠났다. 슬하에 자식 둘을 두었으니, 아들 후일厚一은 부평 부사富平府使를 역임하였고, 딸은 성천 부사成川府使 이징성李徵成에게 출가하였다. 둘째 부인 남양 서씨南陽徐氏 역시 선생보다 먼저 세상을 떠났다. 두 부인은 모두 호서湖西의 천안군에 장사지냈고, 선생과 합장하지 않았다.

선생이 돌아가신 지 67년이 지난 뒤에 증손 술인述仁이 묘소에 석물石物을 세우고 신도표神道表를 세우려 하면서 대우大羽에게 서문序文을 써달라고 하였다. 이어 명銘을 지으니, 명은 다음과 같다.

신라 때 6부의 부족으로 나뉘어져	六部分族
정씨가 하나의 씨족을 이루었네	鄭一爲氏
비조인 습명은	鼻祖襲明
고려 때에 충절을 드러냈고	著節麗代
성대한 시중은	憲憲侍中
우리나라의 유종이 되었지	左海儒宗
냇물을 부러워하지 않는 것은	不羨其川
근원이 넉넉해서라네	而源其豐
후대에 태어난 선생은	先生之作
아름다운 덕을 지녔네	間氣懿德
총명한데다 명철하고	聰叡明哲
온화한데다 깊고 독실하였네	溫良淵篤
신독의 공부에 부지런했고	功逌愼獨
도道는 내면에 간직하였지	道在含章
마음을 쏟아 이해하였고	潛心會通
조용히 경전의 뜻에 합치했네	默契遺經
요순도 같은 사람이라 여겼고	堯舜人同
공자와 안자를 스승으로 여겼네	孔顔我師

이 때문에 남들이 비방했으나	繇是囂囂
남들은 선생을 알지 못했네	人莫我知
탁월한 저 명철함은	倬彼孔明
빛이 들 만한 곳을 모두 비추었네	容光必照
이에 훌륭한 행적을 기록하니	爰表景行
영원히 후세에 빛나리라	永垂後燿

조선 고 대광숭록대부 의정부 좌의정 겸 영경연사 감춘추관사 세손부 이공 묘지명[2)]

朝鮮故大匡輔國崇祿大夫議政府左議政兼領經筵事監春秋館事世孫傅李公墓誌銘

우리 선대왕先大王[3)]께서 동궁東宮에 계실 적에 덕을 닦아 훌륭한 명성이 날로 드러났다. 영조英祖 말년에 밝게 결단을 내렸을 때, 나라를 어지럽히는 간사한 무리들을 숙청하려는 자들이 중망이 있는 자에게 뜻을 모으니, 원임 의정부 좌의정 이공李公을 기용하여 재상으로 삼고 군국의 여러 일을 세손世孫에게 위임하였다. 당시에 공은 집에서 노년을 보내며 세상일에 관여하려 하지 않았다. 때문에 명命을 듣고는 곧바로 나왔지만 병을 조섭하는 것을 자신의 일로 삼았다. 재상의 자리에 가만히 앉아있기만 해서 비록 공의 운용을 볼 수는 없었지만, 누워 쉬면서 위魏나라를 안정시킨 공숙좌公叔座[4)]의 공석과 누워 우선羽扇을 잡은 채 덕을 닦자 초楚나라 사람들이 병장기를 손에서 놓고 전쟁을 멈추게 한 손숙오孫叔敖[5)]의 공로가 실제 공에게 있었다. 이에 스스로 서연書筵에서 물러나와 몹시 기뻐하고 울면서 말하기를 "나라에 훌륭한 군주가 있으니, 나는 죽어도 근심이 없다."라고 하였다. 하루는 어전에 나아가 임금을 알현할 때에 부축을 받고 나아갔는데, 병이 갑자기 위독해졌다. 이 해 병신년(1776, 영조52) 2월 17

---

2) 이 글은 이사관李思觀(1705~1776)에 대한 묘지명이다. 자는 숙빈叔賓, 호는 장음長陰, 본관은 한산韓山이다.

3) 선대왕先大王 : 정조正祖를 말한다.

4) 공숙좌公叔座 : 전국시대 위魏나라의 재상이다.

5) 손숙오孫叔敖 : 춘추시대 초楚나라의 재상이다.

일에 집에서 세상을 떠났으니, 춘추가 72세였다. 부고가 전해지자 임금이 몹시 슬퍼하여 3일 동안 조회를 열지 않았고, 장생전長生殿[6]의 비기秘器[7]를 하사하였으며, 직접 글을 지어 시종신을 보내 애도하였다. 세자 역시 동궁의 관리를 시켜 유제문諭祭文을 보내고 필요한 물품을 더 갖추어 보냈으며, 녹봉을 3년간 그대로 주었다. 이듬해 3월 모갑某甲에 경기도 양주楊州 석적향石積鄕에 장례를 치르고 두 부인과 합장하였다.

공의 휘는 사관思觀이고, 자는 숙빈叔賓이다. 숙종 31년(1705)에 태어나서 25세에 진사시에 합격하였으며, 33세에 별시 문과에서 대책對策으로 을과 제일인에 급제하여 승문원에 보임되었고, 사헌부와 사간원에 들어갔다. 관동關東의 장시관掌試官으로 나갔다가 이조의 낭관을 거쳐 무장 현감茂長縣監으로 나갔다. 돌아올 무렵에 생모 김 부인金夫人의 상喪을 당했다. 부인이 평소에 질병이 많았기에 공은 갈 때에 맨발로 급히 달려갔고, 잘 때에는 이불을 펴지 않았다. 곁에서 수십 년간 잘 모셨는데, 이때에 이르러 천수를 누리고 세상을 떠났다. 상喪을 마치고 나서는 사헌부 지평에 제수되어 『상례보편喪禮補編』[8]을 찬수하는데 참여하였는데, 물음에 답한 내용이 임금의 뜻에 맞아 임금이 공의 박식함을 칭찬하고 특별히 눈여겨보았다. 시강원 사서에 제수되었다가 사헌부 지평으로 자리를 옮겼다. 당시에 대각臺閣의 관리들 중에는 인피引避[9]하다가 견책을 받거나 유배를 가는 경우가 많았다. 그러자 공이 상소하기를 "삼사三司의 신하는 나라에서 우용優容[10]받는 자들이니, 비록 그 사람에게 과실이 있다하더라도 포용하는데 힘써야지 대번에 무거운 유배형을 가해서는 안 되니, 그 사람을 후덕하게 대하는 방법이 아닙니다. 진실로 언로言路가 열리기를 바라면서 신하가

---

6) 장생전長生殿 : 조선 시대에 공신의 화상畵像과 관재棺材인 동원비기東園秘器를 보관하던 곳이다.

7) 비기秘器 : 궁궐에서 쓰는 관곽棺槨으로, 장생전長生殿에서 미리 만들어 보관하였다가 필요한 때에 썼다. 동원東園은 한漢나라 때 관곽을 제조·관리하는 관서였다.

8) 상례보편喪禮補編 : 『국조상례보편國朝喪禮補編』으로, 왕실의 장례지침서로 1758년(영조34)에 간행되었다.

9) 인피引避 : 벼슬아치가 병이나 여러 이유로 그 자리에 계속 있는 것을 옳지 않다고 여겨 벼슬을 사양하는 일을 말한다.

10) 우용優容 : 대간臺諫에서 궁중宮中의 일이나 귀척대신貴戚大臣의 일 같은 것을 가지고 그 사실을 지적하여 곧게 말하면, 말은 비록 듣지 않더라도 죄를 주지 않는 것을 말한다.

지금 승강이를 벌인다고 변방으로 보내버리고, 지방에 있는데 곧바로 내쫓으라는 명을 내리는 것은 이전에 들어본 적이 없는 처사입니다. 정승이 뵙고자 하는데 거부하여 잘못을 바로잡는 길을 막아버리는 것은 더더욱 훌륭한 조정에서 있어서는 안 될 일입니다."라고 하였다. 이전에 홍준해洪準海와 이양천李亮天이 상소를 올린 일이 있었는데, 성상께서 여러 대신臺臣이 당인黨人의 죄를 논하지 않는다는 이유로 진노하여 아울러 유배 보내라는 명을 내려 공 역시 본보기로 무안務安에 유배되었다. 1년 남짓 있다가 풀려나 돌아왔다. 종부시 정으로 『보첩譜牒』을 찬수하는 것을 감독하였으며, 품계가 올라 영월 부사寧越府使로 나갔다가 원주 목사原州牧使로 자리를 옮겼다. 부임해서는 가득한 창고를 열고 녹봉을 덜어서 굶주리는 백성을 구제해 주었다. 몇 년 간 원주에서 공의 다스림을 칭송하였고, 원주 백성들은 공의 치적을 벼랑에 새겼다. 암행어사가 관동을 순찰하고 돌아와 또 공의 치적을 크게 말하자, 성상이 새서표리璽書表裏[11]를 내려 포상하였다. 형조 참의를 역임하였으며, 의주 부윤義州府尹으로 천거되어서는 형편에 따라 일을 시행하거나 그만두었는데, 관문과 시장에서 소란이 일어나지 않았다. 학문을 부흥시켜 유교儒教를 장려하였고, 관청을 설치하여 병폐를 덜어주었으며, 성곽城郭을 완전하게 수리하고 백성이 모여 살게 해주고, 능력 있는 자에게 직분을 맡기자 3년 만에 정치가 제대로 이루어졌다. 성상이 그 소식을 듣고 훌륭하게 여겼다.

충청도 관찰사 자리가 비게 되자, 즉시 공에게 부절을 주어 그 지역을 다스리게 하였는데, 마침 중비中批[12]의 문제점을 제기하는 자가 있어 힘껏 사양하여 부임하지 않고, 황주 목사黃州牧使로 나가게 되었다. 몇 개월 뒤에 부름을 받고 병조 참의에 제수되었으며, 승정원 동부승지로 자리를 옮겼다. 양주 목사楊州牧使로 나갔다가 다시 충청도 관찰사에 제수되었다. 당시에 충청도 지역에 큰 기근이 들었는데 성심을 다하여 구휼에 힘쓰자, 그 지역이 공의 덕에 힘입어 소생하였다. 얼마 후에 돈 녕부 도정과 예조 참의로 자리를 옮겼으며, 품계가

11) 새서표리璽書表裏 : 임금이 신하에게 하사하는 포상의 한 가지이다. 새보璽寶를 찍은 유서諭書와 함께 하사하는 물품으로, 관복을 만드는 데 쓰이는 겉감과 속감을 말한다.

12) 중비中批 : 이조나 병조의 전형銓衡을 거치지 않고 왕의 특명으로 제수하는 일을 말한다.

올라 이어 도총부 부총관, 병조 참판, 한성부 우윤에 제수되었으며, 나주 목사羅州牧使로 나갔다. 얼마 후에 병조 판서에 제수되었다. 날마다 찾아오는 무관武官이 수백 명이었으나 공은 그들의 성명과 이력을 모두 기억하였으며, 인재를 등용하여 침체된 분위기를 진작시키자 사람들의 마음으로 흡족해하였다. 호조 판서로 자리를 옮기고는 치밀하게 살림을 하여 국가의 경비를 낭비하지 않았다. 대신臺臣 김용金溶이 올린 상소로 인해 여러 차례 임금의 소명召命을 어기다가 충청도 수군절도사로 나가게 되었는데, 부임지로 갈 때에 임금이 직접 글을 써서 위로하고 면려하였다. 그 해에 돌아와 형조 판서 겸 수어사를 역임하였다.

신묘년(1771, 영조47)에 예조 판서로 자리를 옮겼으며, 판의금부사로 승진하였다. 그해 가을에 특별히 우의정에 제수되자, 성상이 말하기를 "충성스러운 생각과 나라를 위하는 그대의 마음을 내가 잘 알고 있소."라고 하였다. 공이 세 차례나 상소를 올려 사양하였으나, 성상의 비답批答이 더욱 융숭하고 진지하여 드디어 성상의 명에 사은숙배하였다.

갑오년(1774, 영조50)에 기로소에 들어갔다가 좌의정으로 자리를 옮겼는데, 지위가 높고 예우가 융숭하여 모두 우러러보고 명을 잘 받들었다. 당시에 성상의 나이가 팔순이 넘었는데, 격노하는 일이 있으면 대부분 탕제湯劑를 들이지 않았고, 마음대로 행차를 하였다가 감기가 걸려 근심이 깊었는데, 공이 지성으로 인도하자 성상이 늘 잘못을 깨우쳤다. 지나친 유배형을 받은 자 가운데 공의 상소로 인해 풀려난 이도 많았다. 유신儒臣 송명흠宋明欽이 어떤 일에 대하논하다가 죄를 받고 그 아들이 섬에 유배되었는데, 공이 또 아뢰어 풀려났다.

먼저 조절하고 조화에 힘써 목소리와 안색에 심기를 드러내지 않아 성상이 진노하지 않았다. 곤국閫國의 정사는 은혜와 의리가 서로 중하고, 임금과 부모를 대하는 예는 마음을 감추고 드러내는 방도에 차이가 있는데, 공은 한결같이 동일한 마음으로 하여 사랑과 공경이 모두 지극했으니, 참으로 세상을 좋게 만들고 문文을 지킨 훌륭한 재상이라 하겠다.

공은 선대는 충청도 한산韓山이 본관이다. 도첨의찬성사 문효공文孝公 이곡李穀 때부터 비로소 크게 드러났는데, 이분이 가정선생稼亭先生이다. 이분이 문하

시중 문정공文靖公 이색李穡을 낳았으니, 이분이 목은선생牧隱先生이다. 양경공良景公 종선種善, 문열공文烈公 계전季甸은 모두 태종太宗과 세조世祖 때의 명신名臣이다. 7대 아래 사간원 헌납 휘諱 흡洽에 이르러서는 힘써 청렴함을 견지하였으며, 그의 아들 의배義培는 정사공신에 책록되고 한천군韓川君에 봉해졌다. 병자년 난리[13] 때에 쌍령雙嶺에서 전사하였는데, 영의정에 추증되고 '충장忠壯'이란 시호가 내려졌다. 이분이 공의 고조부이다. 증조부 휘 목穆은 이괄李适의 난이 일어났을 때 역적을 꾸짖다가 죽임을 당했는데, 호조 판서에 추증되었고 이어 두 대에 걸쳐 정려旌閭가 내려져다. 조부 휘 여발汝發은 지중추부사를 역임하고 한흥군韓興君에 봉해졌는데, 좌찬성에 추증되고 '정익貞翼'이란 시호가 내려졌다. 부친 휘 기한基漢은 부평 부사富平府使를 역임하였는데, 영의정에 추증되었다. 의정공은 자신의 아들 파주 목사坡州牧使 사윤思胤을 형인 공조 판서 휘 기하基夏의 후사로 들여보냈으며, 맏 증조부의 증손 종성 부사鐘城府使 휘 기성基聖의 아들을 자신의 후사로 삼았으니, 바로 공이다. 그러므로 공은 의정공의 제사를 이어 받았으며 그에게 아들이 된다.

부인 황주 변씨黃州邊氏는 치은致殷의 딸로, 종부시 정 이중以中의 현손이다. 후부인後夫人 청주 한씨淸州韓氏는 경증景增의 딸이다. 모두 훌륭한 부녀자의 행실이 있어 친척과 집안사람들이 공경하였으며, 정경부인貞敬夫人의 칭호가 내려졌다. 전부인前夫人에게서 2남 3녀를 두었다. 장남 원채元采는 백부 목사공의 후사로 들어가 한은군韓恩君의 봉호를 세습하였고, 막내 상화象和는 성동成童 무렵에 요절하였다. 공은 결국 후사가 없어 사촌 사숙思淑의 아들 진사 헌채憲采를 후사로 들였다. 장녀는 주부 민시상閔是祥에게 출가하였고, 차녀는 목사 정화순鄭華淳에게 출가하였으며, 삼녀는 직장 박삼원朴參源에게 출가하였다. 서출庶出 아들은 단채端采, 면채冕采, 신채紳采이고, 딸은 정상유鄭相裕에게 출가하였다. 내외의 손자가 몇 명 있다. 한은군의 아들 우승지 해우海愚와 직장의 아들 내각대교 종훈宗薰이 조정에서 현달하였다.

공은 어려서부터 총명하고 자질이 뛰어났으며, 수염이 아름다웠고 풍모와 국량이 고아하고 올곧았다. 경전經傳에 두루 통하고 또 문장을 잘 지었으며, 성

13) 병자년 난리 : 1636년에 일어난 병자호란을 말한다.

품도 민첩하였다. 늘 독서할 때에는 반드시 정밀한 뜻을 탐구하여 심오한 의미를 밝혔다. 그러므로 그의 학문은 『주역周易』에 더욱 뛰어났다. 일찍이 말하기를 "경전에서 이치를 밝힌 정밀함과 훌륭한 선배가 분석해 놓은 정미한 경지는 식견이 얕은 초학자가 쉽게 논할 수 있는 것이 아니니, 감히 출입을 한 적이 없다."라고 하였다. 문장을 지을 때에는 경술經術에 근본을 두어 넉넉하고 이치가 통했으며, 말은 끝까지 다하지 않았지만, 글로는 다 드러내었다. 국가의 중요한 일과 연석筵席에서 있었던 일은 늘 곁에서 모시는 자제라 하더라도 함께 듣는 것을 허락하지 않았다. 관직에 나아가 정무를 볼 때에는 법도를 삼가고 사사로운 일에 관여되는 일은 하지 않았으며, 청신淸愼하고 겸약謙約하여 명성을 드러내려고 하지 않았고, 교만한 행동을 하지 않았다. 의심나는 일과 어려운 일은 무심하게 처신하여 평생토록 지적을 받을 일이 털끝만큼도 없었다. 성품이 평온하고 조용하며 화락하고 소탈하여 말을 빨리하거나 안색이 갑자기 변하는 일이 없었다. 만년에는 명예와 지위가 높아졌지만 맛있는 음식을 먹지 않았고, 의복은 모양새만 갖추었으며, 담장과 지붕은 수리하지 않아 처마에 비가 샐 정도여서 지나가는 사람이 정승의 집인 줄도 몰랐다.

한은군은 나와 친한 사이인데, 팔순의 나이로 울면서 말하기를 "부친께서 이미 돌아가셨지만 덕음德音이 아직 남아있으니, 증거로 삼아 믿을만하네. 두 임금의 뢰문誄文과 사관史官의 글이 있으나 오직 묘지명墓誌銘은 빼놓고 쓰지 못했네. 이슬처럼 허무하게 갑자기 죽음이 닥칠까 두려우니 그대가 나를 위해 묘지명을 지어주게나."라고 하였다. 내가 사양했으나 뜻을 이루지 못하고, 삼가 칭찬하는 말을 할 때 걸맞게 하여 뜻을 붙여 명銘을 쓰니, 명은 다음과 같다.

아, 아름다워라 문정공이여	於休文靖
깨끗한 지조 푸른 물결같네	滐節滄浪
손수 문운文運을 잡고	手攬奎運
비로소 문명을 열었네	肇啓文明
후손들 번성하여	曾曾後承
열매 무성하고 가지 뻗어나가듯	繁實彙柯
대대로 충효를 전하여	世嬗忠孝

뒤따라 난리를 그치게 하였으니	踵武戢難
한천군은 병자호란에 목숨 바쳤고	韓川授命於強虜
상서는 젊은 나이에 역적을 꾸짖었네	尙書罵賊於弱年
벼슬을 내리고 공로를 기록하니	疏爵紀庸
황천에서도 성은을 받았네	黃壚渥恩
전하는 은택 끝이 없어	澤流無期
후손에게까지 미쳤네	而贏其後人
어질고 훌륭한 분 탄생시켜	寔生賢輔
문덕 펼쳐 조정에 드날렸네	敷文揚庭
판서와 정승이 되어	再齊三能
우리 선왕을 도왔네	贊我先王
선왕이 세손으로 계실 때는	惟時東邸
여러 지역을 대신해 다스렸네	代理群方
명철함이 더욱 빛나	重明升暉
혜성도 빛을 시샘하였네	彗孛妬光
탁월한 능력으로 업적 이루었고	幾能成務
고요한 성품으로 소요를 잠재웠네	靜故鎭嘵
두려워하지도 흔들리지도 않아	不震不撓
폭설도 녹게 만들었네	瀌雪晛消
원로의 덕 거의 내려	耉德庶降
산에서 봉황이 우는 듯	岡鳥其鳴
세상에 남겨두어 지키게 하지 않았으니	憖不俾守
하늘의 이치 헤아리기 어렵네	理莫忽量
좋은 계책 비록 사라졌지만	芳猷縱謝
여러 백성들 아직도 칭송하네	輿誦猶洋
형상은 경종景鐘14)과 같으니	象則景鐘
묘소에 아름다운 행적 드러내노라	表徽幽堂

14) 경종景鐘 : 춘추 시대 진 경공晉景公이 주조鑄造한 종鐘을 말하는데, 진晉 나라 위과魏顆가 일찍이 자기 나라에 쳐들어온 진秦 나라 군대를 크게 물리쳐서 그의 공훈功勳이 이 경종에 새겨졌던 데서 온 말로, 전하여 공훈을 포창褒彰하는 뜻으로 쓰인다.

조선 고 가선대부 예조 참판 겸 동지의금부춘추관사 오위도총부 부총관 성공 묘갈명[15]

朝鮮故嘉善大夫禮曹參判兼同知義禁府春秋館事五衛都摠府副摠管成公墓碣銘

옛날에 수무隨武가 죽자, 조맹趙孟이 구천에서 되살릴 생각을 하였고,[16] 한피罕皮가 세상을 떠나자, 정교鄭僑가 지아知我의 감회를 느꼈으니,[17] 고아하고 아름다운 사람이 세상을 떠나면 그의 풍류를 길이 숭상하는 법이다. 더구나 선친이 경외하던 분으로, 대대로 화목하게 지낸데다 반숙班叔과 같은 전화典華한 문장솜씨로 자운子雲에게 번거롭게 자문하는 일이 없었으니, 말할 나위가 있겠는가.[18]

공의 휘는 천주天柱, 자字는 자경子擎, 성姓은 성씨成氏로, 영남의 창녕사람이다. 고려의 시중侍中 송국松國으로부터 세상에 드러났다. 시중은 지극한 성품과 순수한 행실이 있어 고을에서 지금까지 그의 의로움을 사모한다. 3대를 내려가 여완汝完에 이르렀는데, 조선에 들어와 또 시중 벼슬을 역임하고, 창녕부원군昌寧府院君에 봉해졌으며, 문정文靖이라는 시호를 받았다. 아들 세 명이 있었는데, 모두 명신名臣으로, 이에 종족이 커지고 종파가 나뉘었다. 막내가 석인石因

---

15) 이 글은 성천주成天柱(1712~1779)에 대한 묘갈명이다. 자는 자경子擎, 호는 노운헌老雲軒, 본관은 창녕昌寧이다.

16) 수무隨武가……하였고 : 훌륭한 사람이 별세한 뒤에 그를 다시 살아 돌아오게 할 수 없음을 안타까워하는 심정을 뜻한다. 수무隨武는 춘추 전국 시대 진晉의 대부 사회士會이고, 조맹趙孟 춘추시대 진晉나라 사람으로, 이름은 무武이고 시호는 헌문獻文이다. 조문자가 숙예叔譽와 함께 진晉나라 경대부의 무덤이 있는 구원九原에 가서, "죽은 사람을 만일 되살릴 수 있다면 내가 누구와 함께 가는 것이 좋겠는가?"라고 묻고는 수무자隨武子를 거론한 고사에서 유래하였다. 『禮記』「檀弓下」

17) 한피罕皮가……느꼈으니 : 한피罕皮는 정나라의 상경上卿이었던 한호罕虎이며, 정교鄭僑는 정鄭나라 대부 공손교公孫僑이다. 정교가 일찍이 한호에게 "당신은 정나라의 동량이십니다.[子於鄭國棟也]"라고 말한 바 있고, 한호가 죽었다는 말을 듣고서는 "나는 이제 그만이로구나. 선한 일을 해도 아무 소용이 없겠구나. 오직 그분만이 나를 알아주셨다.[吾已. 無爲爲善矣. 唯夫子知我.]"라고 하였다. 『春秋左氏傳』

18) 반숙班叔과……있겠는가 : 반숙班叔은 후한後漢 때 문장가로 이름이 높았던 반표班彪이며, 자운子雲은 전한前漢 말기의 학자 양웅揚雄으로, 문장으로 이름을 날렸던 인물이다.

으로, 예조 판서와 대제학을 역임하였고, 시호는 정평靖平이다. 이후로 지중추부사 공도공恭度公 엄掩, 판 한성사判漢城事 공혜공恭惠公 염조念祖, 이조 판서 문안공文安公 임任이 대를 이어 높은 관직에 올랐다. 증조 창수昌秀는 사복시 정司僕寺正에 추증되었고, 조부 휘 수웅壽雄은 부평 부사富平府使를 역임하였으며, 이조 참의에 추증되었다. 부친 휘 덕형德馨은 호조 좌랑을 역임하였으며, 이조 참판에 추증되었다. 모친 연안 이씨延安李氏는 현감縣監 지로之老의 딸이다.

공의 태몽을 꿀 적에 선관仙官이 자줏빛 도포를 입고 상아홀을 가지고 학을 타고 내려왔다. 달을 채우고 공을 낳으니, 실로 숙종肅宗 38년(1712) 5월 1일 이었다. 순정하고 영특한 자질이 일찍 드러나 말을 하고 문장을 지을 줄 알았다. 겨우 이를 갈 나이에 경전經傳과 사서四書의 대의에 통하여 친척들 중에 감탄하고 칭찬하지 않는 이가 없었다.

소릉少陵 충정공忠貞公 최규서崔奎瑞는 간량簡亮하여 헤아림과 감식안이 있었는데, 공의 정신과 흉금이 맑고 윤택하며 자질이 총명함을 알아보고는 자신의 손녀를 시집보내며 말하기를, "여화汝和 최석정崔錫鼎과 덕함德涵 임영林泳과 같은 부류의 사람이다."라고 하였다. 경전에 의거하여 자신의 행동을 단속하고 예禮에 의거하여 위의威儀를 다스렸으며, 풍치風致가 있었다. 『춘추좌씨전春秋左氏傳』을 더욱 좋아하였고, 아름다운 명성이 성대하여 사우士友들이 많이 따랐다.

서당西堂 이덕수李德壽, 백하白下 윤순尹淳, 담헌澹軒 이하곤李夏坤, 동계東谿 조귀명趙龜命은 모두 명망 있는 선배들로, 당시에 뛰어난 인물이었으며 문장과 덕이 성대했다. 나이가 비슷하지 않았으나 나이를 잊고 교제하면서 취미에 어긋남이 없었다.

영조英祖 11년(1735)에 사마양시司馬兩試에 합격하였고, 영조 19년(1743)에 정시庭試에 급제하여 한원翰苑에 천거되어 자주 기거주起居注를 맡았다. 시강원 설서에 제수되었는데, 이는 모범이 되는 자리이니, 진실로 특별한 선발을 받은 것이다.

상국相國 이종성李宗城이 임금께 아뢰기를, "성 아무개는 학식이 넓고, 몸가짐이 바르고 곧으니, 저궁儲宮을 보좌하여 교육을 전담하게 한다면, 훌륭한 자질을 갖추게 될 것입니다."라고 하니, 임금이 말하기를 "그렇다. 이 사람이 당 태종唐太宗 때에 태어났다면, 영관瀛館[19]에 선발된 자들 중에 이 사람보다 앞서는 자가 없었을 것이다. 또 세자가 꺼리는 기색이 있으니, 궁관宮官을 다 갖출 필요 없이 설서 한 사람이면 충분하다."라고 하였다. 이로 말미암아 오랫동안 그 직책에 있으면서 풍채를 넓혀 더욱 보좌하는 일이 많았는데, 임금께서 늘 춘방주인春坊主人이라 칭하셨고, 세자도 공경하고 중히 여겼다. 도당都堂에 선발되고 난 뒤에는 임금이 지목하여 '참된 학사'라고 하고, 곧바로 홍문관 부수찬에 제수하였다.

이때에 오랫동안 법강法講을 정지하고 있었는데, 공이 숙직을 하게 되자, 특명으로 소대召對하여 『자치통감資治通鑑』을 진강하였다. 저수량褚遂良의 일에 이르러, 임금이 "애주愛州에서 올린 표문表文은 좀 구차한 것이 아닌가?"라고 하니, 대답하기를, "저수량은 늠름하고 큰 절개를 지녀 세세한 일에는 소략하였습니다. 그러나 자신의 마음을 슬퍼하여 고종高宗의 일을 통한스럽게 여겼다고 보는 것이 옳습니다."라고 하였다. 임금이 옳은 말이라고 칭찬하였다. 공이 이어 아뢰기를 "최근 윤음綸音에서 자주 노쇠하고 피곤하다고 말씀하시니, 신臣은 무척 근심이 됩니다. 제가 동료 관원에게 들으니, '근력은 아직 산에 오를 수 있다.'고 말씀하셨다는데 그런 일이 있으신지요?"라고 하였다. 임금이 그렇다고 하자, 대답하기를, "성인은 혈기가 줄어드는 때가 있지만, 지기志氣가 줄어드는 때는 없습니다. 지금 임금께서 혈기는 아직 그다지 쇠하지 않았으나, 지기가 먼저 쇠하였다고 하시어 강학講學과 정사政事를 물리치실듯하니, 동궁東宮에게 몸소 가르침이 되는데 흠이 되지 않겠습니까. 군주 가운데는 나이가 많아지면 처음의 뜻을 온전히 지키지 못하는 분들이 많습니다. 이 때문에 위징魏徵도 십점소十漸疏의 경계를 올린 것입니다."[20]라고 하였다. 며칠 뒤에, 공이 다시 아뢰기를, "내연內宴에서 여악女樂을 쓰는 것에 대해서는 이미 경계가 있었습니다. 동궁東宮은 아직 혈기가 안정되지 않았으니, 사특한 여색과 음란한 소리를 접하여 총명을 흐리도록 내버려두셔서는 안 됩니다. 바라건대 내습의內習

---

19) 영관瀛館 : 당태종이 지은 문학관文學館을 말한다. 영주는 신선이 사는 삼신산三神山 중의 하나로 선비가 영예로운 지위에 오름을 비유하기 때문에 영관瀛館이라 한 것이다.

20) 위징魏徵도……것입니다 : 위징魏徵이 당 태종에게 올린 상소에서 즉위 초에 비해 점차 못해지는 것으로 거론한 열 가지의 일을 말한다. 『新唐書』「魏徵列傳」

儀에서도 여악을 쓰지 말도록 하십시오."라고 하였다. 임금이 가상하게 여겨 말을 하사하고 "세자를 위하여 수고가 많구려."라고 하였다.

영조 23년(1747)에 부친상을 당하여 관직을 떠났다. 이듬해에는 거듭 조모祖母의 중복重服을 연이어 받들었다. 상기喪期를 마치고 다시 이전 관직을 제수하였는데, 시재어사試才御史로 강화도에 갔다. 시강원 문학, 필선, 보덕, 강서원 좌찬독, 우익선, 사간원 헌납, 사복시 정, 중학·한학교수를 역임하였고, 그 사이에 또 연이어 홍문관의 관직에 제수되어 경연經筵에 출입하였다.

하루는 임금께서 『주관周官』의 당석當夕21) 수數에 대해 물으셨다. 공이 대답하기를 "그 설說과 같습니다."라고 하고, 이어 말하기를 "이는 경經에는 보이지 않는데, 단지 정씨鄭氏가 미루어 추측한 것일 뿐입니다. 실로 후대 왕들이 후궁을 선발하는 폐단을 열어 놓았으니, 현명한 군주는 경계하는 것이 마땅하지, 본보기로 삼아서는 안 됩니다."라고 하였다. 그 때에 후궁 가운데 새로 봉작封爵을 받은 사람이 많았다. 영상領相 이천보李天輔, 판서判書 남유용南有容 역시 경연자리에 있었는데, 나와서 말하기를, "수십 년 동안 경연 자리에서 이런 말을 한 사람은 없었다."라고 하였다.

통정대부通政大夫로 품계가 올라 승정원 동부·우부승지에 제수되었는데, 부모 봉양을 위해 청풍 부사清風府使로 나갔다. 대사간으로 조정의 부름을 받았고, 예조 참의에 제수되어 『상례보편喪禮補編』을 편수하는 데 참여하였다.

영조 38년(1762)에 외직으로 나가 안주安州를 다스리게 되어, 하직하고 물러나는데 임금이 말하기를 "문학文學과 정사政事를 모두 아직 시험하지 못했는데, 어느새 백발이 성성하구려."라고 하셨다. 부임하여 고을을 다스릴 적에 치적治積이 뛰어나 아전과 백성들이 생사당生祠堂을 건립하고자 하였으나, 공이 부끄럽게 여겨 자주 만류하여 그만두었다. 장헌세자莊獻世子의 부고訃告가 이르자, 읍중邑中의 인사人士들을 모아서 곡을 하고, 3일 동안 고기를 먹지 않았다. 안장할 때에 이르러서도 그와 같이 하였다.

이듬해에 강원도 관찰사로 부임하였는데, 인사의 고과考課에 공평하고 진실하였으며, 정무政務에는 덕德을 숭상하였다. 군사훈련을 정지하여 선정鮮鼎이 흔

---

21) 당석當夕 : 자기 차례가 돌아온 날 밤에 잠자리에 모시는 것을 말한다.

들리지 않았고, 관아의 창고를 열기를 청하여 굶주린 사람들을 소생시켰다. 여러 차례 은혜로운 포상을 받았으며, 백성들이 공을 사모하는 마음이 깊었다. 대사간을 거쳐 대사성으로 승진하고, 품계가 올라 병조와 형조의 참판, 동지의금부사, 도총부 부총관, 승문원 제거에 제수되었다. 특별히 도승지에 제수되었는데, 마침 수맥受麥[22]의 명이 있었다.

공이 말하기를, "군주가 수맥受麥을 하면 왕후王后는 동種을 보관하는 예禮가 있습니다."라고 하였다. 임금이 말씀하기를 '이는 예를 아는 것이다.'라고 하고, 일이 끝나자 말을 하사하고는 대사헌으로 승진시켰다.

부모가 병환이 있어 집에 머물다가 얼마 뒤 경사로운 날에 나아가 하례를 올리니, 임금이 기뻐하여 말하기를, "경卿이 들어올 수 있는가. 경卿의 모친을 위해 복을 기원하며, 경卿의 모친을 위해 나이에 맞는 특별한 예우를 하겠다." 라고 하고는 여러 대신들을 돌아보며, "이 재신宰臣은 효자이다."라고 하셨다.

당시 대부인께서 아직 살아계셨는데, 공의 나이는 예순이 넘었다. 지위가 재상에 까지 올랐는데, 힘든 일을 직접 하면서 어린아이처럼 즐거워하였다. 대부인이 늘 말하기를, "차분하고 조용하여 배우기를 좋아하고, 효도와 우애를 일삼으며, 여러 사람들과 잘 어울리되 방탕함에 이르지 않고, 총명은 타인을 남을 깨우쳐 인도할 수가 있으며, 의리로 올바른 벗을 사귀니, 내 아들이 이런 면이 있다."라고 하였는데, 사람들이 그 말에 감히 이의를 달지 못했다.

동지춘추관사로 입시했을 때에, 임금께서 실록實錄을 진람進覽하다가 국조國朝의 고사故事에 대해 묻자, 공이 나아가 모두 아뢰며 메아리처럼 응수하여 대답하였는데, 임금이 귀를 기울이고 앞으로 다가가 피곤함도 잊은 채 전각에 이미 해가 지고 있는지도 몰랐다. 임금께서 말씀하기를 "동지사의 연로한 모친이 문에 기대어 그대를 기다리실 것이오."라고 하였다. 실록實錄을 교정한 공으로 호피虎皮를 하사하였다. 얼마 뒤에 대부인의 상喪을 당했는데, 몹시 애통해하여 단지 거친 상복만 걸치고 있을 뿐만이 아니었다. 상기를 마치고 형조 참판에

22) 수맥受麥 : 음력 5월 중순경 보리를 수확할 때가 되면 임금이 관경대觀耕臺에 나아가 적전耤田의 보리를 베는 것을 보는데, 보리 베기가 끝나면 수확한 보리를 자성粢盛과 장종藏種에 쓰도록 두 개의 푸른 색 상자에 담아 임금께 올린다.

제수되었는데, 바뀌어 강화 유수에 임명되었다.

강화는 나라의 요새지이며 바다에 맞닿아 있는 큰 고을로, 어염의 이익을 겸하고 있는 곳이다. 풍속은 선비와 농민이 섞여있고, 풍요風謠가 번다하여 정치가 한결같지 못하였다. 공은 안으로는 성실함과 믿음을 주고, 밖으로는 작은 은혜를 베풀었다. 형벌을 엄하게 하고 백성들을 억압한 적이 없었지만, 백성들이 스스로 금지하였다. 이로부터 부와 읍이 평온하고 마을이 안정되니, 맑고 넉넉한 다스림이 향기 가득한 난초와 같았다. 이에 들판을 순행하여 농사와 누에치기를 권면하고, 수로를 정비하여 장마에 대비하였다. 명성이 퍼져나가자 도성의 인사들도 칭찬을 하고, 임금은 교지와 말을 하사하였다. 또 말하기를 "단정하고 고아하며 간략하고 정결하여 안팎이 안정되고 결백하니, 여러 사람의 존경을 받는 재상으로서의 풍모가 충분한데 아직 재상의 지위에 오르지 못했을 뿐이다. 고故 재상 이종성李宗成이 언젠가 말하기를 '이 사람은 걸음이도 결코 함부로 하지 않습니다.'라고 하였는데, 자취와 말을 살펴보면 참으로 넘치는 법이 없다."라고 하셨다. 공이 강화를 떠나게 되자, 백성들이 공의 맑은 덕을 몹시 마음에 그리며 수레를 잡고 눈물을 흘리지 않는 이가 없었다.

당시 역신逆臣 정후겸鄭厚謙이 위세와 복을 훔쳐 국정을 농단하여 그 권세가 타오르는 불길 같았다. 명류名流들을 얽어서 꼼짝 못하게 하고 청요직으로 공을 부르니, 공이 그 문객을 불러 질책하여 말하기를 "그대의 공에게 돌아가 어찌 감히 외척外戚의 어린 아이가 장자長者를 모면하느냐고 전하라."라고 하였다. 그 말을 들은 자들은 모두 위축되고 두려워하였다. 승진을 시키지는 않았지만, 또한 끝내 공에게 해를 가할 수는 없었다.

정조正祖가 즉위하자, 공조와 예조의 참판을 역임하였고, 또 도승지에 제수되었는데, 임금이 노쇠함을 불쌍하게 여겨 특별히 편의대로 조치하도록 하였다. 질병이 더 심해져 마침내 정조 3년(1779) 6월 12일에 세상을 떠났으니, 향년 68세였다. 임금이 공을 위해 애도하고 슬퍼하셨다. 그 후에 친히 『좌씨춘추左氏春秋』를 교정할 때에 전傳으로 경經을 이어 여러 신하들의 견해 중에 어느 정도 뜻에 부합하는 것을 편차하였다. 임금이 공을 그리워해 마지않으며 말씀하기를 "듣기로 성成 아무개가 이 책에 대해 익숙하다고 했는데, 이것을 보지 못하는 것이 한스럽도다."라고 하였다.

넉 달 뒤 모갑某甲에 공주公州 한교寒橋의 선영에 장사지냈다. 첫째부인 해주 최씨海州崔氏는 충정공忠貞公 규서奎瑞의 증손이며, 군수 준흥駿興의 딸이다. 둘째부인 연안 이씨延安李氏는, 성보星輔의 딸이며, 월사月沙 문충공文忠公 정귀廷龜의 6세손이다. 모두 자식이 요절하여 족자族子 노묵老默을 양자로 들였으니, 지금 행장行狀을 갖추어 명銘을 써주기를 요청한 사람이다.

공은 타고난 자질이 온화하고 순수하여 내면에 아름다움을 간직하고 올바르게 처신하였으며 말은 온화하게 하였다. 일을 처리할 때는 이치를 따라 남이 빼앗을 수 없었다. 마음과 뜻은 삼분오전三墳五典에서 온화해지고, 눈과 귀는 완호물을 끊어 영화로운 광경을 초탈하였다. 그윽한 곳에 주렴과 장막을 드리우니, 아름다운 예와 악이 모두 이곳에 있었다. 시비를 분명히 하였으나, 칭찬과 비방은 입 밖으로 내지 않았고, 재물에 청렴하였으나 남에게 베풀기를 게을리 하지 않았다. 맑은 지조는 비루한 사람을 엄숙하게 할 수 있었고, 고아한 마음은 어지러운 세속을 누를 수가 있었다. 영소이간令韶夷簡의 체體와 섬려전칙贍麗典則의 문文과 같은 경우에는, 이전 시대에 견주어 보더라도 그런 인물이 많지 않다.

처음에 대우大羽가 강화도 바닷가에 집을 가려 정할 때에, 마침 공께서 유수로 있었다. 위엄 있는 의장儀仗으로 보잘 것 없는 우리 집을 방문하셔서 비루한 원고 몇 권을 읽으시고는 말씀하시기를, "그대의 글은 고인古人의 글이다." 라고 하셨다. 돌아가실 적에 서序를 지어 전송하니, 공께서 기뻐하시며 도성에 전하여 보이셨다. 편지를 부쳐 말씀하기를, "내가 떠날 적에 신의보申儀父의 서序를 얻었으니, 돌아가는 행장行裝이 가볍지 않음을 알았다."라고 하였다. 의보儀父는 대우大羽의 자字이다. 돌아보건대 비루하고 졸렬한 내가 거의 명성을 이루지 못했으니, 노성한 분의 융숭한 대우에 부끄럽다.

아, 어느덧 삼십년이 흘렀다. 지금 노묵老默을 보고, 일을 생각하여 옛날의 감정을 느끼니, 그 마음이 어찌 그칠 수 있으랴. 풍궤風軌와 덕음德音이 꽃을 뿌리고 빛을 비추듯 시골구석까지 여러 사람들의 입에 오르내리게 하여 무덤에 모범을 드리우고자 하니, 돌과 쇠에 새기지 않는다면 어떻게 하늘과 땅을 가리겠는가. 명銘은 다음과 같다.

삼가는 그 위의며	抑抑其儀
빛나는 그 문장이여	韡韡其章
우리나라가 밝은 시대에	際我休明
공은 우뚝하였지	公廼翹敡
충성을 다해 세자를 보필하여	忠藎翊胄
잘 인도하여 영주각에 올랐네	啓沃登瀛
강원도와 강화도에서	東臯沁障
이슬 같은 은혜가 넘쳤네	惠露瀼瀼
귀해져서도 예를 좋아하였고	貴且好禮
그윽하고 올바름을 즐겼네	樂是幽貞
문 앞에는 잡스러운 손님 없고	門無雜賓
방안에는 남은 맑음 있었네	室有餘淸
느지막이 일어나 밥을 먹고	怠枕飴飡
오른편엔 역사서를 왼편엔 경전을	右史左經
아름다운 모범과 즐기는 마음	令範凱心
고아한 말투와 아름다운 소문	雅言睦聆
난초와 계수는 꽃다운 향기 풍겨	蘭桂有芬
가면 갈수록 더욱더 고와라	愈久彌芳
이에 아름다운 돌에 새기니	爰勒嘉石
영원토록 명성 전하리라	億載揚聲

호조 좌랑 권군 묘명[23)]

戶曹佐郎權君墓銘

권군權君 자승子昇은 성균관 진사 휘 만형萬衡의 아들로, 병조 참판 휘 일형一衡의 양자로 출계出系하였다. 참판의 부친은 의금부 도사 휘 익문益文이고, 진사

23) 이 글은 권흡權熻(1749~1797)에 대한 묘명墓銘이다. 자는 자승子昇, 본관은 안동安東이다.

의 부친은 대사간 휘 익순益淳이니, 대사간은 도사의 아우이다. 그들의 부친은 휘 두상斗相이고, 대사간은 또 그의 계부季父 휘 두선斗璿의 양자가 되었다. 그 부친이 예조 참판을 역임한 휘 우堣이니, 이분들이 권군의 고조, 증조, 조부, 부친 4대이다. 고려 때 태사를 역임한 행幸에서 권군에 이르기까지 28대인데, 명성과 덕망 있는 분들이 끊이지 않고 역사서에 기록되었다. 모친 임천 조씨林川趙氏는 명복明復의 딸로, 친모 이씨李氏는 종성宗姓 해악장인海嶽丈人 광명匡明의 딸이다. 처음에 나는 해악장인과 함께 진강鎭江 정 선생鄭先生24)의 사위가 되었는데, 장인의 거처가 진강과 10리가 안 될 정도로 가까워 인척간의 우호가 돈독하였다. 진사군은 또 나이가 나보다 조금 많아 특히 더욱 친하여 늘 막역하게 지냈다. 지난 기사년(1749, 영조25)에 내가 진강鎭江에서 글을 읽을 적에 진사군도 마침 처가의 별채에 머물고 있었는데, 이해 겨울에 권군이 외가에서 태어났다. 내가 그 소식을 듣고는 기뻐서 양고기와 술을 가지고 가서 축하하고 하루를 보내고서야 돌아왔다. 나는 이미 그의 유년시절과 성년기를 보았다. 권군은 문예가 넉넉하고 지기志氣가 뛰어나며, 성품은 돈후하고 각박하지 않으며, 본바탕이 올바르고 모가 나지 않아 선배와 어른들이 모두 권씨 집안의 훌륭한 아들이라고 칭찬하였다. 진사군 역시 일찍이 말하기를 "이 이아가 반드시 우리 가문을 일으킬 것이네."라고 하였다.

아, 수십 년 동안 시세가 변화하고 일이 계획과 틀어져 군은 이미 늦은 나이에 진사시에 합격하여 온축된 것을 마음껏 펴보지 못하고, 관직은 현감에 그치고 말았으니, 어찌 운명이 아니겠는가. 내가 호읍湖邑에 있을 때, 진사군의 부음을 듣고 슬피 곡을 하였는데, 몇 년이 지나지 않아 또 권군의 부음을 들었으니, 갑작스러운 인간세상의 일이 진실로 이와 같다.

권군의 아들 복馥이 가장家狀을 가지고 와서 나에게 권군의 묘명墓銘을 부탁하였다. 아, 슬프도다. 군의 나이 열다섯에 참판공의 양자가 되어 효성으로 조부인趙夫人을 섬겼다. 조 부인이 세상을 떠나자 예법에 따라 장례와 제사를 지냈으며, 집안을 다스리는 데 법도가 있었다. 서형제庶兄弟 다섯 명이 있었는데, 권군은 형과 동생들의 사이에 있으면서 그들로 하여금 자신의 본성을 발휘하

---

24) 진강鎭江 정 선생鄭先生 : 정제두鄭齊斗를 말한다.

게 하였으며, 은혜와 의리를 극진히 갖추고 화기애애하게 지내어 시종일관 집안에서 분란을 일으키는 말이 없었다.

시험장에서 과거를 볼 적에 영조英祖께서 불러 보시고는 특별히 참판공이 나라에 세운 공훈을 특별히 떠올리시며 하유下諭하기를 "부자지간이구나."라고 하였다. 관직을 내리자, 사람들이 영광으로 여겼다. 정조正祖 원년에 29세의 나이로 진사시에 합격하였다. 마침 성균관 유생들 사이에 다툼이 있었는데, 성상聖上이 말하기를 "이는 제대로 된 재임齋任[25]을 뽑지 못했기 때문이다."라고 하고는 새로 뽑으라고 명을 내렸다. 여러 사람들이 권군을 그 자리에 추천하자, 권군은 과격하지도 않고 미진하지도 않게 중심을 바로 잡고 사태를 진정시켰다. 결국 장의掌議[26]가 되자, 감히 다시는 소란을 일으키는 자들이 없었다.

38세의 나이로 처음 후릉 참봉厚陵參奉에 보임되었고, 차례대로 종묘서와 광흥창의 부봉사, 상서원 부직장, 상의원 주부, 호조 좌랑, 전설사 별제, 장녕전령, 남부령, 평시서령을 거쳤고, 마지막에는 호서湖西의 직산 현감稷山縣監으로 나갔다. 근무한 곳마다 명성이 있었는데, 호조에 근무할 적에는 태창太倉의 돈과 곡식이 모두 완비되었고, 부部의 경계를 나누었으며, 평시서에서 송사를 맡았을 때에는 공평하다고 칭송되었다. 직산 현감으로 있을 때에는 잘못된 폐단을 바로잡아 고을에 남은 폐해가 사라지자, 백성들이 모두 잘 다스리고 두루 살피는 재주가 있다고 칭송하였다. 그러나 권군의 재능과 국량은 어느 곳에서 펼친들 불가할 것이 없는데도, 굽히기만 하고 펴보지 못하여 내직에서는 제거提擧[27]의 하위 관원으로 있었고, 외직에서는 관찰사의 아래 관직에 있었다. 맡은 관직에 따라 성과를 이룬 것이 겨우 이와 같을 뿐이니, 이것이 어찌 권군의 명銘이 되기에 충분하겠는가. 이것으로 자승子昇을 논한다면 역시 자승을 제대로 알지 못하는 것이니, 아! 너무나 가슴 아픈 일이다.

---

25) 재임齋任 : 조선 시대 성균관成均館이나 향교鄕校에서 숙식하며 공부하는 유생儒生으로서 그 안의 일을 맡아보던 임원을 말한다.

26) 장의掌議 : 성균관 유생들의 자치기구인 재회齋會의 임원으로 요즈음의 학생회장에 해당된다. 동쪽 기숙사인 동재東齋와 서쪽 기숙사인 서재西齋에서 각 1인씩 두었다.

27) 제거提擧 : 각사各司와 각청各廳의 관제상의 우두머리가 아닌 사람이 그 관아의 일을 다스리게 하는 벼슬로서, 종1품 또는 정2품의 품계를 가진 사람을 말한다.

권군의 휘는 흡熻이고, 자가 자승子昇이다. 49세의 나이로 정조 21년(1797) 12월 모일에 세상을 떠났다. 이듬해 2월 모갑某甲에 원주原州 간천리干川里에 있는 선영 곁에 장사를 지냈으니, 치명治命을 따른 것이다. 반남潘南 박장순朴長淳의 딸에게 장가들어 아들 한 명을 낳았으니, 바로 진사 복馥이다. 복馥에게는 딸과 아들 몇 명이 있으니, 장남은 속涑이고, 나머지는 어리다. 명銘은 다음과 같다.

그대의 출생을 보았는데	旣見其生
어찌 이리도 빨리 세상 떠났나	而奪之速
독실한 성품 부여해주고서	旣篤其畀
보답에는 인색한 것인가	而報之嗇
아비를 계승한 훌륭한 아들 두었고	有子幹蠱
손자들이 많으니	孫繩繩兮
오히려 넉넉한 뒤의 복이 있어	尙裕後祿
이와 같지 않고 이어지리라	不爾或承

완구유집 권7

묘문墓文 3

조선 고 지돈녕부사 조공 묘비[1]

朝鮮故知敦寧府事曺公墓碑

바람을 일으키는 도끼질과 숫 돌에서 갈아낸 칼날을 가지고 소리로는 큰 뽕나무를 꺾이게 하고, 손으로는 파리날개 만큼 바른 백토를 깎아내는 것은 도道를 터득하고 기예를 단련한 사람이 그렇다. 서법書法도 기예 가운데 하나로 일소逸少[2]의 풍류와 운치를 갖추지 않으면 이런 글씨를 쓸 수가 없으니, 지나치게 세심하게 하지 말아야 한다는 안지추顔之推의 논의[3]를 나는 믿지 않는다. 이 때문에 노공魯公[4]의 글씨를 보고는 그 기절氣節에 감탄하고, 동파東坡[5]의 글씨를 보면 그 탁월한 재주를 생각하니, 사람에게 있어 서예가 작은 재주로 치부할 수 없는 것이 이와 같다.

조공의 휘는 윤형允亨, 자는 치행穉行으로, 처음 자는 시중時中이며, 참판 휘 명교命教의 아들이다. 참판은 풍모가 깨끗하고 고매하여 사류士流의 모범이 되었다. 초서와 예서의 서첩을 잘 썼는데, 공에 이르러 서법이 더욱 완비되어 규위規圍는 대령大令[6]에 근접하며, 체재는 원장元章[7]에 핍진했다. 늘 종이를 펼쳐

---

1) 이 글은 조윤형曺允亨(1725~1799)에 대한 묘비墓碑이다. 자는 치행穉行, 호는 송하松下, 본관은 창녕昌寧이다.
2) 일소逸少 : 동진東晉의 서예가 왕희지王羲之로, 일소逸少는 그의 자이다.
3) 서법書法도……논의 : 안지추顔之推는 북제北齊의 유학자로, 『안씨가훈顔氏家訓』을 지었는데, 그 속에 서예와 같은 잡예에 과도하게 노력할 필요가 없다는 본문의 내용이 보인다.
4) 노공魯公 : 당나라의 명필 안진경顔眞卿을 말하는데, 노국공魯國公에 봉해졌으므로 이렇게 불린다.
5) 동파東坡 : 송나라의 문장가이자 서예가인 소식蘇軾을 말한다.
6) 대령大令 : 진나라의 명필 왕희지王羲之의 아들 왕헌지王獻之를 말하는데, 역시 명필이다. 중서령中書令을 지냈기 때문에 이렇게 말한 것이다.
7) 원장元章 : 송나라 때의 서화가인 미불米芾로, 원장元章은 그의 자字이다.

놓고 글씨를 쓸 적에 운필運筆하는 모습이 시원스레 바람과 우레가 뒤따르듯 잠깐 사이에 글씨를 다 써내려가니, 구경하는 자들이 입을 모아 호쾌하다고 일컬었다. 위로는 왕공과 대인에서부터 아래로는 선비와 하인에 이르기까지 모두 글씨 한 점을 얻어 소장하기를 원했다. 훌륭한 병풍과 축, 비석과 현판 글씨가 세상에 널리 전한다.

하루는 남천藍泉의 저사邸舍로 나를 찾아왔는데, 벽에 걸쳐 있는 오래된 소나무 가지를 보고는 술기운이 오르자 비슷한 분위기를 느껴 「고백행古柏行」[8]을 베껴 썼다. 신운神韻이 더욱 뛰어남을 깨닫고는 말하기를 "장전張顚은 검무劍舞에서 도를 터득하였고,[9] 문생文生은 뱀이 싸우는 것을 보고 서체를 변화하였으니, 지금의 일을 옛일과 비교하면 참으로 그럴법한 이치가 있다. 멀리 성인이 제도를 제정한 뜻을 생각해보면 삼획三畵은 귀문龜文에서 비롯되었고, 육서六書는 새 발자국에서 출발하였으니, 일월성신日月星辰과 풍운뢰우風雲靁雨, 산천초목山川艸木과 조수훼어鳥獸蟲魚의 문文이 대부분 모양을 본떠서 만들어졌다. 우하虞夏[10] 이상의 시대는 내가 모르겠으나, 은殷나라와 주周나라의 부정父鼎, 경정庚鼎, 계정癸鼎, 양정羊鼎, 선정鮮鼎, 상정象鼎, 서봉탁栖鳳鐸, 집작유執爵卣, 용고龍觚, 단이單彝, 궁호弓壺의 경우에는 가만히 있는 듯 움직이는 듯, 나는 듯 달리는 듯한 형상이 삼재三才의 자연스러움에서 나오지 않은 것이 없다. 때문에 만물을 신묘하게 만들어 정리에 통하고 손에 의해 변화를 거듭한 것이니, 원래 고정된 형체는 없는 것이다. 나는 옛사람의 글씨에서 대의大意를 임모臨摹하였을 뿐, 파과波戈와 점획點劃이 꼭 동일한 것은 아니다. 그러므로 글씨가 변화를 거듭하여 서법에 얽매이지 않는 것이다."라고 하였다.

만년에는 더욱 방종하여 기울고 꺾이며 오르내리고 노기怒氣가 뿜어져나는 모습이 법도로 달려갈 수 없을 듯하였으나, 뜻을 새롭게 하고 지혜를 모아 일

---

8) 고백행古柏行 : 당나라의 시인 두보杜甫가 촉蜀 땅에 들렀다가 제갈량諸葛亮을 제사하는 사당을 참례한 뒤 그 앞에 있는 오래된 잣나무를 두고 재목이 너무 크면 쓰이기 어렵다는 뜻으로 지은 작품으로, 제갈량을 비유한 시이다.

9) 장전張顚은……터득하였고 : 장전은 초성草聖으로 불렸던 당唐나라 장욱張旭의 별칭이다. 당唐나라 현종玄宗 때의 검무 달인이었던 공손대랑이 혼탈무渾脫舞를 출 때 장욱이 그 춤을 보고 초서草書의 묘리를 터득했다고 한다.

10) 우하虞夏 : 순舜임금과 우禹임금이 다스리던 왕도정치의 시대를 말한다.

가一家를 이루었다. 생동감이 느껴지는 글씨가 머리카락과 실처럼 가늘었으나 기운의 맥이 흘러 붓 끝이 살아 움직였다. 사대부가에서 아무 일없이 편안하다는 안부편지를 보내면 조공이 쓴 답장을 받기를 원했다.

공은 42세에 처음 벼슬길에 나아가 선공감繕工監에서 근무하였고, 사옹원, 사복시, 상의원, 장악원 주부를 거쳐 세손 익위사 익위 · 익찬 · 사어, 금오랑, 평시령, 상의첨정, 선공부정을 역임하였다. 세 곳의 현縣, 두 곳의 군郡, 한 곳의 목牧에 부임하였는데, 보은報恩, 금천衿川, 임피臨陂, 청도淸道, 가평加平, 성주星州가 그 곳이다. 통정대부에서 자헌대부로 품계가 올라 첨지중추부사를 거쳐 호조 참의, 도총부 부총관, 동지중추부사, 의금부사, 돈녕부사, 공조와 호조의 참판, 지중추부사를 역임하였다.

창녕 조씨는 신라에서 나와 고려 때에 현달하여 선조의 덕을 빛내었으며, 조선에 들어와서는 부제학副提學 조상치曺尙治가 단종端宗에게 충정을 바쳤고, 찬성贊成 조계상曺繼商은 정국공신靖國功臣에 책록되었다. 공조 참판 휘 문수文秀와 예조 참판 증 이조 판서 문충공文忠公 휘 한영漢英 2대는 선조宣祖와 인조仁祖 때에 문장과 절의로 이름이 났다. 한영의 아들 휘 전주殿周는 담양 부사潭陽府使를 역임하였고 이조 참의에 추증되었으며, 그의 막내 숙부 증 좌승지 휘 한상漢相의 양자로 들어갔는데, 이분이 공의 증조부이다. 조부 휘 하기夏奇는 장예원 판결사를 역임하고 이조 참판에 추증되었다. 모친은 정부인 파평 윤씨坡平尹氏이다.

공은 부지런히 부모를 섬겨 뜻을 어긴 적이 없었고, 돌아가시고 나서는 종신토록 사모하였다. 형제와 같은 집에 살며 화목하게 지냈는데, 중형仲兄이 세상을 떠나자 형수 정 공인鄭恭人을 모친처럼 섬겼다. 당시에 공에게는 아들 한 명 밖에 없었는데, 그를 양자로 보냈다. 관직의 봉록은 사사로이 쓰는 법이 없었고, 종족을 구휼할 때에는 집안 살림의 유무를 따지지 않았다. 남들과 말을 할 적에는 겉으로나 속으로나 정성을 다하였고, 담박하게 마음을 비워 털끝만큼도 세속의 기미가 없었다. 그러므로 남들을 평론할 때 그 말이 적중하는 경우가 많았다. 음악을 들으면 은연중에 깨달았는데, 배우지 않고도 알았으니, 거의 천부적인 재능에 가까웠다.

공이 세자익위사에 근무할 때 정종대왕正宗大王이 세손世孫으로 동궁에 계셨는데, 하늘이 낳으신 큰 성인으로 뛰어난 재주를 타고 나셨다. 정종께서 공의 글씨를 몹시 좋아하여 늘 글씨를 쓸 일이 있으면 공이 반드시 참여하였다. 옛날 명신의 언행 중에 본받을 만하거나 경계할 만한 것과 다른 경계가 될 만한 글을 써서 올리니, 임금이 말하기를 "글씨만 좋은 것이 아니구나."라고 하였다. 공이 조용히 아뢰기를 "임금의 글씨는 다 거침없이 쓰셨습니다. 다만 서두르는 흔적은 좋지 않으니, 빨리 쓰다보면 좋은 자취가 없습니다. 우선 심획心劃을 보아야하니, 살피면서 천천히 써가며 근엄함을 높이소서."라고 하였다. 임금이 말하기를 "경의 말은 나의 치우친 점을 바로 잡았으니, 이는 '필간筆諫'이다."라고 하였다.

그 후에 강석講席에서 아뢰기를 "신臣은 글씨에 벽癖이 있어 마음과 눈에 두루 퍼져 있습니다. 천지사이에 우뚝한 산의 정적인 모습과 흐르는 물의 동적인 모습 및 변화를 거듭하는 구름과 안개의 양상을 글씨에 담아낸 지가 50년째이니, 눈에 보이는 것은 모두 글씨입니다. 이 때문에 손으로 옮기면 기미가 정신과 호응하여 마치 도움을 주는 듯합니다. 작은 기예도 그런 법인데, 더구나 이보다 더한 경지에 있는 것은 말할 나위가 있겠습니까. 옛 성현이 마음을 다스리고 본성을 수양하면서 언제나 눈앞에 보이듯이 한 것은 이 방법을 쓴 것에 지나지 않습니다."라고 하였다. 임금이 말하기를 "이 말이 좋구나. 깨달음의 경지가 깊지 않으면 어찌 이렇게 말할 수 있겠는가."라고 하였다. 공이 이어 "소헌小軒의 굽은 난간, 화려한 장식, 고급스러운 붓은 서도書道에 무익하고, 귤피차와 술은 세세한 완호품에 가까우며 비단으로 장식한 책갑은 겉모양에 사치를 부린 것이니, 일에 따라 규간規諫을 받아들이소서."라고 하니, 임금이 그의 충심을 헤아려 다 명을 내려 고치게 하였다.

한번은 어전御前에서 붓을 적셔 초서를 썼는데, 너무 집중한 나머지 붓이 엇나가서 먹물이 곤룡포에 튀었는데, 임금이 웃으며 서법에 얽매이지 않고 진정眞情에 따라 쓰는 그의 글씨를 더욱 좋아하였다. 공이 쓴 춘첩자春帖子를 간행하여 새해에 궁궐의 처마와 거리의 기둥에 붙여 출입할 때 보게 하였다.

공은 벼슬하기 전부터 마음으로 국사國事를 우려하지 않았으나, 종국宗國과 사변事變에 대해 말하면 자기도 모르게 눈물이 줄줄 흘렀다. 임금에게 총애를 받아 하료下寮로 선발되어 경卿의 반열에 이른 것은 일반 선비에게는 빛나는 은총이니, 견줄만한 자가 드물다. 그러나 자신을 위해서는 마음을 쓰지 않아 지방의 수령을 맡은 적이 많았고, 쌀독에는 남은 양식이 없었으며, 담장이 무너져도 수리하지 않았으며, 책상에 먼지가 가득해도 조금도 개의치 않았다. 오직 행서와 초서에만 뜻을 펼쳤고, 먹물이 남으면 그림을 본떠 풀과 돌 및 대나무를 그리며 즐거움으로 삼았다. 마침 명明나라 신종황제神宗皇帝가 그린 두 폭의 대나무 병풍을 팔려는 자가 있었는데, 공이 몹시 가지고 싶었으나 수중에 값이 나가는 물건이 없어 즉시 타고 있던 말을 건네주고 바꾸었다. 생각이 나면 그 때마다 펼쳐서 비풍하천匪風下泉11)의 감회를 쏟아냈다.

공이 세상을 떠나자 임금이 듣고 크게 슬퍼하였다. 족손族孫 석중錫中이 마침 관직館職12)을 맡아 임금을 모시고 있었는데, 임금이 말하기를 "어질고 선한 품성과 확고한 주견을 지녔던 인물로 고故 중신重臣과 같은 이는 없었다."라고 하였다. 이에 앞서 공에게 『춘추春秋』를 쓰라고 명을 내렸는데, 이때에 이르러 간행을 마쳐서 책 1질을 하사하고 첫 머리에 시를 써 주었다. 석중에게 명을 내려 제문祭文을 가지고 가서 낭독하게 하고, 드디어 지돈녕부사의 직함을 내려 그에 대한 총애를 표하였다. 공에 대한 슬픔과 영광이 함께 갖추어졌으니, 죽어도 유감이 없을 것이다.

첫 번째 부인은 증 정부인 전의 이씨全義李氏로, 부사 징성徵成의 딸이다. 훌륭한 덕과 행실이 있었는데, 공보다 앞서 세상을 떠났다. 공이 도망시悼亡詩를 지었는데, 내용이 처량하고 슬퍼 읊을 만하다. 예법에 따라 합장을 하였다. 슬하에 1남 1녀를 두었는데, 아들은 만진晩振이다. 뒤에 중씨仲氏가 요절하여 후사가 없어 석중錫中의 아우 석정錫正을 데려다 양자로 삼았는데, 지금 승문원

11) 비풍하천匪風下泉 : 「비풍」은 『시경』 회풍檜風의 편명인데, 이 시는 주周나라의 왕업이 쇠망해 가는 것을 보고 어진 사람이 이를 탄식하여 부른 노래이다. 「하천」은 『시경』 조풍曹風의 편명인데, 이 시도 주나라 왕실이 쇠망해 가니 조나라 같은 작은 나라가 점점 살기가 어려워지므로 이를 한탄하여 노래한 것이다. 여기서는 이미 망한 명明 나라를 그리워한다는 뜻이다.

12) 관직館職 : 조선 시대에 홍문관의 부제학 이하의 관원과 성균관의 대사성 이하의 관원을 총괄하여 일컬었던 말이다.

정자이다. 딸은 조운손趙雲孫에게 출가하였다. 둘째 부인은 정부인 함양 여씨咸陽呂氏로, 사인士人 선최善最의 딸이다. 공보다 뒤에 세상을 떠나 공의 묘소 아래 장사지냈다. 아들은 성진星振이고, 딸은 신위申緯에게 출가하였다. 지금 홍문관 교리이다. 명銘은 다음과 같다.

현명한 사람은 비슷한 법이니	惟哲象類
팔법八法[13]에 두루 통달하였네	八法所筌
법을 벗어나면 촌스럽고	法謫則荒
법에 구애되면 궁색하건만	法拘則攣
법을 따르면서도 오묘하고	緣法悟妙
법을 벗어나도 현묘함에 통달하였네	離法通玄
공은 마음으로 이해하여	公以神會
심획心劃을 먼저 생각하였네	游心畫先
글씨에 푹 빠진	淋漓翰墨
미불米芾과 장욱張旭은	米詭張顚
화려함과 맵시 번갈아 뽐냈건만	繁姿迭發
공은 정신을 깨끗하게 하여	灑落神精
바람이 멈추고 비가 걷힌 듯	風恬雨收
강해에 깨끗한 기운 깃든 듯	江海凝淸
조용히 책상 앞에 앉아	虛坐對榻
속세의 기운 다 씻어냈네	滓塵俱澄
마음에는 술 생각 버리고	心曠酒德
시에는 벗의 마음 넘쳐났네	韻罨琴情
그래도 이 세상을 좋아하여	猶喜斯世
명철한 식견에 의탁하려 했건만	契託高明
갑자기 벗을 두고 세상 떠나니	遽輟牙絃
위태로운 현실에 마음 울적하네	感深風燈

13) 팔법八法 : 팔법은 측側, 늑勒, 노努, 적趯, 책策, 약掠, 탁啄, 책磔의 여덟 가지 서법이다. 곧 서예를 가리킨다.

훌륭한 그대를 떠올리며	仿像令猷
이 아름다운 명銘을 지으니	作此嘉銘
거의 부끄러운 말이 없어	庶無愧辭
묘소에 밝게 드러나리라	昭揭山庭

이이점 묘명[14)]

李而漸墓銘

이이점李而漸이 세상을 떠나니, 나는 그 명정銘旌에 '처사이군지구處士李君之柩'라고 썼다. 처사處士라고 한 것은 그의 훌륭함을 높이고 그의 죽음을 슬퍼하여 그 칭호를 달리하여 분별한 것이니, 노공방魯孔方과 소한명蘇漢明과 같은 경우이다. 아, 이것이 과연 이점而漸을 빛내 줄 것인가.

이점而漸의 휘는 숭배崇培로, 그의 조부 휘 징성徵成은 성천 부사成川府使를 역임하였다. 부친 휘 덕윤德胤은 일찍 벼슬길에 나아갔다가 그만두고 분수를 편안하게 여기고 도를 즐겨 남들에게 옳다고 인정을 받지 못해도 근심이 없었다. 대우大羽는 그를 좋아하여 배웠지만, 그렇게 되지 못했다. 지난해에 그의 행장行狀을 짓고, 또 이군의 아우인 차산次山의 묘지명을 지었으니, 훌륭한 집안의 세덕世德이 그 글에 상세하므로, 여기에서는 생략한다.

이군은 영조英祖 15년(1739)에 태어났다. 효정공孝靖公 이정간李貞幹과 청강공淸江公 이제신李濟臣이 남긴 가법을 이어 받고, 지범志范 이수준李壽俊과 임곡林谷 이석기李碩基의 독실한 행실을 따랐으며, 타고난 품성이 견고하고 넉넉하였는데, 선군자先君子가 또 그의 덕과 기량을 훈도하였다. 외삼촌 괄우括羽 심육沈錥 선생은 아름다운 자질과 훌륭한 성품이 자연스러웠으며, 아침저녁으로 온화하고 공손하며, 곧고 바른 마음으로 일을 주간하며, 행실을 닦고 예를 실천하여 학문은 인륜의 표준이 되기에 충분하였으며, 재능은 피폐해진 풍속을 잡기에 충분하였다. 곁에서 모시던 50년 동안 심한 병이 아니면 자리에 눕지 않았으며,

14) 이 글은 이숭배李崇培(1739~1802)에 대한 묘명이다. 자는 이점而漸, 본관은 전의全義이다.

옷은 감당하지 못할 듯이 하였고, 말은 내지 못할 듯이 하였으며, 갑작스레 낯빛을 바꾸거나 태만한 모습을 보이거나 군색한 행동을 한 적이 없었으며, 세간世間의 색성色聲과 화려한 볼거리를 부끄러워하고 싫어하는 듯하였다. 오직 부모의 뜻에 따라 가르침을 받고 잘 받들어 묵묵히 완수하고 집약하여 따르니, 집안이 항상 가지런히 정돈되었다.

중년 이후로는 가슴이 꽉 막히는 증상이 있었는데, 수십 년 동안 축적되어 날이 갈수록 더욱 심해졌다. 근육과 혈맥이 당기고 사지가 구부러져 손으로는 잡을 수 없고 발로는 걸어 다닐 수 없게 되었으며, 말을 해도 남이 알아들을 수 없게 되었다. 게다가 사상死喪의 일이 해를 거듭하여 일어났고, 이치에 어긋나는 일이 갑작스레 닥쳤다. 지성으로 부모에게 효도하였으나 유우惟憂의 근심[15]을 끼쳤으며, 마음을 써서 선조를 받들 이들은 두 명의 어린 아들이었는데, 늦은 나이에 얻었으나 일찍 죽고 말았다. 아름답고 고와 마음을 위로해준 이는 훌륭한 딸이었는데, 갓난아이를 남겨두고 먼저 죽었으며, 우애 있게 지낼 이는 사랑스런 아우였는데, 생이별하여 사별하고 말았다. 기구한 운명은 어쩌다 어그러질 수도 있지만, 질병 · 번뇌 · 사고로 인해 마음을 애태우는 일이 또한 생각지도 못한 사이에 거듭 생겨나 하늘이 내리는 재앙을 맞서 이겨낼 수 없을듯하였으나 이군의 영근靈根은 빛이 나서 조금도 좌절하는 일이 없었다. 마음으로 굳게 참아 지키고 자신의 몸을 닦고 반성하여 절개가 더욱 견고하고 사려도 더욱 깊었다. 덕스러운 지혜와 기술적인 재능은 항상 위기 속에서 나오는 법이니, 겉으로는 비록 수많은 변화가 있어도 안으로는 결코 변화가 없었다. 병을 병으로 여겼지만 병으로 인해 병들지 않았으니, 더구나 삶과 죽음, 슬픔과 기쁨, 영화와 근심 등 외물과 관련된 일을 말할 나위가 있겠는가. 그러므로 그의 삶은 아침저녁을 장담할 수 없고, 먹고 생활하는데 남의 도움을 필요로 하였지만, 그의 행실을 살펴보면 말을 하지 않아도 믿음이 있었고, 움직이지 않고도 실행하였으니, 크고 작은 일에 있어 모두 공이 남보다 뛰어났다.

---

15) 유우惟憂의 근심 : 부모가 자식의 병을 근심하는 것이다. 『논어論語』「위정爲政」에서 맹무백孟武伯이 孝에 관해 묻자 공자는 “부모가 오직 그의 병만을 근심하게 하는 것이다.[父母唯其疾之憂]”라고 답하였다. 병을 앓는 일 외의 일체의 다른 일로 부모를 근심하게 하지 않도록 하는 것이 바로 효라고 한 것이다.

번거롭게 응하는 데는 간簡보다 나은 것이 없고, 움직임을 바로잡는 데는 정靜보다 나은 것이 없으며, 일을 이루는 데는 기미를 살피는 것보다 나은 것이 없다. 그러므로 당면하는 일에 지극히 어렵고 곤란한 일이 많았지만, 조용하게 처리하였다.

자신은 늘 여유가 있어 친척 중에 후사後嗣가 없는 자를 불쌍히 여겨 그 대를 이어주고, 죽은 뒤에 고향에 돌아오지 못하는 자는 땅을 팔아 고향으로 돌아와 장사를 지내게 해주었으며, 가난하여 집이 없는 자에게는 자신의 집에 와서 머물도록 하였다. 궁핍한 사람을 구제하고 곤경에 처한 사람을 급히 구해주어 항상 보답을 생각하지 않고 베풀었다. 그러므로 남에게 보답을 받지 못하였으나, 더욱 베푸는 일을 그치지 않았다. 병을 핑계대지 않았고, 힘이 미치지 못한다고 자신을 한계 짓지 않았으니, 자신의 힘을 다하여 하늘과 땅을 우러러 마음에 부끄러움이 없고자 하였다.

아, 요절하거나 장수하거나 동요되지 않는 가운데, 몸을 닦고 천명을 기다리는 자는 부자夫子를 두고 말한 것이리라. 무명지無名指가 펴지지 않는 것이 몹시 고통스럽고 일을 해치는 것이 아니나, 사람들은 오히려 천리 길을 가볍게 여겨 굽은 것을 펴고자 한다. 자신의 마음을 다스림에 있어 의리義理에 귀와 눈이 멀고, 형세와 이익에 이끌려도 악惡인 줄을 모르니, 진실로 이와 같은 자는 비록 사지가 건강하고 수족이 편리하며, 피부 결이 윤택하고 화려한 비단옷을 걸치고 도로에서 말을 달리더라도 그 내면은 이미 상실된 것이니, 부자夫子의 득실과 비교하면 어떠한가.

아, 슬프도다. 이군은 양주楊州 조영신趙榮愼의 딸에게 장가 들었으니, 대사성 지빈趾彬의 손녀이다. 슬하에 딸 두 명이 있고, 아들은 없다. 족제族弟의 아들을 취하여 양자로 삼았으니, 진회晉會이다. 장녀는 신현申絢에게 출가하였으니, 나의 막내아들이다. 관직은 지금 대사성으로, 1남 1녀를 두었다. 차녀는 진사 심영지沈永之에게 출가하여 딸 셋을 두었다. 순조純祖 즉위 2년(1802) 10월 20일에 이군이 세상을 떠나니, 향연 64세이다. 석 달이 지난 모갑某甲에 양주楊州 내곡柰谷의 선영에 장사지냈다. 명銘은 다음과 같다.

자장의 상에 子張之喪

공명의가 지志를 써서 남다른 뜻 드러냈으니, 지誌가 생겨난 원인이다 公明儀爲之志章別其志所繇爲誌

밝게 드러난 가운데 선을 행하는 자는 사람들이 볼 수 있고 夫爲善乎顯明之中者人得以見

그윽하고 고요한 곳에서 선을 행하는 자는 귀신이 알 수 있다 爲善乎幽閒之中者鬼得以知

귀신도 오히려 알지 못하여 鬼尙不知

화복이 이치에 어긋나게 베풀어졌으니 禍福舛施

아, 이점이여 烏呼而漸乎

내가 지誌를 쓰지 않으면 누가 쓰겠는가 非余誌之而誰爲

삼가 현감 신 부군 묘지명[16)]

三嘉縣監申府君墓誌銘

신씨의 시조는 고려 태사太師[17)]로, 태사는 평산平山을 식읍食邑으로 하사받아 자손들이 그대로 본관으로 삼았다. 밝은 시대에 이르러 좌의정 문희공文僖公 개槩, 이조 판서 문절공文節公 상鏛, 한성부 판윤 충장공忠壯公 립砬, 영의정 평성부원군平城府院君 충익공忠翼公 경진景禛이 명절名節과 공적功績으로 당세에 드러났다. 충익공의 아우는 지돈녕부사 동성군東城君 경인景禋으로, 역시 인조반정仁祖反正 때 공신에 책록되었는데, 시호가 충도忠度이다. 후사가 없어 조정에서 영의정 평원군平原君에 추증된 충익공의 작은 아들 돈녕부 도정 해垓를 후사로 삼아 대대로 제사를 지낼 것을 허락하였다. 부군이 그 때문에 동성군의 종자宗子가 되었다. 평원군은 성천 부사成川府使를 역임한 휘 여철如哲을 낳았으니, 부군에게는 고조부가 된다. 증조 휘 탁琢은 사복시 주부 증 이조참판 동릉군東陵君이고, 조부 휘 필하弼夏는 파주 목사坡州牧使를 역임하였으며, 부친은 휘가 단昍

16) 이 글은 신대순申大淳(1729~1790)에 대한 묘지명이다. 자는 원례元禮, 본관은 평산平山이다.
17) 태사太師 : 평산 신씨平山申氏의 시조인 신숭겸申崇謙을 말한다.

이다. 모친 박씨朴氏는 본관이 반남潘南이다.

부군은 영조 5년(1729)에 태어났으니, 휘가 대순大淳이고, 자가 원례元禮이다. 일찍부터 예의와 법도를 갖추고 오래도록 전한 가풍이 있어 상국相國 조현명趙顯命이 한 번 보고는 큰 인물이 될 것이라 기대하였다. 장성해서는 충후하고 무척 관대하였으며, 종족 및 인척과 돈독하고 화목하게 지내 가족처럼 왕래하였다. 선조를 받드는데 더욱 삼가서 제수를 정갈하고 풍성하게 마련하여 올리고, 고기를 자른 것이 법도에 맞지 않으면 제사를 지내지 않았다. 기르던 닭이나 개는 잡아먹지 않고 말하기를 "군자는 가축이 우는 소리를 듣고 차마 먹지 못하니, 하물며 늘 보던 가축이야 말할 것이 있겠는가."라고 하였다. 평소에 가벼운 행동이나 각박한 말을 하지 않았고 말투가 다정하였으며 옛 것을 칭송하였으니, 자연스레 노성하여 인품을 갖춘 인물임을 알았다.

정조 8년(1784)에 공훈으로 인해 희릉 참봉禧陵參奉에 제수되었고, 전설서 별제로 자리를 옮겼다. 얼마 후에 서부도사西部都事로 자리를 옮겼는데, 부部의 관아 건물이 향곡鄕曲에 있어 좁고 누추하여 정무를 볼 수가 없었다. 부군이 여러 차례 제거提擧에게 아뢰자, 마침내 임금에게 보고되어 옛날 예빈시禮賓寺 건물로 옮기도록 하니, 바로 지금의 서부西部이다. 얼마 후에 영남의 삼가 현감三嘉縣監으로 나갔다. 제일 먼저 문선왕묘文宣王廟[18]를 배알하였는데, 용마루와 서까래가 기울고 담장이 허물어진 상태여서 녹봉과 음식을 덜어서 모아 건물을 새로 지었다. 고을을 다스릴 적에는 오로지 은혜의 덕으로 편안하게 하였으며, 관리나 백성 및 하인이 죄를 저지르면 대번에 매질을 하지 않고, 말로만 깨우치고 경계하였다. 전후로 이 고을에 부임한 관리들은 백성을 침탈하고 많은 폐해를 끼쳐 쌀과 소금 한 톨도 남기지 않았는데, 부군은 유독 사사로이 이익을 취하지 않았다. 건어물, 땔감, 곡식, 과일, 꿀 등의 물품은 알맞게 필요한 정도만 썼으며, 득실은 담당자에게 맡기고 묻는 일이 없었다. 관찰사가 그 일을 듣고서는 너무 동떨어져서 현실 사정과 거리가 멀다고 여겨 고과考課를 낮게 매기면서 '너무 천진하다.[直是天眞]'라고 하였다. 부군이 웃으며 말하기를 "천진하다는 것은 역시 죄가 있는 것이다. 나는 실제 그 말에 부끄럽다. 만일

---

18) 문선왕묘文宣王廟 : 공자孔子의 사당을 말한다.

그렇다면 어느 누가 피곤한 현령자리를 좋게 여기겠는가."라고 하였다. 아, 각박한 세상에 살면서 함께 뒤섞이지 않으면 비난을 받는다. 그러므로 '도증주인盜憎主人'[19]이라는 말이 있으니, 정말 들어맞는 말이다.

부군이 정무에 힘쓰도록 하여 1년이 지난 뒤에 효과를 거두게 했다면 경상초庚桑楚가 외루畏壘에서 이루었던 교화[20]를 이루어 3년 사이에 큰 고장이 되지 않으리라 어찌 장담할 수 있겠는가. 지식을 최상의 가치로 존숭하여 불타오르듯 광분하였을 터인데, 두터운 덕과 순후한 기풍이 세상과 맞지 않았으니, 어쩔 수가 없도다.

부군은 고인古人의 좋은 말과 선행善行을 몹시 좋아하여 손수 전하여 기록해서 남을 위해 말해주는 것을 즐겼다. 또 도교의 수련설과 기氣가 운행하는 방법을 손에 쥐고서 어루만지고 궤안几案에서 떨어지지 않게 하였다. 예전에 청하자靑霞子 권극중權克中이 주해註解한 『참동계參同契』 10여 본을 모아서 차이점을 살피고 오류를 산삭하여 온전한 책을 만들었다. 내가 늘 부군을 위해 책을 간행하려고 하였으나 하지 못하였다. 옛 법서法書를 임모臨摹하면 왕왕 비슷하였다. 당시에 시험하지 못한 재주가 있어 비록 마른 나무와 썩은 기둥이라도 한번 마음과 손끝을 거치면 모두 훌륭한 완호품이 되었으니, 유모劉髦와 혜강嵇康이 단약을 만든 뜻인가. 늘 부군과 감상할 적에 시원스레 웃곤 하였다. 정조 14년(1790) 10월 모갑某甲에 세상을 떠났으니, 향년 62세였다. 3개월 뒤 모갑某甲에 금천衿川 도곡道谷에 있는 선영 곁 기슭에 장례를 치렀다.

부인 남양 홍씨南陽洪氏는 현감 응린應麟의 딸로, 영의정 문정공文靖公 단봉瑞鳳의 5세손이다. 정숙하고 예의를 알았는데, 공보다 2년 먼저 세상을 떠나 광주

---

19) 도증주인盜憎主人 : 간악한 사람이 정직한 사람을 미워하는 것을 비유한 말이다. 『춘추좌씨전』 성공成公 15년 조에 "백종伯宗이 조회하러 갈 때마다 그의 아내가 반드시 경계하기를 '도둑은 주인을 미워하고 백성은 윗사람을 미워합니다. 그대가 바른말을 하기 좋아하므로 반드시 어려운 일을 당할 것입니다."라고 하였다.

20) 경상초庚桑楚가……교화 : 춘추 시대 노자老子의 제자라고 전하는 경상초庚桑楚가 노자에게서 도를 터득하고, 북쪽의 외루畏壘라는 산에 들어가 살면서 첩이나 하인 중에 지혜로운 자는 멀리하고 어리석은 자들만을 데리고 살았는데, 그곳에 산 지 3년 만에 그곳에 큰 풍년이 들어 백성들이 그를 성인에 가까운 분이라고 존경하여 그를 임금으로 모시려고까지 했다고 한다. 『莊子』 「庚桑楚」

廣州의 우치牛峙에 장례를 치렀으니, 역시 선영이 있는 곳이다. 슬하에 2남 1녀를 두었다. 장남은 강絳이고, 차남 경絅은 진사이다. 딸은 문경 현감聞慶縣監 이철조李喆祚에게 출가하였다.

아, 부군은 나에게 소공복小功服의 친척으로, 은혜가 동기간과 같아 어려서는 함께 놀고, 자라서는 함께 기뻐하였으며, 늙어서는 서로 의지하였다. 초여름에 내가 마침 책 상자를 열어 보다가 부군이 보낸 수백 통의 편지를 발견하였다. 대부분 내가 해우海寓21)에 있을 때 주고받은 것이며, 시축詩軸이 몇 개나 되었다. 내용은 가족처럼 다정다감했으니, 부군이 정말 나를 끔찍이도 생각해주었다. 부군의 유묵이 여전히 새롭고 아름드리나무가 마련되었으니, 옛날을 회상하면 지금에 슬픔이 일어 눈물로 소매가 젖는 줄도 모르겠다. 강絳이 나를 찾아와 명銘을 청하기에 드디어 그에게 명을 지어준다. 명은 다음과 같다.

성품이 돈후하고 조심스러웠으며	敦厚醇慤
세상에서 일컬어질 덕을 지녔네	長世之德
선대의 가르침 삼가 잘 지켰고	謹守先訓
집안의 법도 잘 보전하였네	保家之則
자식들은 본보기로 삼았고	子姓所楷模
친척들은 모범으로 삼았네	宗郃所儀式
이 명銘에 남아 있으니	寔銘其有
길이 다하지 않음을 보이노라	永示無斁

왕고 승지 부군 묘갈명22)
王考承旨府君墓碣銘

공의 휘는 택하宅夏, 자는 사규士揆로 본관은 해서海西의 평산平山이다. 성씨가

21) 해우海寓 : 강화도를 말한다.
22) 이 글은 자신의 조부인 신택하申宅夏(1683~1742)에 대한 묘갈명이다. 자는 사규士揆, 본관은 평산平山이다.

알려진 것은 고려에서 태사를 지낸 장절공壯節公 신숭겸申崇謙에서 시작되었다. 장절공으로부터 오백 년 뒤에 문희공文僖公 개槩가 우리 세종世宗을 도와 태평시대를 열었다. 문절공文節公 상鏛과 충장공忠壯公 립砬은 사류士類를 부지하고 왕을 위해 목숨을 바친 공을 세워 중종中宗과 선조宣祖 때에 명성이 드러났다. 충장공의 아들 충익공忠翼公 경진景禛과 충도공忠度公 경인景禋은 인조仁祖를 도와 반정에 큰 공을 세워 정사공신靖社功臣에 책록되었다. 충도공은 아들이 없어 충익공의 아들을 후사로 삼았으니, 돈령부 도정 증 영의정 평원군 휘 해垓이다. 이분이 공의 증조이다. 조부 휘 여철汝哲은 성천 부사成川府使를 역임하였고, 승정원 좌승지에 추증되었다. 부친 휘 탁琢은 사복시 주부를 역임하였고, 이조참판 추증되었으며 동릉군東陵君에 봉해졌다.

공은 일찍 부친을 여의고 모친 임천 조씨林川趙氏를 섬겼는데, 지극한 성품이 있었다. 13세에 서계西溪 박세당朴世堂 공에게 나아가 배웠으며, 또 명곡明谷 최석정崔錫鼎 공에게 수업을 받았다. 명곡이 공이 지은 『천시오행책天時五行策』을 보고는 크게 칭찬하며 "경세제민經世濟民의 문장"이라 하였다. 영조 정미년(1727년, 영조3)에 증광문과 병과에 급제하였으며, 무신년(1728년, 영조4)에 율봉도 찰방栗峰道察訪에 보임되었다. 조정에 들어와 시강원 설서를 역임하고, 성균관 전적, 사간원 정언, 사헌부 지평을 역임하였다. 계축년(1733, 영조9)에 홍문관 부수찬으로 자리를 옮겼다. 마침 대신臺臣 권혁權爀이 상소를 올려 홍문관 관원에 선발된 자들을 배척하였는데, 지목하는 사람이 있었으나 공이 홀로 스스로 인혐引嫌을 하였다. 전후로 홍문관의 관원으로 13차례나 제수되었으나, 끝내 명에 응하여 나가지 않고 말하기를 "경연經筵 자리는 맑고 준엄하니, 어찌 구차하게 자리를 차지할 수 있겠는가."라고 하였다. 성상이 엄명으로 다그쳤으나, 고집하면서 마음을 돌리지 않았다. 이로 인해 여러 번 외직으로 쫓겨났는데, 이산 현감尼山縣監과 북평사北評事는 견책을 받고 보임된 자리이다. 이산 현감으로 재직할 때 노인들을 잘 봉양하고 인재를 은혜롭게 훈도하니, 이웃 고을에서도 공경하고 마음에 두어 감히 나쁜 짓을 하지 않고 말하기를 "이산 현감 공이 아시지 않겠는가."라고 하였다. 이에 아이를 들쳐 업거나 손에 잡고 찾아온 자들이 천 명 이상이었다. 진선進善 윤동원尹東源은 그 고을 사람으로, 성품이 담박하고 고결하며 행실을 닦아 관아에 가는 일이 적었는데, 공을 편하게 여겨 달마다 찾아갔다. 그러자 사람들이 방공龐公23)이 절조를 잃었다고 말하니, 웃으며 말하기를 "새로운 현령에게 절조를 굽힌 것이오."라고 하였다.

공은 시강원 문학 겸 지제교 남학 교수로 자리를 옮겼다. 무오년(1738, 영조14)에 장악원 정으로 승진하였으며, 홍문관 응교로 자리를 옮겼다가 사간원 사간으로 옮겼다. 얼마 뒤에 의주 부윤義州府尹으로 승진하였다. 의주부는 서쪽으로는 중요한 관문이 되고, 북쪽으로는 중국에 닿아있어 풍속이 사나워 길들일 수가 없는 곳인데, 공은 공정함으로 잘 다스렸고 몸을 깨끗이 하여 교화에 힘썼다. 강압적으로 하되 사람들에게 피해를 주지 않고, 은혜롭게 대하되 잘못은 용납하지 않으니, 백성들이 올바른 방도를 알아 경내에 아무 일이 없었다. 이에 녹봉을 덜어 의주부에 적체된 포흠逋欠을 갚으니, 그 액수가 수만금이었다. 관청에도 남은 비용이 있어 관아를 잘 수리하고 군비軍備를 마련하였으며, 역말을 갖추고 도랑을 수리하였다. 명목이 없는 세금과 멋대로 징발하는 부역은 모두 금지하니, 의주 사람들이 크게 기뻐하였다. 다음해에 질병을 핑계로 관직을 그만두었다. 마구간의 말은 예전에 타던 형편없는 관단마款段馬였고, 묘소를 돌보는데 필요한 땅은 선조들이 물려준 토지에서 더 늘리지 않았다.

병조 참의에 제수되고, 승정원 우승지로 자리를 옮겼다. 이때에 시론時論이 시끌시끌하여 양 편이 정도正道와 사도邪道로 나뉘어 서로 다투었는데, 통철하게 알고 담담하게 자신의 의견을 고수하면서 여러 물결이 내달리는 가운데 서 있었으니, 의義가 존재하여 확고함을 흔들 수가 없었다. 당시 재상이 사람을 시켜 공을 깨우쳐 말하기를 "그대는 명성과 덕이 있는데도 작위爵位가 높지 않으니, 우리가 외람되이 이 자리를 훔친 것이네. 멀리 문중文仲24)의 부끄러움이 있으니, 어찌 그대는 자신을 아끼지 않는가. 곧 청요직을 거쳐 조정에서 큰일

23) 방공龐公 : 후한後漢 방덕공龐德公을 말하며, 방거사라고도 한다. 원래는 남군南郡의 양양襄陽에 살았는데, 형주 자사荊州刺史 유표劉表가 초빙하자 나아가지 않고 가솔을 모두 거느리고 녹문산鹿門山에 들어가 다시는 세상에 나오지 않았다. 『後漢書』「逸民列傳」

24) 문중文仲 : 춘추시대 노나라의 대부 장문중臧文仲이다. 『논어論語』「위령공衛靈公」에 "장문중臧文仲은 자리를 훔친 사람이다. 유하혜柳下惠의 현명함을 알고서도 함께 조정에 서지 않았다."라고 하였다. 공자가 장문중의 불인不仁 세 가지를 말하면서 그 중의 하나로 유하혜柳下惠를 자기보다 아랫자리에 둔 것을 지목하였다. 『春秋左氏傳』

을 담당할 수 있을 것이네."라고 하였다. 공이 기뻐하지 않고 얼마 있다가 말하기를 "나는 시속을 따르는 무리가 되는 것을 기뻐하지 않는다."라고 하였다.

공은 남을 대할 적에 돈후함과 겸양을 갖추었다. 그러나 뜻과 걸맞지 않는 경우를 보면 그 때마다 용모를 가다듬고서 "그대가 틀렸소."라고 하며 천천히 상대방의 잘못을 이야기 해주었다. 평소에는 항상 엄숙하여 집안에 잡된 손님들을 들이지 않았으며, 가난한 친구와 소원한 친척만이 자기 집처럼 왕래하였다. 형제가 4명인데, 타고난 공경과 우애가 있었다. 만년에 분가를 하기는 했지만 늘 한집에 모이곤 했으니, 양춘楊椿과 양진楊津[25]의 우애와 유공작柳公綽[26]의 가풍家風이 있었다.

큰 형님이 세상을 떠나자, 상喪을 치르며 너무 애통해하다가 앓던 병이 더욱 악화되어 60세의 나이로 임술년(1742, 영조18) 7월 18일에 세상을 떠났다. 조정의 관리들은 모두 애도하였고, 의주부의 거리와 마을에서는 통곡을 하였으며, 날짜를 계산하여 상복을 입고 온자가 역시 수백 명이었다. 상서尙書 김유경金有慶은 공에게 입은 은혜가 있었는데, 부고를 듣고는 놀라 말하기를 "편안히 스스로를 지키며 처음의 지조를 잃지 않은 분은 세상에서 이 분뿐이다."라고 하였다. 상국李相 오천梧川 이종성李宗城은 늘 옛날의 벗으로 대하였는데, 쓸쓸히 감회가 일어 말하기를 "거문고 줄이 끊어지는 아픔[27]이 있다."라고 하였다. 이해 9월 모갑某甲에 광주廣州의 우치牛峙 간좌艮坐의 언덕에 장사지냈다. 장사를 지낼 때에 태사太史 이광덕李匡德이 만사輓詞를 지어 보내 왔는데, 그 시에 "먼 인척간이지만 더욱 화목하게 지냈고, 선비들의 기풍이 퇴색해지니, 공이 더욱 훌륭한 줄 알겠다."라고 하였다.

부인 연안 이씨延安李氏는 사량思良의 딸이며, 목사牧使 만저曼著의 손녀인데,

---

25) 양춘楊椿과 양진楊津 : 북조北朝 시대의 양춘과 양진은 형제 사이로서, 우애와 겸양이 남달리 돈독해서 마치 부자지간처럼 서로를 섬겼으며, 한 가지라도 맛있는 음식이 생기면 식구들이 다 모이기 전에는 먹지 않았다고 한다. 『小學』「善行」

26) 유공작柳公綽 : 당唐나라 하동 절도사 유공작柳公綽의 가문이 효성스럽고 엄숙하고 검소한 가법家法을 지킨 것으로 유명하다. 『小學』「善行」

27) 거문고……아픔 : 마음을 알아주는 친구가 죽었다는 의미이다. 춘추 시대 백아伯牙가 그의 거문고 소리를 알아주던 벗 종자기鍾子期가 죽자 거문고 줄을 끊고 다시는 타지 않았다는 고사가 있다. 『列子』「湯問」

덕성이 씩씩하고 삼가서 모두들 '여사女士'라고 하였다. 공보다 4년 뒤에 세상을 떠나 묘소 곁에 합장하였다. 아들은 의영고 직장 증 이조 참판 휘 성䁩이다. 손자는 4명으로, 맏이 대우大羽는 호조 참판이고, 둘째 대익大翼은 일찍 죽었으며, 셋째 대흡大翕은 선공감 감역이고, 넷째는 대숙大翻이다. 증손과 현손이 여러 명 있다.

공은 타고난 성품이 준엄하고 밝았으며, 풍모와 기운이 혼후하였다. 마음에는 교만하고 인색한 마음이 터럭만큼도 없었고, 입으로는 비루하거나 이치에 어긋나는 말을 하지 않았다. 덕성이 올바르고 행실이 방정하였으며, 가정에서는 효도와 우애를 본보기로 삼아 참으로 화목하였다. 관직에 나아가서는 청렴함으로 자신을 지켰으며, 정직함으로 말을 하였으며, 터럭만큼도 자신을 굽혀 사사로운 은혜를 베푸는 일은 하지 않았으며, 번잡한 세상을 벗어나 평소의 절조대로 행동하는 일은 멈추지 않았다. 녹봉 때문에 벼슬을 하지 않았기 때문에 총애와 이익이 그의 생각을 어지럽힐 수 없었고, 구차히 영합하는 행동을 하지 않았기 때문에 권세와 위엄이 그가 고수하던 것을 빼앗을 수 없었다. 이는 공이 절조를 빛내고 마음을 밝힐 수 있었던 까닭이며, 역시 훗날에 불우하게 된 까닭이다. 그러므로 그의 언론과 공로가 그다지 세상에 빛나지 않는 것이다. 그러나 사군자들은 모두 그의 덕을 공경과 재상의 지위보다 중시하니, 이를 일러 불후한 성대함이라 하는 것이다.

공이 세상을 떠난 지 40년인데, 자字가 성재聖載인 완산完山 이군李君 휘 광려匡呂가 중표中表[28]의 옛 우의로 사모하는 뜻이 더욱 깊어 삼가 끝없는 그리움을 공의 밝은 덕을 명銘으로 지으니, 다음과 같다.

사람들은 아직 현인을 보지 못했으니 人未見賢
누가 그가 남들보다 훨씬 뛰어난 줄 알겠는가 熟知其去人遠
나는 오히려 신공申公에게서 보았네 吾猶及申公
뜻을 함께하는 자는 함부로 하지 않았고 同者莫能親
뜻을 달리하는 자는 원망이 없었네 異者莫能怨

28) 중표中表 : 성姓이 다른 친척 간을 지칭할 때에 쓰이는 말이다.

오직 현사賢邪와 역순逆順의 구분은 唯賢邪與逆順
오랜 세월을 기다리지 않아도 명확한 논의를 알 수 있네 不待百年而考定論
훗날에 이 명을 보는 자들은 後之視此銘者
오히려 내가 뒤늦게 태어난 것을 한탄스러워 하지 않음을 알리라 尙知余不恨於生晩

정씨 아내의 묘지명을 붙여 기록하다[신작申綽][29)]
附鄭氏婦墓誌銘[申綽]

유인孺人 신씨申氏의 선대先代는 평산平山 사람이다. 공조 참판 대우大羽의 막내딸로, 모친은 정부인貞夫人 정씨鄭氏이다. 진縉, 작綽, 현絢이 그 오라비이다. 유인은 영조 36년 경인년庚寅年(1760) 2월 정묘丁卯 20일에 태어났다. 15세에 동래東萊 정동형鄭東泂에게 시집을 갔고, 15년이 지난 3월 병자丙子 19일에 병으로 인해 세상을 떠났다. 달을 넘겨 정미일丁未日에 과천果川에 있는 시댁 선영에 장사지냈다.

유인은 뜻이 고결하고 정신이 올곧았으며 내면에는 고집이 있었으나, 외면으로는 은혜를 베풀었다. 처음 강화도에서 궁핍한 생활을 할 때에 슬하에서 아양을 부려 은혜와 사랑을 독차지하였다. 비록 보리로 빚은 단술을 따르고 말린 물고기를 구워먹을 때에도 효성이 얼굴에 넘쳐흘렀으며, 작은 음식이라도 반드시 형제자매들에게 고루 나누어 주었다. 길쌈을 하고 의복과 버선을 만드는 일에 민첩하여 아침저녁으로 도왔다.

장성하자 시집가는 것을 허락하며 선친께서 말씀하시기를 "네가 시집을 가더라도 집안의 가르침을 느슨히 하지 말아서 시댁에서 실수를 저질러 친정에 부끄러움을 끼치는 일이 없도록 조심해야한다."라고 하였다. 그리하여 날을 정해놓고 『소학小學』을 배웠는데, 유인은 대략적인 뜻을 이해하였으며, 가지고

29) 이 글은 정동형鄭東泂에게 출가한 신대우의 막내딸에 대한 묘지명으로, 신대우의 둘째 아들 신작申綽이 부친의 명을 받고 대신 지은 것이다.

다니며 암송하였다. 원본대로 잘 베껴 썼는데 글자가 반듯하여 다 쓸 때까지 한 글자도 삐뚤어진 것이 없었다. 이로 인해 의방義方을 대략 알았고, 유순한 행실을 익숙하게 익혔다. 거처함에 일상적인 도가 있었고 일에는 절차가 있었으며, 일상적인 편지도 역시 법도에 따라 잘 썼다.

정씨에게 시집을 갔을 때에는 시아버지는 세상을 떠났고, 시어머니는 연로했으며, 남편의 형제 다섯 명이 있어 같은 집에서 함께 먹고 살았다. 유인은 모친을 섬기던 효성으로 시어머니를 섬겼으며, 형제자매들을 대하던 태도로 장숙章叔을 대하여 안팎으로 칭찬이 자자해 자주 그에 관한 말이 들렸다. 그러나 박한 운명을 타고나 병에 걸려 일찍 세상을 떠났다. 향기 나는 난초가 꺾이고 옥 실이 끊어진 것과 같으니, 아마도 이치인가보다. 슬프도다. 부친께서 유인이 훌륭한데도 아들이 없는 것을 안타깝게 여겼는데, 또 장수를 누리지도 못했다. 묘지를 짓고자 하였으나 글과 슬픔이 뒤섞여 결국 짓지 못하고, 18년이 지난 뒤에 비로소 나에게 지으라고 하시니, 서序를 쓰고 다음과 같이 명銘을 짓는다.

가장 늦게 태어나서	生最後
어찌 빨리 세상 떠났나	逝何報
꽃처럼 빛이 났는데	曄英華
갑자기 아침 이슬 되었네	溘朝露
목소리와 모습 보려 해도	尋響像
결국 만날 수 없네	竟無遇
오직 선영이 있는 곳에서	惟菟藏
영원히 편안하거라	永安固
멀리까지 전해져	浸以遠
누가 다시 알랴만	誰復知
명銘을 지어	著之銘
구천에 남기노라	昧之詒

이 부인의 묘지를 붙여 기록하다[신작申綽][30]

附李夫人墓誌[申綽]

강원도 관찰사 신현申絢의 아내 정부인貞夫人 이씨李氏를 정조正祖 22년 무오년戊午年(1798) 5월 28일에 광주廣州 신촌新村에 장사지냈다. 8년이 지난 모월某月 모갑某甲에 시어머니를 따라 개장하여 같은 고을 무갑산鍪甲山 서쪽 정부인鄭夫人의 묘소 우측 언덕에 개장改葬하였다. 천장할 때에 부친께서 나에게 말씀하기를 "내가 며늘아기를 잃고부터는 음식이 달지 않구나. 오랜 세월이 지나도 더욱 내 마음이 아프니, 묘지를 짓도록 하여라. 시아버지가 재상의 반열에 오르고, 남편이 번사藩司를 역임해도 모르고, 아들이 장가를 들고 딸이 시집가도 들을 수가 없으니, 후사後事가 어긋나는 것이 실로 내 근심이다."라고 하셨으니, 슬프고도 안타깝다. 내가 삼가 부친의 뜻을 기술하여 다음과 같이 묘지를 짓는다.

부인은 전의全義 사람으로, 이 선생李先生 휘 덕윤德胤의 손녀이며, 처사 휘 숭배崇培의 딸이다. 선생은 온화한 성품에 묵묵하였으며, 말로 하지 않고 몸소 실천하는 가르침이 있었고, 처사는 염백우冉伯牛와 같은 질병을 앓으면서도 안연顏淵과 민자건閔子騫의 행실이 있었다.[31] 그 집안과 종유從遊하는 자들은 점점 더 윤택하게 교화되어 야박한 사람은 후덕해지고, 완악한 사람은 공손해져 점점 법도를 갖추게 되었다.

조모 심 부인沈夫人은 좨주 심육沈錥의 누이동생으로, 진실한 부녀자의 덕이 있었고, 모친 조씨趙氏는 훌륭한 덕을 잘 계승하였다. 부인은 성장하면서 훌륭한 가르침을 받아 온 방이 난초 향기로 가득 차서 그에 동화되어 향기를 맡을 수 없는 것과 같았다. 시집올 때의 나이가 열일곱이었는데, 시아버지께 폐백을 올리며 훌륭한 신부의 예절을 갖추어 원근의 친척들이 모두 칭찬하였다.

부인은 심지心志가 아름다웠으며, 단정하고 조심하여 시댁에 온 지 거의 20

---

30) 이 글은 신대우의 막내며느리이자, 신작의 제수인 이씨 부인李氏夫人에 대한 묘지로, 신대우의 둘째 아들 신작申綽이 부친의 명을 받고 대신 지은 것이다.

31) 염백우冉伯牛와……있었다 : 염백우冉伯牛, 안연顏淵, 민자건閔子騫은 모두 공자孔子의 제자로 덕행에 뛰어났다.

년 동안 지나친 말과 행동을 한 적이 없었다. 여러 숙부들과 말을 할 때에는 눈으로 얼굴을 올려다보지 않았다. 시아버지의 부임지인 몇 개 고을에 따라가서 부인에게 집안일을 맡겼는데, 의복과 음식을 자식에게만 사사롭게 하지 않았다. 자신을 낮추고 남들을 높였기 때문에 동서들에게 지속적인 사랑과 공경을 받았으며, 화목하되 잘 지켰기 때문에 노복들에게 기강을 잃지 않았다. 노인을 봉양하는 일과 어른을 섬기는 예는 부모를 섬기는 일이 바탕이 되어 시부모에게 효성을 다하는데 옮긴 것이다. 물을 반드시 끓여서 올린 것은 기침과 가래를 걱정해서였고, 오이를 먼저 데친 뒤에 버무린 것은 단단한 것을 못 씹을까 걱정해서였다. 손수 어린 겨자씨를 파종하였는데, 시부모가 즐겨 먹던 것이기 때문이다.

계절에 맞는 의복, 보를 덮은 술과 장물, 절인 채소와 포와 저민 회로 종종 봉양하였는데, 일상생활에서는 얻기 어려운 것이었으나 공경스레 마련하여 정성을 다하지 않는 경우가 없었다. 몸을 봉양하는 일을 미루어 마음까지 잘 받들어 시부모가 편안히 여겨 늘 여러 자식과 며느리들에게 훈계하기를 "마땅히 이와 같아야 한다."라고 하였다. 이때에 이르러 세상을 떠났으니, 나이가 겨우 33세였다.

아들 명호命濩는 아홉 살이고, 딸은 네 살이었으니, 슬픔과 그리움에 울부짖으며 어미를 찾았다. 우리 부친께서 마음 아파하며 아버지처럼 가르치고 어머니처럼 길러 주어 이윽고 장성하였다. 명호의 아내가 아름다웠는데, 또 부인을 생각하며 상심하여 기쁜 일을 만날 때나 슬픈 일을 만날 때나 생각하여 지금까지 하루도 마음에서 잊은 적이 없다.

아, 형제는 동기同氣이고 자녀는 골육을 나눈 사이이지만, 세대가 멀어질수록 슬픔이 덜해지고 때로는 잊는 경우도 있으니, 어찌 부인처럼 지속적으로 시부모를 슬프게 만드는 사람이 있겠는가. 그러므로 부인의 정성스런 효성이 깊은 감동을 준 것을 알았으니, 부인의 훌륭한 행실을 더욱 볼 수 있다. 이것으로 명을 짓는다.

완구유집 권8

행장行狀 1

조선 고 통정대부 이조 참의 지제교 임공 행장[1)]
朝鮮故通政大夫吏曹參議知製教任公行狀

공의 휘는 정珽, 자는 성방聖方이며, 성은 임씨任氏이다. 그 선대는 중국인으로, 온溫이 우리나라로 귀화하여 해서海西의 풍천부豐川府에서 저명한 가문이 되었다. 조선에 들어와서는 구球가 참지정사를 역임하였고, 열說은 한성부 판관을 역임하였으며, 시호가 문정공文靖公이다. 숙영叔英은 홍문관 수찬을 역임하였는데, 광해군 시절에 문장과 명절名節로 당세에 이름을 떨쳤으니, 세상에서 소암 선생疎庵先生으로 일컬었으며, 특별히 홍문관 부제학에 추증되었다. 부제학은 자식이 없어 종조제從祖弟 영흥 부사永興府使 선백善伯의 아들 량量을 양자로 들여 드디어 부제학의 후사가 되었다. 이분이 공의 증조이다. 이분이 윤원胤元을 낳았는데, 사간원 사간을 역임하고, 이조 판서에 추증되었다. 판서가 공의 부친 수적守迪을 낳았는데, 죽을 때 관직이 형조 판서였다. 아들 여덟 명을 두었는데, 서열로는 공이 장남이다.

공은 번거롭게 기본을 배우지 않고 처음 배울 때 이미 시부詩賦를 알아 명성을 크게 떨쳤으며, 당시 또래들 중에 행실이 감히 공보다 더 나은 자가 없었다. 고故 상국相國 최 문정공崔文貞公이 우연히 동네 입구에서 만났을 때 놀라고 기이하게 여겨 따르는 자에게 말하기를 "반드시 임씨의 아들일 것이다. 내가 듣기로 임씨에게 훌륭한 아들이 있다고 하는데 그의 집이 또 이곳에 있으니, 필시 그 사람이리라."라고 하였는데, 따라가 보니, 과연 공이었다. 공은 정신과 얼굴빛이 순정하고 빼어났으며, 수염과 눈썹이 그림 같아 바라보면 이미 보통

---

1) 이 글은 임정任珽(1694~1750)에 대한 행장이다. 자는 성방聖方, 호는 치재巵齋, 본관은 풍천豐川이다. 임정은 신대우의 외조부이다.

사람이 아니었다. 만일 자기가 허여하면 많은 사람들이 헐뜯는 것은 허여하지 않아 비록 주위에서 번갈아 말해도 돌아보지 않았다.

형제간에 우애가 있었고, 궁핍하고 가난한 사람을 구휼해주며 미치지 못할 듯하였기에 사람들이 이로 인해 공을 사모하고 높였다. 스물여섯의 나이에 진사시에 합격하였으며, 4년 뒤 성균관의 제술시험에서 제일명第一名으로 급제하였다. 경종景宗이 즉위한 지 2년째 되던 해였다. 공을 꺼리는 자가 있어 성균관에 분관되어 학유學諭에 보임되었다. 얼마 뒤에 천거되어 승정원 주서에 임명되었다. 금상今上 3년(1727, 영조3)에 대행왕의 실록을 편찬하였는데, 대제학 윤순尹淳이 그 일을 주관하여 수문학사修文學士를 선발하여 참여시켰는데, 공도 그 안에 포함되었다. 다음해에 세자시강원 설서에 임명되었다가 사헌부 지평으로 자리를 옮겼다. 또 다음해에 외직으로 나가 경기도 과천현果川縣을 다스렸다. 얼마 뒤에 홍문관 부수찬으로 부름을 받고 조정으로 들어왔으며, 사간원 정언으로 자리를 옮겼다. 이때부터 공은 늘 삼사三司에 재직했는데, 홍문관에 재직한 것이 더욱 많았다. 모두 전후로 46차례나 임명되었는데, 임금의 허물을 바로잡고 어긋나는 점을 없애주었으며, 강직한 태도로 아첨하지 않으니, 식자들이 추켜세워 소중히 여겼다.

하루는 주강晝講에서 응교應敎 이종성李宗城이 궁금宮禁에 관한 일을 아뢰자, 임금이 노하여 매우 질책하였고, 누구에게 들었는지 두세 번 물었는데, 목소리와 얼굴빛이 엄정하였다. 공이 나아가 말하기를 "이 일을 어느 누가 듣지 않았겠습니까. 신臣 역시 들었습니다. 종성宗城과 같은 충직한 사람이 아니면 전하에게 아뢰지 못했을 것입니다. 그러나 전하께서는 그런 사실이 있으면 고치면 되고, 없으면 면려하면 될 것이지 얼굴빛을 오만하게 하여 좌우에서 아첨하는 신하들이 날마다 나오게 해서는 안 됩니다."라고 하니, 임금이 안색을 바꾸고서 잘 한 일이라고 칭찬하였다. 그러자 이공이 나와서 말하기를 "경연經筵 자리에 이런 사람이 없어서는 안 된다는 것을 참으로 알겠다."라고 하였다.

지제교에 선발되어 사학교수四學敎授, 한학교수漢學敎授, 시강원 보덕, 교서관 교리를 겸하였다. 북도의 병마평사로 나갔다가 돌아와 이조의 낭관에 의망되었으며, 얼마 뒤에 홍문관 교리에 제수되었으니, 모두 극선極選이다. 영조 12년

(1736)에 사은사 서장관에 충원되어 연경에 다녀왔다. 다음에 중시重試에 급제하여 품계가 통정대부通政大夫로 올랐다. 승정원 동부승지에 제수되었다가 좌승지로 자리를 옮겼고, 드디어 사간원 대사간에 제수되었으며, 호조·병조·형조·공조 네 부서의 참의를 역임하였다.

영조 17년(1741)에 외직으로 경기도 가평 군수加平郡守에 보임되었다. 얼마 뒤에 특별히 이조 참의에 제수되었는데, 인사를 공정히 처리하여 적체된 인원을 등용하는 일에 힘썼는데, 끝까지 사사로운 감정으로 일에 해를 끼친 적이 없었다. 격식과 예법에 맞지 않으면 비록 이조 판서의 명이라 하더라도 반대를 하여 그 뜻을 꺾을 수가 없었다. 이로 인해 권력을 잡은 자들이 대부분 달가워하지 않았다. 사헌부의 관리 허채許采라는 자가 풍지風旨를 받들어 상소를 올려 공을 처벌하라고 하였는데, 임금이 허위임을 깨닫고는 허채의 관직을 삭탈하고 공을 옮겨 병조 참의에 제수하였다.

영조 20년(1744)에 부친의 상喪을 당하였으며, 상복을 벗고는 다시 이조로 돌아왔다. 공이 상소를 올려 작은 고을을 얻어 노모를 봉양하기를 청하자, 임금이 허락하여 해서海西의 곡산도호부사谷山都護府使에 임명되었다. 고을을 다스리는 2년 동안 많은 일이 거행되었다. 관찰사【원주原註 : 고故 상국相國 이천보李天輔이다】가 새로 관아와 성지城池를 수리하여 여러 고을의 수령을 감영아래에 모이게 하여 성의 남문에서 낙성식을 하였는데, 공도 참여하였다. 술에 취해 홍이 올라 공에게 상량문을 짓게 하였는데, 공이 당시에 몹시 취한상태였는데도 붓을 휘저어 나는 듯이 내달려 순식간에 상량문을 쓰니, 좌중들이 모두 바라보고 감탄하였다. 이미 취하여 관찰사가 휘하 무관에게 명하여 공을 부축하여 말에 오르게 하고는 관아 밖까지 전송하였는데, 오래도록 바라보고는 말하기를 "저 사람이 신선과 무엇이 다른가."라고 하였다. 얼마 뒤에 관직을 버리고 돌아왔다.

당시에 친하게 지내던 동료들은 대부분 곁에 없었고, 조정의 논의는 날이 갈수록 이상한 곳으로 흘러갔는데, 같은 반열에 있는 자들은 모두 나이가 한참 어린 사람들이라 공이 더욱 관직에 있는 것을 즐거워하지 않았다. 대사간에 세 차례, 이조 참의에 네 차례, 호조 참의·병조 참지·장례원 판결사에 제수된 것이 한 차례였다. 대부분 부름에 나아가지 않았으며, 나아가도 자리에 오래 머물지 않고는 말하기를 "나는 이제 늙었다."라고 하였다. 별도로 자호自號를 '치재巵齋'라 하고, 발을 드리운 집에서 궤안에 기대어 시비와 근심, 기쁨을 모두 술과 바둑에 맡겨 버리고 마음을 비우고 정신을 맑게 하여 늘 즐거운 마음으로 한 가지 일도 마음에 담아두지 않았다.

정 재상鄭宰相【원주原註 : 고故 상국相國 정후량鄭羽良이다】이 뜻을 얻고 나서는 반드시 당세의 바람을 수렴하려고 하여 정성을 다해 공을 찾아갔는데, 공만은 그의 집에 찾아가지 않았다. 때마침 공이 나와 술을 마시고 있었는데, 멀리서 알아보고는 술을 마시고 있는 곳으로 심부름꾼을 보내어 말하기를 "이 길이 우리 집 문 앞으로 통하는 줄 아는가?"라고 하니, 공이 곧장 모른다고 대답하고는 이어 눈을 똑바로 뜨고 쳐다보며 말하기를 "자휘子揮는 당돌하구나. 가만히 앉아 사대부를 굴복시키려 하다니."라고 하였다. 자휘는 정 재상의 자字이다. 정 재상이 듣고는 무안해 웃으며 말하기를 "사대부를 정말 두려워할만하구나."라고 하였다. 그러나 이후로는 다시 들르지 않으니, 한번은 친한 사람에게 말하기를 "이는 오관지吳貫之[2]를 본받으려는 것인가."라고 하였다. 어떤 사람이 공에게 한 번 찾아가라고 권하자, 공이 탄식하여 말하기를 "어찌 그런 불충한 말을 하는가. 가령 아침에 찾아간다 해도 이미 여러 공들이 앞에 있을 것이네. 지금은 늙은 처지라 내 그림자에게 부끄러운데 더구나 운명은 힘써 나아갈 수 있는 것이 아니라네."라고 하였다.

영조 26년(1750)에 성균관 대사성에 제수되자, 원근의 선비들이 모두 '참된 선생'이라고 칭송하였는데, 심지어 발에 굳은살이 베이도록 천리 길을 무릅쓰고 찾아오는 자도 있었다. 그해 여름 5월 21일에 성명방誠明坊 자택에서 세상을 떠났으니, 향년 57세였다.

공은 성품이 고매하고 간결하였으며, 행실은 구차히 부합하게 하지 않았다. 말은 좋게 하는데 구차하지 않았으며, 지엽적인 말을 하지 않고 태만히 웃지도 않았다. 책을 보는 것을 좋아하였으며, 여유가 있고 단정하여 허물이 적었다.

---

2) 오관지吳貫之 : 오도일吳道一(1645~1703)로, 관지는 그의 자이다. 호는 서파西坡, 본관은 해주海州이다.

거친 베옷과 변변찮은 음식으로 그저 자신을 봉양하였으며, 고을의 수령으로 나갔을 때는 공물을 사적으로 쓰지 않았다. 일을 처리할 때는 자세하고 느슨히 하면서도 힘이 있었고, 남을 대할 때에는 진심을 다하여 거짓이 없었으며, 재주 있는 후생을 추천하고 총애하여 자신의 일처럼 여겼다. 일찍이 말하기를 "측간에 가면 반드시 오물이 묻는다."라고 하였는데, 당여를 만들지 않고, 세력을 믿지도 않았다. 반드시 어진 사람과 교유를 하였는데, 상국相國 이종성李宗城 공公과 승지 신택하申宅夏 공公이 공과 가장 절친했다.

공은 시문을 지을 적에 초고를 쓴 적이 없었으나, 뛰어나고 화려하여 절로 법도에 맞았다. 평소에 소탕한 글을 잘 썼는데, 본받으려는 자가 글자는 비슷하게 썼으나 그 정취는 흉내 내지 못했다. 문집 몇 권이 전한다.

그해 7월 모갑某甲에 광주廣州 청평青坪의 선영에 장사지냈다. 숙부인 진주 강씨晉州姜氏는 대제학 현鋧의 딸이며, 예문관 제학 백년柏年의 손녀이다. 공의 덕에 필적하여 어기는 일이 없었다. 공보다 15년 뒤에 세상을 떠났으니, 예에 따라 합장하였다. 슬하에 1남 1녀를 두었다. 아들 희조希祖는 문행文行이 있었으나 요절하여 족자族子 지상趾常이 그 후사가 되었다. 딸은 진사 의영고 직장義盈庫直長 신성申晠에게 출가하였으니, 실로 승지 신공申公의 총부冢婦이며, 그 아들이 대우大羽이다. 공을 오랫동안 모셨고, 전적으로 하였기에 명성과 행실이 점차 묻혀 가는 것을 슬피 여겨 도연명陶淵明이 개풍한천凱風寒泉3)을 생각한 것에 감회가 일어 삼가 보고 들은 내용을 채록하니, 감히 지나친 말로 행장을 지을 수가 없다.

영조 44년(1768) 5월 아무 날에 외손자 대우大羽가 삼가 기록하노라.

---

3) 개풍한천凱風寒泉 : 개풍凱風은 『시경詩經』 패풍邶風의 편명이며, 한천寒泉은 개풍 중에 '원유한천爰有寒泉'의 구절에서 인용된 것인데, 이는 자식들이 어버이를 잘못 섬기는 것을 자책하는 내용이다.

이 부인 내의[4]

李夫人內儀

조비祖妣 연안 이씨延安李氏는, 연평부원군延平府院君 충정공忠定公 휘 귀貴의 5세손이다. 거듭 전하여 나주 목사羅州牧使 휘 만저曼著에 이르러서 통덕랑 휘 사량思良을 낳았다. 이 분이 경주 김씨慶州金氏에게 장가를 들어 숙종肅宗 계해년(1683, 숙종9) 11월 28일에 부인을 낳았다.

부인은 태어난 지 몇 해가 안 되어 부친을 여의었다. 장성하고 나서 시집갈 곳을 정하였는데, 우리 조부 우승지 부군府君의 배필이 되셨으니, 시집올 때 나이가 16세였다. 영조 14년 무오년(1738)에 명을 내려 홍문관 응교였던 부군府君을 외직으로 의주부윤義州府尹에 제수하였고, 부인에게 정부인貞夫人의 칭호를 하사하였다. 임술년(1742, 영조18)에 부군이 세상을 떠났으며, 그 후 5년이 지난 병인년(1746, 영조22) 3월 26일에 부인 역시 수진방壽進坊 옛집의 백설당白雪堂에서 세상을 떠났으니, 향년 64세였다. 여름 5월 어느 날에 예법에 따라 합장을 하였다.

아들 성晠은 일찍 이영고 직장에 제수되었으나 일찍 세상을 떠났다. 아들 다섯을 두었는데 아무개, 아무개이다. 부인이 돌아가신 지 13년이 지나 손자 대우大羽가 선인先人의 뜻을 따르며 두려워 말하기를, "소자小子가 오직 부인의 살뜰한 사랑을 입어 치마 슬하를 떠나지 못한 것이 12년이었는데, 부인은 소자小子를 버리고 돌아가셨다. 어리석고 불초한 내가 비록 일상적인 예법에 익숙하지 못하지만 그래도 다행히 눈으로 보고 귀로 들은 한두 가지 일을 기억하고 있으니, 차마 행적을 전하지 않을 수 있겠는가."라고 하였다.

부인은 어릴 때부터 아름다운 모습과 행실이 드러났다. 여섯 살 때에는 『효경孝經』과 『증사曾史』에 통달하여 부인의 예禮와 군자의 모습이 넘쳐났다. 외조부께서 여러 자녀들을 몹시 사랑했으나 하나의 물건을 얻으면 반드시 "내 딸에게 필요하다."라고 하고, 과일 한 개를 얻게 되면 반드시 "내 딸에게 먹여야

4) 이 글은 자신의 조모인 신택하申宅夏(1683~1742)의 처 이씨 부인李氏夫人(1683~1746)의 행적에 대한 기록이다.

지.”라고 하셨는데, 살뜰히 챙기고 돌봐주어 부인에 버금가는 형제가 없었다.

하루는 외조부께 무릎을 꿇고 청하기를, “소녀는 이미 여덟 살입니다. 여공女紅5)을 닦아야 마땅할 것입니다.”라고 하니, 외조부께서 놀라 안색이 바뀌어 기뻐하지 않으시며 말씀하시기를, “상서롭지 못한 일이라 할 수 있겠는가. 어찌 이른 나이에 이러한 수준에 이르렀는가.”라고 하셨다. 이윽고 기쁜 안색으로 말씀하시기를, “결코 요절하여 죽는 법이 없으니, 누가 너 같은 딸을 둘 수 있으랴. 너를 위하여 좋은 배필을 구하겠다.”라고 하셨다. 초례醮禮를 치르고 또 흐뭇하게 등을 어루만지며 말씀하시기를, “신군申君은 장자長者이다. 나는 참으로 너와 했던 말을 저버리지 않았으니, 너는 네 조상을 섬기는 마음으로 네 시부모를 섬기고, 시댁 자질子姪들과 우애 있게 지내며, 네 동서들과 화목하게 지내도록 해라.”라고 하셨다. 부인이 공경히 명을 받들어 시댁에 들어가자 노복들이 모두 기뻐하였고, 당에 오르니 친척들이 서로 하례하였으니, 군자의 배필이 되는 것은 이와 같이해야 마땅하다.

평소 거처하실 때에는 일찍 일어나 단정하고 정숙하였으며, 비스듬히 서거나 몸을 기대지 않았으며, 게으름을 피우지 않았다. 이불과 요를 가지런히 정돈하고, 기물을 제자리에 두었으며, 당堂의 섬돌을 깨끗하게 청소하였고, 날마다 쓰는 물건은 좌우에 섞이지 않게 하였다. 엄숙하고 조용하며 말 수가 적어 좁은 집에서도 그 소리가 그 이웃에 들리지 않았다. 존귀하고 자랑하는 뜻을 마음에 두지 않았으며, 우스갯소리나 거만한 웃음이 입 밖으로 나오지 않았다. 가난에 관계된 말은 남에게 발설하지 않았고, 야박하고 소견 좁은 말은 닭이나 돼지에게조차 하지 않았다. 집안에서 시끄럽게 잡담하는 것을 금하여 늘 아무런 일이 없는 듯 고요하였다. 베풀고 나누어 주는 남편의 뜻을 받들어 행여 그 뜻을 어길까 두려워하였다. 양식이 떨어져 남에게 빌려다 쓰는 지경에 이르렀으나 그 궁핍함을 말하지 않았다.

기일忌日을 되면 명의明衣를 손수 세척하였으며, 행동을 조심하여 마치 깊은 못가에 다가선듯하였다. 손재損財와 축저祝詛의 터무니없는 말을 믿지 않으며 말씀하기를, “나는 손해볼만한 재물이 없다. 가령 있다 하더라도, 친척 중에

5) 여공女紅 : 일반적으로 바느질, 길쌈 등 여자가 하는 모든 일을 가리킨다.

곤궁한 자를 구제해야 하니, 어찌 터무니없는 말을 믿어 아득하여 끝없는 이치를 구하는 것이 마땅하겠는가."라고 하셨다.

엄격하게 내외를 구분하여 비록 종부從父의 종족이라 하더라도 자제가 없으면 들어오지 못하도록 하였다. 남을 대할 적에는 용모는 더욱 단정하고 말은 더욱 간결히 하여 태만한 말을 하는 경우가 없었다. 여종이 시중들 때에는 감히 자질구레한 일을 말하지 않도록 하였으며, 또 감히 앞에서 버릇없이 말하지 않도록 하였고, 노복이 일을 받들어 할 적에는 모든 행동에 매우 법도가 있었다. 은혜가 위엄보다 앞섰고, 위엄이 항상 은혜로운 일을 만들어 명령이 문 밖으로 나가지 않아도 집안에서 교화의 도가 이루어졌다. 때문에 남편이 말하기를 "그대와 내가 친근한 이를 친근하게 여기고 법을 지키는 뜻을 잃지 않았소."라고 하셨으니, 아, 이는 부인의 덕택이다.

막내숙부 서하瑞夏 역시 말씀하시길 "뇌물을 거절하고, 남의 부탁을 거절하며, 관직을 바르게 하고, 가법을 삼가며, 곤궁한 사람을 구휼하고, 종족을 돈독히 하는 일 이 여섯 가지에서 형수의 훌륭한 점을 볼 수 있으니, 남편의 아름다운 덕을 드러낼 수 있었던 것이다."라고 하였다. 아, 이는 후세에 전할 만하다. 입언立言할 선생에게 고하니, 묘지명을 지어 붙여서 모든 여인들의 내범內範으로 삼기를 바라노라.

중후 행장[6)]

仲厚行狀

신군의 휘는 대익大翼, 자는 중후仲厚이다. 신씨申氏의 조상은 고려 태사太師 장절공壯節公으로, 모두 평산平山의 종족宗族이다. 평산平山은 지금 해서도海西道에 있는 군郡이다. 뒤에 십여 대를 내려가 문희공文僖公 개槩가 우리 세종世宗의 좌상左相이 되었다. 문희文僖의 증손曾孫 상鏛은 의정부議政府 좌찬성左贊成에 추증되었고, 시호는 문절공文節公이다. 유도儒道로써 조광조趙光祖와 서로 친하였다.

6) 이 글은 자신의 아우 신대익申大翼(1741~1762)에 대한 행장으로, 중후仲厚는 그의 자字이다.

죽을 때 관직은 이조 판서였다.

또 팔도도순변사八道都巡邊使 시호 충장공忠壯公 립砬, 의정부 영의정 평성부원군平城府院君 충익공忠翼公 경진景禛, 지돈녕부사 동성군東城君 충도공忠度公 경인景禋에 이르러 부자와 형제가 널리 공렬이 있어 선조宣祖와 인조仁祖의 시대에 드러났으니, 이분들이 신군의 선조이다.

조부께서는 염정恬正을 말미암아 권귀權貴에게 아첨하지 않으셨고, 선군께서는 실로 가업을 잘 이어 받들었으며, 태숙인太淑人 임씨任氏는 성균관 대사성 정珽의 여식으로 또한 현덕賢德이 있어, 종족의 모범이 되었다. 아들 넷을 낳았는데, 신군은 둘째이다.

타고난 자질이 뛰어나 겨우 말을 하면서부터 성품이 통달하여 깊은 생각이 많았다. 하늘을 가리켜 '큰집'이라 말하고, 집에 구멍이 나서 비가 스며드는 것을 아는가 물으니, '하늘이 구멍이 나서 비가 내린다.'라고 말했다. '구口' 자字를 배우고는 스스로 안석에다 '구口' 모양을 새겼다. '왈曰' 자字가 모양을 본뜬 것을 익숙하게 보고, 이윽고 '목目'자字와 '이耳'자字도 모양을 본뜬 글자라고 말하니, 장자長者가 기뻐하며 말하기를, "서경덕徐敬德의 이理이다."라고 하였다.

여러 자식들이 복이 없어 계유년에 선군先君을 여의고, 숙인淑人이 이어서 세상을 떠나셨으니, 신군의 나이 겨우 열 세 살이었고, 여러 아우는 더욱 어렸다. 이때를 당하여, 오늘날에 이를 수 있음을 스스로 생각지 못했다. 그러나 고생과 어려움을 잘 견뎌내어 결국 상喪을 치르면서도 온전할 수 있었던 것은 오직 서로 바로 잡아주는 형제가 있었기 때문이다. 그러나 피붙이를 잃어 가슴이 몹시 떨리고 아팠기에 신군은 곧 병이 들었다. 바닷가에 살아 의약醫藥은 다하고, 또 내가 신명神明에 죄가 많아 끝내 신군을 아우로 보호할 수가 없었다.

신군은 병이든 뒤로 비록 독서하여 섭렵함에 힘쓰지 못했으나, 문사文辭에는 뛰어난 재주가 있어 아는 자가 말하기를, "가지런하고 익숙하여 법도가 있고, 바탕은 윤택하고 화사하나 방탕하지 않다."라고 하였다.

형인 나 역시 고문古文에 뜻을 두었으나, 사람들에게 옳게 평가되는 경우는 적었다. 신군의 재주를 칭찬하면서 항상 스스로 그만 같지 못하다고 여겼다.

참을성이 강하여 어떤 일을 만나도 참착하고 안정되었으며 고락苦樂이 낯빛에 드러나지 않았다. 형을 섬김은 몹시 엄숙하여 평소에 반드시 그 말을 따랐고, 날마다 형을 위하여 이불과 속옷, 안석과 책상을 가지런하게 정리하고 물을 뿌리며 비질을 하였다.

형이 몹시 촉급한 가운데 독책을 하여 간혹 실정을 넘기도 하였으나 한 번도 스스로 말한 적이 없었다. 타인을 대할 적에는 묻지 않으면 말하지 않았고 말을 해도 간결했다. 처자處子처럼 서툴렀지만, 불선不善을 보면, 의義가 낯빛에 드러났다. 찾아온 향인鄕人 중에 위의, 법도, 언어가 제멋대로이고 실수가 많은 자가 있었는데, 형은 매번 숨기고 참았으나, 신군은 곧 말하기를, "삼가지 못하면 저 사람은 앞으로 이런 상태로 끝날 것이니, 꾸지람과 질책을 해야지 용서해주어서는 안됩니다."라고 하였다. 신군의 교계敎戒를 받은 벗들은 그 뒤로 징계된 경우가 많았다.

한번은 멀리 가서 돌아올 적에, 노자로 쓸 비용은 길에서 쓰고 그 나머지는 받지 않았다. 길 곁에 걸인이 연로한 나이에 남루한 옷차림을 하고 있는 것을 보고는 눈이 내리자, 자신의 옷을 벗어 그에게 입혔다. 그 뜻과 행실이 견고하여 비록 반드시 도에 다 들어맞지는 않았으나 끝내 구차함이 없었다.

영조 38년 임오년(1762) 2월 18일에 세상을 떠났으니, 나이 스물 둘이었다. 죽음에 이르러서도 정신은 끝내 혼란스럽지 않았다. 세상을 떠나기 전날 저녁에 사림과 노니는 모습이 평소와 같아 하나도 어긋나지 않았다. 달을 넘겨 3월 17일에, 강화부江華府 남쪽 30리 도장道藏의 언덕에 임시로 장사지냈다. 집에서 동쪽으로 약간 떨어진 거리에 있다. 비妃는 안씨安氏로, 순흥順興 사람이다. 부친은 종宗이며, 그 선조는 의정부 좌의정 현玹이다. 신군은 아들이 없으니, 형제의 아들 중 어진 자가 앞으로 신군의 제사를 주관하기를 기다리노라.

아, 우리 형제 네 사람 중에 대흡大翕이 벌써 타인의 후사가 되었기에 내가 의지하던 이는 유독 신군과 막내였다. 신군의 어짊을 듣고, 또 충분히 믿어 진실로 성취가 있기를 바라고, 이를 바탕으로 선군先君께 보답하기를 바라고 있었는데, 누가 신군을 이 지경에 이르게 한 것인가. 하늘이 나의 형체를 쪼개고 나의 몸을 해쳐 남은 생을 괴롭게 하려는 것인가.

신군이 병이 들었을 때에 일찍이 말하기를, "다행이 병이 나으면 인적이 거의 닿지 않는 깊은 산골짜기에 올라 10년 동안 글을 읽을 것입니다."라고 하였다. 뒤에 신군의 서록書簏을 뒤져 보았는데, 소지小紙에 '책을 지고 산에 갈 때 필요한 서적과 식량'이라고 적혀 있었으니, 훗날 산에 오를 채비를 다 하고 있었던 것이다. 아, 이것이 그의 뜻이니, 어찌 공연히 한 말이겠는가.

슬픈 마음은 문장으로 드러낼 수가 없고, 또 자잘한 마음이 정도를 넘쳐 상하게 할까 경계하여 '군자가 감추어진 것을 드러내고 아름다움을 이루어 주는 도道'에 징계함이 있기를 바란다.

이해 8월 29일 그믐에 형兄 대우大羽가 기록하노라.

조선 고 통훈대부 행 공조좌랑 이공 행장[7)]

朝鮮故通訓大夫行工曹佐郎李公行狀

선생先生은 종성宗姓으로, 휘는 정섭廷燮, 자는 계화季和이다. 선조대왕宣祖大王의 아홉 번째 아들은 경창군慶昌君 주珘이다. 경창군의 다음 후사後嗣는 양녕군陽寧君 경儆이다. 양녕군의 후사는 익풍군益豐君 속涑이다. 익풍군의 후사는 임원군林原君 표杓이니, 임원군이 실로 선생의 조부이다.

이보다 앞서 광해군 시절에 임해군臨海君 진珒이 화禍를 만나 집안이 전복되었는데, 장릉長陵[8)]께서 반정反正함에 이르러서, 원통함을 바루어 작위를 회복시켜주었고, 양녕군을 세워 그 제사를 주관하게 했다. 선생은 그로 인해 임해군의 족속이 되었다.

선생은 키가 크고 호리호리한 체격에 귀는 희고 이마는 훤칠하여 용의容儀와 풍범風範이 성대하고 위대하여 볼만하였다. 일찍부터 아주 뛰어나 고인古人을 기약하며 말하기를, "학문은 마음을 다스리기 위해서 하는 것이니, 마음을 다스리지 못한 체 외면을 다스리는 것은 바로 속된 학문이 타인을 속이고 스스

---

7) 이 글은 이정섭李廷燮(1688~1744)에 대한 행장이다. 자는 계화季和, 본관은 전주全州이다.
8) 장릉長陵 : 인조仁祖를 말한다.

로를 해치는 것이다. 그 피해가 배우지 않는 것보다 심하니, 반드시 지엽을 물리치고 근본에 힘쓰고자 한다."라고 하였다. 이에 조용히 모친께 아뢰기를, "선비가 벼슬하는 것은 나라를 다스리고 임금과 백성을 요순堯舜으로 만드는 것이 최상입니다. 그 다음은 가난한 집안 살림과 연로한 부모 때문이며, 그 다음은 공리功利를 숭상하는 것입니다. 지금 소자小子는 다행이도 공족公族의 남은 봉록 덕택에 맛있는 음식을 거른 적이 없으나, 성품이 본래 고고하고 담담하여 벼슬을 원하지 않고 또 지업志業을 펼치고자 합니다. 지금 세상을 어찌하겠습니까. 차라리 고인古人의 글을 읽어 조금이나마 남들을 넘어서고자 합니다."라고 하였다.

임원공은 이미 식견이 높고 트여 자제의 벼슬 진출에 신경을 쓰지 않았고, 조모 강릉 군부인江陵郡夫人 역시 영달을 마음에 두지 않았다. 선생은 마침내 뜻을 얻어 과거 공부를 그만 두고 도체道體에 침잠하였는데, 용의容儀와 법도法度를 신칙하여 지식은 날로 정미해지고 덕德은 날로 드러났다. 이에 아름다운 명성이 사림士林 사이에 가득했다. 경전經典에 밝고 행실이 닦은 것으로 인해 천거하려 하자, 선생이 달가워하지 않으면서, "배움을 진실하게 할 수 없는데, 이런 상대로 명성을 이룰 수가 있겠는가."라고 하였다. 일정한 규율을 벗어나 자신을 표방標榜 속에 가두지 않았으나, 행실을 단속하고 몸을 바루는 엄격함은 당세의 법도를 지키는 선비들이 미칠 수 있는 경지가 아니었다. 깨달음의 경지가 뛰어나고, 완호와 사색이 깊어 의리의 미묘함과 여러 가지 설의 차이를 세밀하게 나누어 맥락을 이해하였으며, 마디를 분해하고 작은 털끝까지 분석하였으나 장구章句의 사이에서 자르지는 않았다. 자집子集과 백가百家의 말을 다 말미암아 감식하고 재단하였으며, 음률과 기예에 이르러서도 역시 각기 자세히 탐구하였다. 마음이 움직이는 곳은 능숙하지 못한 것이 거의 없었으니, 선생처럼 타고난 높은 덕과 능력을 지닌 자가 아니고서는 궁구하고 연마하는 정밀한 공부는 또 학습으로 능숙히 할 수가 없다.

선생은 어릴 적에 세속의 시비를 모두 떨쳐버려 얽매이지 않는 것을 기뻐하여 틈나는 대로 유협遊俠한 소년들과 교유하였다. 이윽고 뜻을 세워 자신을 독려하여 오로지 정밀하게 독서를 하였는데, 문사文辭가 날로 더욱 진보했다. 거사居士 김창흡金昌翕이 선생의 시문詩文을 보고 말하기를, "참으로 기이한 재주이다."라고 하였다. 26세 되던 숙종肅宗 계사년(1713, 숙종39)에 사마 생원시司馬生員試에 합격하였다.

이보다 앞서 친척의 자제 중에 과거에 합격한 자가 합격자 발표 날에 스스로 합문에 이르러 특별히 기다렸다. 임금께서 술자리를 마련하고 많은 물품을 하사하였는데, 받는 자들이 모두 영예롭게 생각하였다. 그런데 선생은 홀로 옳지 않다고 여기며 "이것은 은혜 내려주기를 바라는 것이다."라고 하고 그 행사에 참석하지 않았다. 얼마 뒤에 재상宰相이 교대로 천거하여 내시교관과 익위사 부솔에 제수되었으나, 모두 나아가지 않았다.

금상今上9)께서 잠저潛邸 때부터 선생의 명성을 높게 여겼는데, 즉위하여 하교하시기를, "정섭廷燮은 기쁨과 슬픔을 함께한 인물이니, 은거하게 하는 것은 마땅하지 않다."라고 하셨다. 을묘년(1735, 영조11)에 원자元子가 탄생하여, 책례册禮가 이루어졌다. 궁료宮僚를 매우 가려 뽑았는데, 대신大臣이 선생에 대해 아뢰자, 임금께서 익위사 익찬 제수하였다. 그러자 선생이 "국가에 큰 경사가 있으니, 이것은 신하가 병을 아뢰는 날이 아니다."라고 하고 이에 임금의 명에 사은숙배를 하였다. 임금께서 기뻐하며 "정섭廷燮은 내가 불러들일 수 없는 사람인데, 원자가 그를 불러들였구나."라고 하였다. 얼마 뒤에 또 사직을 하고 다시 공조 좌랑, 진천 현감鎭川縣監에 제수되었으나 일어나지 못했다. 영조 20년 갑자년(1744) 모월某月 모일某日에 병으로 세상을 떠났으니, 향년 57세였다. 이듬해 정월正月 모갑某甲에 양주楊州 천마산天磨山 오리五里의 언덕에 장사지냈다. 저술에는 『저촌집樗村集』 4권이 있다.

선생은 문장이 간결하고 정백精白하여 일정한 틀에 구애되지 않아 편폭이 드넓었으며, 쓸데없는 내용을 제거하여 어구語句가 창달하였다. 시詩 역시 격이 높고 지취志趣가 원대하여 천년 후에 충분히 풍속을 징험할 만했다. 평소에 노래를 잘하여 때때로 호쾌하게 불렀으며, 비장하고 강개한 마음이 들면 풍운風韻이 넓고 장구했으니, 당세를 상심하고 나라를 근심하는 뜻을 스스로 의탁한 것이라 남들이 알 수 있는 경지가 아니었다.

9) 금상今上 : 영조英祖를 말한다.

자고로 고상한 선비는 대부분 길이 돌아오지 않았으니, 세상을 잊는데 과감했기 때문이다. 선생의 경우는 이와는 다르니, 선생이 벼슬하지 않은 것은 의리가 없는 것이 아니라, 세상을 경영하는 도구를 궤짝에 감추어 두어서였다. 나라와 조정에 필요한 인물이 되려고 했으나, 이미 주위를 둘러봄에 어긋나서 뜻에 부합하는 것이 없었으니, 선생이 세상에 대한 바람을 접은 것은 오래 전 일이다. 양 가죽 옷을 입고 못 가운데에서 낚시를 하는 것도 괜찮고, 생도를 모아 예악을 강론하는 것도 괜찮았다. 오직 고명하고 탁 트인 식견은 집안의 생계를 따지는데 있지 않았고, 또 세상에 명성이 나기를 바라지 않았다. 청렴하지만 무리를 떠나지 않았고, 고결한 성품을 지녔지만 세속을 끊지 않았으며, 빛을 머금었으나 광채는 어둡게 하여 마침내 집에서 늙어갔다. 아, 선생의 풍모를 듣고 흥기하는 사람은 반드시 백대百代의 뒤를 기다리지 않을 것이다. 동관彤管을 잡고 고사高士에게 전하니, 누가 감히 선생의 명성에 앞서겠는가.

부인 정씨鄭氏는 동래東萊 사람이니, 관찰사 시선是先이 그 부친이다. 증백조曾伯祖 태화太和는 영의정으로, 시호가 익헌공翼憲公이다. 부인은 선생을 섬길 적에 온화하고 순종하여 법도를 어긴 적이 없었다. 선생보다 12년 뒤에 69세의 수를 누리고 세상을 떠났다. 선생의 묘소 왼쪽에 합장을 하였다. 슬하에 3남 4녀를 두었다. 장남 육埥은 진사로 형조 정랑이다. 광垙은 남의 후사로 나아가 종사宗祀를 주관한다. 삼남은 곤坤이다. 장녀는 신오申昨에게 출가하였고, 차녀는 선前 승지 서명응徐命膺에게 출가하였다. 삼녀는 송익해宋翼海에게 출가하였고, 사녀는 지금 승문원 정자 김노진金魯鎭에게 출가하였다. 육埥의 아들 유간惟簡은 나와 잘 아는 사이이다. 일찍이 선생의 실제 행적을 기록한 글을 가지고 부탁하여 말하기를 "그대는 선생을 사모했던 자가 아닙니까."라고 하기에, 큰일을 차례로 서술하여 입언자立言者에게 고하노라.

영조 33년(1757) 12월 4일.

조선 고 통훈대부 부평도호부사 수원진관 병마동첨절제사 정공 행장[10]

朝鮮故通訓大夫富平都護府使水原鎭管兵馬同僉節制使鄭公行狀

증조 유성維城은 의정부 우의정이니, 추증된 시호가 충정공忠貞公이고, 조부祖父 상징尙徵은 성균관 진사로, 의정부 좌찬성에 추증되었으며, 부친 제두齊斗는 의정부 우찬성 겸 성균관 좨주이니, 추증된 시호는 문강공文康公이다.

공의 휘는 후일厚一, 자는 후지厚之이니, 그 선조는 경상도 영일현迎日縣 사람이다. 고려 때에 추밀원지주사 습명襲明이 있었는데, 엄격하고 강직하여 배척을 받았다. 손자는 몽주夢周로, 공양왕恭讓王을 보좌하였으며 조선이 들어서려하자 목숨을 바쳤다. 이분이 참으로 우리나라에 도학道學을 창도하여 태학太學에 제향 되었으며, 추증되어 문충공文忠公이란 시호가 내려졌다. 자손들이 오래도록 불우하여 뜻을 이루지 못하다가, 충정공忠貞公에 이르러 크게 드러났다. 충정공의 손자 제현齊賢이 또 공주公主를 아내로 맞이하여 인평도위寅平都尉에 봉해졌으며 문강선생文康先生 역시 유학儒學을 덕행德行으로 삼고 지위가 고경孤卿에 올라 세 조정에서 학자들의 스승이 되었다.

공은 어려서 가정에서 가르침을 받아 경전에 뛰어났으며, 단정하고 선량하며, 검약하고 삼가서 마치 행실에 부족함이 있어 두려워하는 듯하였다. 인평주寅平主가 과부가 되어 후사가 없었는데, 늘 공이 후사가 되어주기를 바라며 말하기를, "어찌하면 너 같은 사람을 얻어 아들로 삼을 수 있을까."라고 하였다. 문성공文成公 윤 선생尹先生[11]을 뵈니, 선생이 기뻐하며 말씀하기를, "이 사람이 그 세상에서 높여지지 않을 수가 없겠구나."라고 하셨다. 날마다 문강공의 곁에서 차 · 약 · 막걸리 · 단술 · 젓갈 · 고기 · 곡식 등의 음식 등 노인을 봉양하는 음식으로 모셨고, 자리를 정리하고 물을 뿌리며 비질하는 일까지 모두가 스스로 맡아하였는데, 마치 어린이이가 일하는 것처럼 하였다.

벼슬에 나아가는 것을 즐거워하지 않았는데, 숙종肅宗 32년(1706)에 처음으로

---

10) 이 글은 신대우의 장인인 정후일鄭厚一(1671~1741)에 대한 행장이다. 자는 후지厚之, 본관은 영일迎日이다.

11) 문성공文成公 윤 선생尹先生 : 윤증尹拯(1629~1714)을 말한다.

선공감 가관에 보임되었으며, 승진하여 의금부 도사를 역임하였다가 신계 현령新溪縣令이 되었다. 당시에 서도西道에 큰 기근이 들었는데, 그 고을이 더욱 심하여 열 집 가운데 세집도 온전하지 못했다. 공이 살피고는 장계狀啓를 올리고 직접 관찰사를 만나 창고를 열어 구휼할 것을 청하였는데, 허락하지 않았다. 이에 부임지로 따라온 손님과 권속들을 다 돌려보내고, 사비로 옷을 마련하였으며, 먹거리를 줄였고, 봉급에서 남은 것을 덜어주었다. 부족하면 큰 고을에 고하여 쌀을 꾸어다 주니, 떠돌던 백성들이 이로 인해 구제 되었다. 어떤 사람이 돌아가는 것만 못하다고 하자, 공이 말하기를, "일이 없을 때는 봉록을 타먹고 일이 있을 때는 떠난다면, 누가 내 편이 되어주겠소."라고 하였다. 관찰사가 듣고서 부끄럽게 여겨 이해 감영에 내는 조세를 절반가량 탕감해 주었다. 안성 군수安城郡守에 제수되었다가 다시 금천 군수金川郡守에 제수되었는데, 모두 부임하지 않았다.

영조 3년(1727)에, 가평 군수加平郡守가 되었다. 한해 남짓 있다가 임금께서 문강공에게 대사헌을 제수하였다. 이로 인해 후일厚一이 어떤 관직에 있는지 물었는데, "대사헌은 늙었고, 아들 한명이 먼 곳에 있으니, 그리워할 만합니다. 옮겨서 근읍近邑으로 오도록 하는 것이 옳습니다."라고 하니, 그 날로 고양 군수高陽郡守로 옮겨 임명하였다.

이에 앞서 고을에 장씨張氏 성을 가진 갑甲이라는 사람이 있었는데 몹시 포학했다. 그의 친족에 을乙이라는 이가 많은 이들의 노여움을 틈타 그를 찔러 죽였는데, 일이 발각될까 두려워 평소 자기와 마음이 맞지 않는 자의 칼을 훔쳐 증거로 삼아 스스로 고발하였다. 모두 그가 찔러 죽인 일을 다행스럽게 여겨 비록 가까운 자라 하더라도 을乙이 범인이라고 증명하는 이가 없어 옥사獄事가 10년을 채워가고 있었다. 공이 이르러 말하기를, "아, 이는 고발한 자가 찔러 죽인 것이다. 사람을 찔러 죽인 자가 먼저 찔러 죽일 도구를 생각했다면 어찌 네게 남겨 증거를 삼게 했겠느냐."라고 하고 을에게 곤장을 치니, 을이 과연 승복하여 죄를 인정하였다. 마침 이조와 병조에서 의론하여 연안 부사延安府使로 발탁하였으니, 공의 공적을 높이 평가한 것이다. 고을은 넓고 기름진데다 물고기와 소금이 생산되었다. 사방의 장사꾼이 날마다 모이며, 강화도와 경계가 되어 뱃길이 아침저녁으로 통하였다.

강화도는 공의 고향이었기에 더욱 기뻐하지 않으면서, 스스로 재주가 모자라 번화한 고을을 다스리기가 마땅하지 못하다는 정황을 극력하게 진술하고, 또 말하기를 "명주明珠와 억이薏苢같은 진귀한 물건을 뇌물로 받았다는 의혹을 받으면 혐의가 없다는 것을 누구와 증명할 수 있겠습니까."라고 하였다. 마침내 여전히 옛 고을에 머물다가 이윽고 사직하였다. 제용감 주부와 사재감 첨정을 역임하고, 외직으로 나가 부평도호부富平都護府를 다스렸다.

모두 전후로 네 번 고을을 맡았는데, 다스림은 옛 제도를 따라 폐단과 가혹함을 제거하니, 명성과 칭송이 멀리까지 퍼졌다. 항상 쓰이고 관리에 필요한 것은 크게 계획을 세워 한 번도 장부에 기록한 적이 없었다. 터럭만큼이라도 집안에 누를 끼치지 않았으며, 물건을 보내어 존귀하고 중요한 사람들에게 청탁을 하지 않았다. 그러나 종족 중에 곤궁하여 의지할 데가 없는 사람은 모두 집에서 도와주었다.

고을을 다스린 지 몇 개월 뒤에 내직으로 옮겨 사도시 주부, 군자감 판관, 장악원 첨정을 역임하였다. 영조 12년(1736) 봄에 원자元子를 책봉하면서 또한 선발되어 익위사 사어에 제수되었다. 이때에 문강공은 이미 대질大耋의 나이에 이르렀고, 공 역시 벼슬길에 염증을 느껴 오래도록 관직에 있는 것을 즐거워하지 않아 관직에 임명되면 늘 배명拜命만 할 뿐이었다. 그해 가을에 문강공의 상喪을 당하였다. 3년이 지난 뒤에 다시 사도시 주부가 되었고, 자리를 옮겨 종친부 전부, 상의원 첨정을 역임하였다. 영조 17년(1741) 3월 13일에 황화방皇華坊의 자택에서 세상을 떠났다.

공은 평소 거처할 때에 조정의 일과 다른 집의 잘잘못을 말하지 않았고, 옷은 화려한 것을 입지 않았으며, 음식은 진미珍味를 겸하지 않았다. 남들과 말할 때에 무척 너그러워 마치 해를 끼칠까 염려하였고, 생업을 경영하고 재화를 불리는 일에는 담담하였다. 문강공의 상喪에 궁중에서 부조를 하사하자, 단지 자용資用하여 장사지내고 제사를 지냈다. 역산曆算을 좋아하였으며, 몇 권의 저술이 있다. 향년 71세였다. 석 달을 넘겨 모갑자某甲子에 통진부通津府 옛 마을의 석정石井의 언덕에 장사지냈다. 이숙인李淑人의 묘소 오른쪽에 합장했다.

숙인淑人은 연안延安 사람이다. 부친은 부제학 단상端相이고, 조부는 대제학 명한明漢이며, 증조는 영의정 정귀廷龜이니, 3대가 명신名臣이다. 조상의 선업善業을 잇고 훌륭한 배필을 만나 그를 닮고 화합하였으니, 문강공이 몹시 마땅하게 여겼다. 공보다 18년 먼저 세상을 떠났다. 슬하에 1남 2녀를 두었다. 아들 지관志鈌은 지혜로웠으나 요절하였다. 장녀는 완산完山 이광명李匡明에게 출가하였고, 차녀는 경기도 관찰사 용인龍仁 이경호李景祜에게 출가하였다. 둘째부인은 전주全州 유춘양柳春陽의 딸로, 청렴한 관리인 대사헌 경창慶昌의 증손이며, 사옹원 첨정 향㽥의 손녀이다. 아들 한명과 딸 셋을 두었는데, 아들이 지윤志尹이다. 회진會津 임달호林達浩, 평주平州 신대우申大羽, 완산完山 이긍익李令翊은 사위이다. 지윤志尹은 선사善士인데 일찍 죽었다. 아들 술인述仁이 내가 공에 대해 익숙히 들어 안다는 이유로 청하기를, "제 조부의 일에 대해 잘 알지 못하고, 지금과는 너무 멀어서 후손이 받들어 모범으로 삼을 수가 없습니다."라고 하였다.

아, 이는 바로 공의 부탁으로, 내가 일찍이 허락하고서 아직 글을 짓지 못하였는데, 하물며 말이 더욱 슬픔에 있어서랴. 삼가 세계世系, 역관歷官, 사행事行을 전前과 같이 갖추어 입언자立言者가 그 불후함을 도모하기를 청하노라.

영조 41년(1765) 2월 12일에, 사위 신대우申大羽가 삼가 기록 하노라.

완구유집 권 9

행장行狀 2

이 선생 행장[1]
李先生行狀

선생은 이씨李氏로, 휘는 덕윤德胤, 자는 석여錫予이다. 그 선조는 호서湖西 전의全義 사람이다. 태사太師 도棹는 고려 태조를 도와 왕업을 이루었다. 대대로 높은 벼슬을 하였는데, 우리 세종世宗의 때에 이르러 효정공孝靖公 정간貞幹은 남다른 효행으로 드러나 국사國史에 실렸다. 북도 병마절도사 제신濟臣에 이르러 목릉穆陵[2]의 문무文武 명신名臣이 되었으니, 세상에서 '청강淸江'이라 일컫는다. 아들 휘 수준壽俊은 영흥대도호부사永興大都護府使를 역임하였는데, 지위가 그의 덕에 걸맞지 않았다. 세상을 떠나자 효자孝子로 정표旌表가 내려졌는데, 세상에서 '지범당志范堂'이라 일컫는다. 아들 휘 석기碩基는 형조 정랑으로, 역시 효행으로 이름이 났는데, 세상에서 '임곡林谷'이라 일컫는다. 이분이 선생의 고조이다. 증조 휘 행일行逸은 의금부 도사로, 후사後嗣가 없어 그 아우 정선 군수旌善郡守 행운行運의 아들인 휘 정겸廷謙을 세워 후사를 이었다. 벼슬은 참판에 이르렀으며, 훌륭한 명망이 드러났다. 이분이 성천도호부사成川都護府使를 역임한 휘 징성徵成을 낳았으니, 행의行誼와 풍범風範이 일세에 자자하였다. 이분이 선생의 부친이다.

선생의 품성과 자태는 온화하면서도 굳세었고, 기상은 단정하면서도 응결되었다. 배움은 충신忠信을 위주로 하고, 공부는 계신戒愼을 위주로 하였다. 선善을 행하면서 명성을 가까이 하지 않았으며, 일을 도모할 적에는 공을 염두에 두지 않았다. 부지런하고 착실하여 늙음이 다가오는 줄도 깨닫지 못하였다. 세간의 명성과 기호, 위엄과 우환은 모두 그의 마음을 움직여 그가 고수하던 바

1) 이 글은 이덕윤李德胤(1717~1791)에 대한 행장이다. 자는 석여錫予, 본관은 전의全義이다.
2) 목릉穆陵 : 선조宣祖의 묘호廟號이다.

를 흔들지 못했다. 그러므로 만년에는 더욱 깊이 도道에 나아가 온후하고 인자하였으며 환하게 빛이 나서 비록 아랫사람이라 하더라도 우러러보고 공경할 줄을 알았다.

평소에는 세상을 근심하는 마음이 있었지만, 세상을 근심하는 말을 하지 않았다. 겉으로 화를 내는 말과 성내는 낯빛을 하지 않았으나, 가정 안이 화목하고 잘 다스려졌다. 인륜을 애호하고 후배들을 이끌고 밀어주어, 만일 거론할 말이 있으면 비록 그 일이 아주 자잘한 것이라 하더라도 반드시 그를 위해 기꺼이 말해주어, 선한 일을 선하게 여기며 반드시 격려해주었다. 그래서 사람들 역시 스스로 권면하기를 즐기고, 보고 듣고 느낀 것에 감화되었다. 비록 자리를 마련하여 학생들을 가르치지는 않았지만, 선생의 공리功利가 멀리까지 남들에게 미쳤다.

횡액이 닥치거나 곤란한 걱정거리가 있어 늘 사람들이 생각할 수 없고 감당할 수도 없을 만큼 많았지만, 선생께서는 태연하게 대처하며 하늘을 탓하거나 남을 원망하지 않았을 뿐 아니라, 자신을 자책하고 허물을 따져 마치 진실로 두려워하고 반성하는 실제가 있는 듯하였다. 아! 옛날의 이른바 '천리에 순응하여 개인적인 사심을 두지 않는다'라는 말을 선생의 행실에서 볼 수 있다.

선생은 젊어서 쾌주 심육沈錥 선생에게 수학하였다. 선생의 문하에는 당시 뛰어난 선비들이 많았지만 무거운 책임감과 질박한 행실 면에서는 사람들마다 자신이 선생만 못하다고 여겼다. 부모님의 뜻을 받들고 봉양하는 데 지극하였고, 전후로 두 차례 상喪을 치르면서 아무리 춥거나 더운 날씨에도 상복을 벗은 적이 없고, 처음 상을 당했을 때처럼 아침저녁으로 통곡을 하였다. 그러나 삼가 예법대로 따라서 결코 중도에 지나쳐 지속할 수 없는 도道는 행하지 않았다. 봄가을 제사와 기일이 다가오면 먼저 사당을 청소하고 집안을 정리하였으며, 제기와 자리를 직접 정돈하였다. 반드시 재복齊服과 제복祭服을 갖추었으며, 집에 있는 사계절의 옷도 제사가 다가오면 노복에게 주어 빨게 하였다. 제삿날에 선생은 종일토록 마루 위에 꼿꼿하게 앉아있으면서, 마루 위에서 할 일은 마루 위에서 하도록 시키고, 마당에서 할 일은 마당에서 하도록 시켰는데, 편안하면서도 질서를 갖추어 여러 제사 음식을 올렸다. 제사 음식은 계절에 따라 새로운 것을 올렸는데, 정갈하게 하는데 힘쓰고 풍성하게 마련하지는 않았다. 술잔을 올릴 때에는 돌아가신 분의 모습이 눈에 어른거리고 목소리가 귀에 맴도는 듯하였고, 즐기시던 것도 마음속에 생각나 조심조심 경건하게 하였는데, 갑자기 모습과 목소리가 사라지는 것 같았다.

양주楊州의 내동柰洞은 선생의 선영이 있는 곳이다. 묘 아래에 좋은 밭 몇 이랑이 있었는데, 해마다 지키는 노비에게 경작하여 수확하게 하여 제사의 이름을 차례대로 기록해서 제사 때가 되면 들이도록 하여 제수로 올렸다. 밭에 심은 좋은 종자는 대대로 전하였으니, 양양襄陽의 세도細稻와 같은 따위이다. 지키는 노비들이 교화에 감복하여 충직하고 근면하였으며, 직접 감독하지 않는다고 해서 정성을 다하지 않는 경우가 없다. 대추, 밤, 사과, 배 등의 과일 역시 좋은 품종이 많아 과수원과 밭에다 심었는데, 일 년 제사에 써도 모자라지 않았다. 일 년 중에 묘사墓舍에 머무는 날이 많았고 심하게 아프지 않으면 아침마다 묘소에 가서 절을 올렸는데, 집에서 사당에 절을 올리는 것처럼 하였다.

모친의 기일이 섣달그믐 하루 전인데 제사를 마친 뒤에는 늘 묘소에 가서 제사 지냈다. 묘지의 넓이는 가로 세로 수 십 걸음 정도 되었으며, 깨끗한 모래를 깔고 호미로 잡풀을 뽑고, 묘역에 심은 나무를 눈으로 기억하고 이름도 잘 알고 있었다. 봄이 온 뒤에야 나뭇잎을 긁어모으는 것을 허락하였기 때문에 나무들이 나날이 무성하게 잘 자랐다. 골짜기에 들어서면 푸른 노송나무와 푸른 소나무가 언덕을 가득 채웠으며, 단풍나무, 참나무, 뽕나무, 버드나무가 길 양쪽에서 둘러 가렸으며, 등나무와 칡덩굴이 휘감아 올라가고, 그윽한 곳에서 새소리가 화답하였다. 묘사墓舍 뒤편에 작은 언덕이 있는데, 여기에서 삼각산과 도봉산을 바라보면 마치 보기 좋게 담아 놓은 떡처럼 보였는데, 선생이 이 풍경을 좋아하여 지팡이를 짚고 올라 공자孔子가 제자들을 데리고 기수沂水에서 목욕하고 시원하게 바람을 쐬는 기분을 느꼈다.[3] 노비들이 나이가 들면

3) 공자孔子가……느꼈다 : 『논어論語』 「선진先進」에 공자가 증점曾點에게 장래 포부를 물어보자 "기수에서 목욕하고 무우에서 바람을 쐰 뒤 노래하며 돌아오겠다.[浴乎沂, 風乎舞雩, 詠而歸.]"라고 대답한 내용이 보인다.

힘든 부역을 면제시키고 양식을 보내주었으며, 죽으면 선영으로 가는 길에다 장사를 지내주었다. 열심히 일하던 노비들은 제사를 지내주었으며, 노새와 말에게도 햇볕을 가리는 장막을 쳐주었다.

궁핍한 마을에 사는 먼 친척이 자기 집처럼 의지하였고, 아침저녁으로 식사를 마련하면서 손님 몫을 마련해두지 않는 경우가 적었다. 집안에 과거를 보러 가는 사람이 없었는데, 과거 때가 되면 책을 등에 지고 시험을 보러 가는 사람이 수십 명이나 되었다. 선생의 종조형從祖兄 연기군燕岐君은 순박하고 예스러운 군자이다. 어려서 고아가 되어 의지할 곳이 없자, 부친께서 그 형제를 거두어 친자식처럼 길러주었다. 선생도 부친을 이어 이 형제를 돌봐주었는데, 은혜가 더욱 깊었다. 같이 있을 때에는 반드시 아랫목에 함께 앉고, 밥 먹을 때에도 겸상을 하여 마치 사마광司馬光이 그의 형님 사마단司馬旦을 모셨던 것처럼 칠십 평생을 우애 있게 함께 살았다. 집안의 어른과 아이, 남녀가 겨우 열 식구였는데, 똑똑하거나 어리석거나 재주가 있거나 없거나 모두 달랐으나, 혼인, 장례, 제사 등은 모두 선생의 말씀대로 따랐고 전후로 아무런 유감이 없었다.

서족庶族으로, 부친의 초상에 와서 열심히 일했던 사람이 마침 먼 곳에서 세상을 떠났는데, 아주 추운 겨울이었다. 선생이 소식을 듣고는 직접 그곳으로 가서 돌아가신 부친의 옷으로 염을 해주고, 그곳에 머물며 장례를 치러주었다. 호남사람 송생宋生이 부친이 관직에 있을 때 따라와서 객으로 머물다가 끝내 성천부成川府 관아에서 세상을 떠났다. 그의 아들이 어려서 장례를 치르지 못하자 내동柰洞 옆 골짜기에 임시로 묻어주었다. 아들도 죽어서 고향으로 반장返葬을 할 수 없게 되자, 선생이 불쌍히 여겨 묘소에 제사를 지내주었다. 지금까지도 명절 때가 되면 제수음식을 보내니, 이름 하여 '송묘병반미宋墓餠飯米'라고 한다.

선생은 숙종 43년(1717)에 태어났다. 영조49년(1773)에 선공감 감역관에 보임되었는데, 제수되자마자 질병으로 인해 사직하였다. 정조 14년(1790)에 나라의 경사로 인해 통정대부로 품계가 오르고 첨지중추부사에 제수되었다. 이듬해 6월 30일에 집에서 세상을 떠났으니, 향년 75세였다. 4개월 뒤 병술일丙戌日에 내동柰洞 묘사墓舍의 왼쪽 언덕에 장사지냈다.

부인은 청송 심씨靑松沈氏로, 영조 연간의 명신 영의정 심수현沈壽賢의 딸이자, 심육 선생의 막내 여동생이다. 훌륭한 조상을 본받고 좋은 배필을 만나 인척姻戚이 그 덕성에 귀의하였다. 슬하에 2남 2녀를 두었다. 큰 아들 숭배崇培는 학행이 뛰어나 선비들이 존중하였는데, 아들은 없고 딸 둘을 두어 집안 아우의 아들 진회晉會를 양자로 들였다. 정언 신현申絢과 사인士人 심영지沈永之가 사위이다. 둘째 아들 준배峻培도 공부에 뜻을 두었으나 불행히 일찍 세상을 떠났다. 측실 소생 아들 둘을 두었는데, 천회千會와 증회曾會이다. 맏딸은 승지 조영진趙英鎭에게 출가하여 아들 운명雲明을 두었고, 둘째 딸은 사인士人 최수홍崔粹弘에게 출가하였다.

아, 외면을 좇는 풍조가 생긴 뒤로 세상에는 진정한 선비가 사라졌다. 문장만을 공부하는 자는 의리는 보잘 것 없고 말만 번드르하며, 의론만을 숭상하는 자는 갑논을박 하는 데에만 힘쓴다. 그 폐단은 끝내 선비들의 풍습을 무너뜨리고 풍속을 변하게 하였으니, 이는 학문을 제대로 하지 못하는 자들의 과실이다. 오직 선생만이 탁월하여 먼저 큰 뜻을 세우고, '전내실기專內實己'의 학문에 종사하여 말은 경전經傳의 가르침에서 벗어나지 않고, 행동은 인륜에서 벗어나지 않았으니, 일상의 말과 행동을 한마디로 말한다면 '진실무위眞實無僞'이다. 홀로 실천하고 굳은 절개를 지켜 한 가닥 남은 사문斯文을 부지하였다. 삶에는 운수가 있고 죽음에는 명命이 있으니, 부귀와 곤액이 사람을 놀라게 하지만, 세상의 영화와 곤욕은 선생을 평가할 수 있는 잣대가 되기에는 부족하다.

나는 약관의 나이에 선생을 따라 배웠는데, 얕은 곳에서 말미암아 깊은 곳으로 나아가게 하였으며, 큰 의리에 나아가 세밀한 이치를 가르쳐주셨다. 마치 좋은 술에 취한듯하여 결국에는 스승으로 모셨다. 아주 가까이에서 모시면서 자세히 보고 들었으니, 어찌 그러기를 바라서 그렇게 된 것이겠는가. 기억하기로 선생께서 일찍이 둘째 아들 준배의 묘지명을 나에게 부탁하면서 경계하기를 "묘지명을 지으면서 행동을 과장되게 기록하거나 글을 높이 평가하는 경우가 있는데, 죽은 사람이 모를 것이라고 생각지 말라."라고 하셨다. 묘지명을 써달라는 부탁을 받고 머뭇거리다가 지금까지 글을 짓지 못하였다. 지금 선생의 행장行狀을 지으면서 나도 모르게 걱정되고 두렵기도 하니, 한 마디라도 평소 겸손하셨던 선생의 지극한 뜻을 상하지 않을까 염려가 된다. 삼가 위와 같이 차례대로 기술하고 나중에 입언立言하는 사람의 선택을 기다린다.

정조正祖 20년(1796) 6월 어느 날에 평주平州 신대우申大羽는 삼가 기록한다.

정경부인 양주 조씨 행장[4]

貞敬夫人楊州趙氏行狀

정경부인 조씨는 본관이 양주楊州로, 영중추부사 문강공文剛公 말생末生의 후손이다. 고조부 존성存性은 지돈녕부사를 역임하였으며, 시호가 소민공昭敏公이다. 증조부 계원啓遠은 형조 판서를 역임하였으며, 시호가 충정공忠靖公이다. 조부 가석嘉錫은 이조 참의와 지제교를 역임하였다. 부친 태만泰萬은 세제 익위사 시직을 역임하였으며, 훌륭한 선비였다. 역신逆臣이 정권을 잡았을 때에 여러 사람들 앞에서 자신의 자리를 불태웠는데, 이로 인해 불우한 삶을 살았다. 금상今上[5])이 즉위한 뒤에 특별히 이조 참의에 추증되었다. 지충추부사 임홍망任弘望의 따님에게 장가들어 부인을 낳았다. 부인은 어려서부터 남다른 행실이 있어 노닐 때의 언행이 세속의 여자 아이들과는 달랐다. 시직군은 평소 감식안이 있다고 일컬어졌는데, 탄식하여 말하기를 "사내로 태어났어야 하는데 계집아이로 태어났구나."라고 하였으니, 조씨 문중이 쇠퇴할 줄을 미리 알았던 것이다.

열여섯의 나이에 지금의 원임 예조 판서 심성진沈星鎭 공에게 출가하였다. 공은 청송 심씨青松沈氏로, 사간원 대사간 준埈의 아들이다. 부인은 시집을 간 뒤에 더욱 삼가고 조심하여 시부모를 모시고 동서들과 지내면서 조그만 실수도 저지르는 일이 없었는데, 시부모가 매우 옳게 여겼으며, 내외의 친척들이 번갈아 가며 칭찬하였다. 이듬해에 남주南州의 관아로 시아버지를 찾아뵈었는데, 돌아오는 길에 진위振威[6]의 여관에 묵었다. 한 밤중에 갑자기 도적이 나타

4) 이 글은 심성진沈星鎭의 아내 조씨趙氏(1697~1767)에 대한 행장이다.

5) 금상今上 : 영조英祖를 말한다.

났다는 경보가 있자, 온 고을이 크게 놀랐다. 모시던 아랫사람들이 모두 겁에 질려 피하자고 하였다. 그러자 부인이 침착하게 말하기를 "도적이 왔다면 반드시 가능한 상황을 보고 행동을 취할 것이다. 이미 가진 것이 없는데다 관아가 지척에 있으니 감히 함부로 행동하겠느냐?"라고 하였다. 얼마 뒤에 과연 상황이 평정되었다. 시아버지가 한번은 인편에 백금百金을 보내어 공이 세 들어 살 집의 밑천을 보냈는데, 고을에 사는 여종의 남편이 부인의 외가 집안 노비였다. 하루는 언서諺書를 조작하여 돈을 관리하는 자에게 주어 이익을 볼 수 있다고 속여서 그 돈을 가지고 도망을 쳤는데, 밭문서를 가지고 담보로 삼았다. 이는 밭이 주인의 집 가까이에 있어서 탈취당하여 빼앗길까 염려했기 때문이다. 노비의 주인이 그 사실을 알고는 노비가 밭을 매입할 당시 문서를 건넨 것을 말하며 계속해서 돌려 달라고 청하였다. 부인이 말하기를 "문서를 준 사람이 밭을 소유할 수 있습니까? 그러나 돈독하고 화합하는 아름다움을 제가 어찌 한 귀퉁이의 집으로 넓힐 수 있겠습니까?"라고 하고 그 문서를 돌려주었다. 시아버지가 몹시 기뻐하며 말하기를 "어찌 젊은 아녀자가 할 수 있는 일이겠는가!"라고 하였고, 공 역시 마음으로 존중하며 일이 있을 때마다 자문을 구하였다.

공이 조정에 나아가자, 부인이 말하기를 "붕당은 득실을 걱정하는 데에서 일어나지만, 전복이 뒤따릅니다. 삶과 죽음은 사람에게 있어 큰 문제입니다."라고 하였다. 공이 어떤 죽음을 말하는지 묻자, 부인이 말하기를 "당파를 위해 죽는 것은 군자에게 부끄러운 일이 아니겠습니까."라고 하였다. 공이 여러 차례 이조吏曹의 인사에 참여하였으나, 한 번도 인물을 추천하는 일에 간여하지 않고 말하기를 "내부에 이끌려 분란을 일으키지 않는 자는 없으니, 번읍藩邑을 살펴보아도 역시 그렇다. 작록이 높아지고 낮아지는 것은 모두 운명이라고 말하니, 원해서 얻을 수 있는 것이 아니다. 만일 원해서 얻을 수 있다면 하늘을 어겨 상서롭지 못하니, 나는 상서롭지 못한 것으로 군자를 섬길 수 있는지 모르겠다."라고 하였다. 아, 대방大防이 한번 무너져 사대부의 명절名節이 땅을 훑은 듯 사라졌는데, 유독 공만은 올곧은 기개로 자신을 지켜 당시의 명신名臣이

6) 진위振威 : 현재의 경기도 평택을 말한다.

되었고, 부인은 일을 따라 바로잡고 도와 항상 의義에 부합하는 것이 대부분 이와 같았다. 한번은 스스로 신칙하며 말하기를 "부인의 몸가짐은 장부丈夫와 같아서는 안 된다."라고 하고 모든 자리와 유람에는 절대 나아가지 않았다. 이언俚諺과 패설稗說은 사특하고 음란하며 속임수와 관계되고, 『주역周易』은 사람의 뜻과 생각을 바꾸어 볼 대상이 아니라고 여겼다. 손수 『소학小學』과 『여계女誡』 등의 책을 베껴 써서 겨를이 있을 때 펼쳐보고는 짐작하여 어긋나는 행동을 하지 않았다. 근래 풍속에 여인들이 다투어 사치를 숭상하여 자신의 몸을 꾸미는데 천만금이 들이는 짓은 오랫동안 장수와 복을 누리는 방도가 아니라고 생각하였다. 말년에 이르러 나이가 들고 귀해졌다고 할 만한데도 거친 비단옷을 빨고 깁어서 깨끗하게만 할 뿐이었다. 평상시에는 새벽에 머리싸개와 비녀를 매만지고 방과 문턱 사이에 화장 상자를 두어 단정한 차림으로 앉아 있었는데 문을 지나면 고요해 사람이 없는 듯하였다.

언사는 간략하고 엄중하면서도 화평함에 의지하였으며, 식견과 견해는 명철하면서도 좋고 나쁨에 경계가 있었다. 남의 선행을 들으면 자세히 살펴 전하여 외웠으며, 남의 과오를 보면 깊이 덮어 주지 못할까 염려 하였다. 역대의 연혁과 인물, 국조國朝의 대사, 다른 집안의 족보에 대해 아는 것이 많았으나, 남이 물으면 기억하지 못하는 것처럼 하였다. 친척과 이웃 가운데 죽은 자의 생일이나 혼례 및 초상에는 그 날짜를 자세히 기억하여 기일이 되면 안부를 물었고, 선조의 제사 때가 되면 관계가 먼 조상이라도 소식素食을 하였다. 상복을 입을 도리가 있는 사촌 형제나 일가의 경우에는 비록 만난 적이 없는 사람이라 하더라도 죽었다는 소식을 듣고서는 고기를 먹지 않았다. 비록 친정의 손아랫사람이 방문하면 반드시 궤석几席을 바로 하고 앉았으며, 옆에서 모시는 자가 비록 나이가 어리더라도 조금 높여 대우해주고 당 아래로 내려가 맞이하고 전송하였다. 끼니를 해결하려고 찾아오는 먼 친척과 고을 사람이 늘 집에 가득했는데, 모두 신경 써서 대접해 주었다. 시아버지와 시할아버지에게 모두 첩이 있었는데, 뜻을 다해 받들어 죽을 때까지 이간하는 말이 없었다. 자신은 겨울에 춥게 지내거나 저녁밥을 못 먹는 경우가 있어도 공을 위한 의복이나 음식은 모두 절기에 맞게 하였다. 공이 출타를 하거나 집에 돌아오면 반드시 안부를 물었으며, 공이 사사로이 모임에 나갔을 때는 비록 한밤중이라도 촛불을 밝히고 귀가할 때까지 기다렸다. 크고 작은 일에 항상 분부를 청하였고, 선물을 보내 온 경우에도 반드시 가부를 물은 뒤에 받았다. 공이 외직에 나가 있을 때는 털끝만한 것이라도 감히 관청의 물건을 취하지 않았다. 관서關西의 영유현永柔縣에 있을 때에 이름 있는 실내室內가 말하기를 "돈을 관리하는 자가 날마다 백전을 배당할 수 있습니다."라고 하고, 민고民庫에서 돈을 들여왔다. 실내室內는 방언으로 수령의 처를 일컫는 말이다. 그러자 사양하여 받지 않으며 말하기를 "가령 고사가 있다고 하더라도 민고民庫가 실내와 무슨 상관이 있다고 감히 그대가 함부로 취한단 말인가."라고 하였다. 공이 강원도 관찰사로 있을 때에 봉록을 갖다 주려고 하자, 말하기를 "조정에서 저에게 2품의 봉록을 받는 반열을 준 것은 이중으로 관직의 봉록을 받도록 하기 위해서가 아닙니다."라고 하였다.

상국相國 정휘량鄭翬良의 부인은 부인의 동생으로, 늘 섬기기를 모친처럼 하였다. 시절이 되면 옷을 갖춰 보내 주었는데, 가볍고 따뜻한 옷을 보고는 "내가 어릴 적에는 가난하여 이런 옷으로 부모를 섬기지 못했으니, 감히 입을 수가 없다."라고 하였다. 친정의 자제들이 노비를 나누어 보내주면 "많지 않은 재산을 형제들이 나누어 가지면 앞으로 무엇으로 선대의 제사를 받들고 식솔을 거느린단 말인가."라고 하였다. 채소와 소금을 팔러 오는 자에게 부엌일을 보는 하인이 더 달라고 하면 "저 사람은 남의 도움을 받아 사는 자이니, 그럴 것 없다."라고 하였다.

공은 재물에 소탈하고 베푸는 것을 좋아해 재산을 불리는 일에 관여하지 않았는데, 부인은 아침저녁으로 부지런히 힘써 결국 재산의 유무로 인해 공을 욕되게 하지 않았다. 공에게 의지해 시집장가를 간 사람이 십여 명이어서 화장도구와 같은 것은 공이 미처 마련해 주지 못했으나 부인이 모두 챙겨주었다. 50년 동안 가난한 집안 살림을 하면서 돈을 빌리거나 구걸하는 일이 없었으니, 남들이 하기 어려운 일이라고 하였다. 금상今上 43년(1767, 영조43) 윤 7월 8일에 반석방盤石坊[7] 자택에서 세상을 떠났으니, 향년 71세였다.

---

7) 반석방盤石坊 : 서울 서대문에 있던 행정 구역의 명칭이다.

죽음을 앞두고 돌아보며 말하기를 "군자의 아내가 되어 백수를 누렸다. 직접 낳은 아들은 없으나 효성스러운 양자가 있고, 일흔 살이 넘도록 살았으니, 더 이상 무슨 유감이 있겠는가."라고 하였으니, 모두 정중하고 중도에 맞는 마음에서 나온 말이다. 종족에게 노비를 나누어 주고 죽을 때에는 정신과 기운이 편안하였다. 3개월이 지난 뒤 30일에 경기 광주廣州 쌍령雙嶺의 언덕에 장사지냈다. 부인은 아들 한 명을 두었는데, 일찍 죽어서 친척의 아들 흥운興雲을 양자로 들였다. 장례를 치르고 난 뒤에 공이 나에게 부인의 행장을 지어달라고 하였다. 아, 아름다운 덕과 분명한 행실을 갖춘 부인은 반드시 동관彤管[8]에 기록하여 법도를 밝게 드리우는 법이니, 검소함을 숭상한 유공작柳公綽의 부인[9]과 예법을 지켰던 신국부인申國夫人[10]과 같은 인물이다. 부인은 그들의 아름다운 행실에 견주어도 거의 부끄러움이 없을 것이다. 삼가 위와 같이 차례로 적어 입언立言하는 사람에게 알려준다.

이 해 12월 8일에 평주平州 신대우申大羽는 기록하노라.

고 포천 현감 신공 행장[11]
故抱川縣監申公行狀

공의 휘는 영暎, 자는 휘보輝甫이다. 처음의 휘는 위暐이다. 공은 공조 참판 휘 광하光夏의 아들이며, 사복시 첨정 증 이조 판서 휘 환瓛의 손자이며, 장무공莊武公의 시호가 내려진 판중추부사 휘 여철汝哲의 증손이며, 충익공忠翼公의 시호가 내려진 영의정 평성부원군 휘 경진景禛의 5세손이다. 모친 이씨李氏

---

8) 동관彤管 : 훌륭한 여인에 대한 기록을 가리킨다. 동관은 옛날 여사女史가 궁중에서 정령政令과 후비后妃의 일을 기록할 때 쓰던 붉은 대통의 붓이다. 『詩經』「邶風 靜女」

9) 검소함을……부인 : 당唐나라 하동 절도사河東節度使 유공작柳公綽의 부인 한씨韓氏를 말한다. 그는 엄숙하고 검소한 가법家法을 지킨 것으로 유명하다. 『小學』「善行」

10) 신국부인申國夫人 : 송나라의 명신인 여희철呂希哲의 어머니로, 참정參政 노종도魯宗道의 딸인데, 성품이 엄하고 법도가 있어 아들을 심히 사랑하였으나, 모든 일을 반드시 예법을 따르도록 엄격하게 가르쳤다. 『伊洛淵源錄』

11) 이 글은 신영申暎(1717~1784)에 대한 행장이다. 자는 휘보輝甫, 본관은 평산平山이다.

는 대원군大院君의 후손으로, 그의 부친은 성균관 진사 철澈이다.

평산 신씨의 시조는 고려 태사 장절공壯節公 신숭겸申崇謙이며, 조선에서는 좌의정을 역임한 문희공文僖公 휘 개槩, 이조 판서 문절공文節公 휘 상鏛, 한성부 판윤 팔도도순변사 충장공 휘 립砬이 더욱 명성과 덕을 드러내었다. 판윤은 충익공의 생부生父이고, 충익공의 막내아우가 동성군 충도공 휘 경인景禋인데, 아들이 없어 돈녕부 도정을 역임하고 영의정 평원군에 추증된 충익공의 둘째아들 휘 해垓를 양자로 들였으니, 이분이 장무공의 부친이다. 숙종 43년 정유년(1717)에 공을 낳았다.

공은 약관의 나이에 참판공의 상喪을 당하였다. 영조 32년 병자년(1756)에 사마 생원시에 합격하였다. 14년 뒤 기축년(1769, 영조45)에 장릉참봉章陵參奉에 보임되었다. 전례대로 선공감 봉사로 자리를 옮겼으며, 곧이어 관을 만드는 일을 감독한 노고로 승진하였다. 그 해에 의금부 도사로 전직하여 귀후서 별제, 사옹원 주부, 형조 정랑을 역임하였다. 이듬해에 경기지역의 포천 현감抱川縣監으로 나갔고, 또 4년 뒤에는 자리를 옮겨 호서湖西의 석성 현감石城縣監에 제수되었는데, 작은 일에 연루되어 파직되었다. 얼마 후에 대부인大夫人이 세상을 떠났고, 공 역시 다시는 벼슬길에 나가지 않았다. 정조正祖 8년(1784) 12월 신축일에 한양 수진방壽進坊 송현松峴 옛집에서 세상을 떠났으니, 향년 68세였다. 이듬해 3월 경인일에 양주楊州 망우리忘憂里 신좌辰坐의 선영에 장례를 치렀다. 숙인淑人 이씨李氏를 이미 그 곳에 장사지냈기에 묘소의 우측을 파서 합장하였다.

공은 일찍 부친을 여의였기에 대부인을 섬기며 간절하고 독실하게 효성을 다하여 대부인이 원하는 일이면 비록 힘이 미치지 못하더라도 곡진하게 받들었다. 뜻을 두고서 미련을 버리지 않은 경우에는 역시 살펴 헤아려서 반드시 마음을 기쁘게 해드리고 나서야 그만두었다. 대부인의 연세가 팔십이 넘어 즐거움과 노여움이 한결같지 않았지만, 일마다 뜻에 순종하지 않는 경우가 없었으며, 말과 얼굴빛에 늘 기쁜 기색을 드러내었다. 대부인이 불편한 기미가 있으면 아이처럼 돌봐드렸으며, 이빨을 보이며 웃지 않거나 신나게 걷지 않는데 그칠 뿐만이 아니었다. 이 때문에 온 집안이 화목하여 한 가지 어긋나는 일도 자득하지 않는 경우가 없었다. 사람들을 이로 인해 공이 효도를 잘 실천하였고, 효성으로 그 집안을 다스렸음을 알았다.

남을 대할 적에는 과시하는 척을 하지 않았으며, 처신할 때에는 억지로 꾸며대는 일이 없었다. 세상에서 허황된 화려함과 겉꾸밈을 일삼으며 남들의 이목을 끌려고 하는 자들은 모두 공의 마음을 움직이기에 부족하였다. 그러므로 일하는 사이에 미루어 실천한 것이 안팎으로 평탄하고 정직하였으며, 관소官所의 서재에서 집안사람이나 자제들에게 말을 할 적에는 입 밖에 내지 못할 것이 없었다. 제사에 삼가며 종족과 화목하게 지냈다. 자질과 성품이 충실하였으며, 질박함이 넘치고 꾸밈이 적었다. 평소에 항상 일정한 곳에 앉거나 누웠으며, 궤안几案은 정해진 위치가 있었다. 모든 일에 출입을 옮기는 것을 달갑게 여기지 않으며 말하기를 "나는 세속에서 말하는 변통變通이 무엇인지 알 수가 없다."라고 하였으며, 일의 크고 작음에 관계없이 고수하는 일을 이루지 못할까 근심하면서 다른 일에는 신경을 쓰지 않았다. 어린 나이에 집안을 계승하였고 아들이 많았는데 비록 지극히 쇄미한 일이라 하더라도 선조들이 남긴 법도를 따르지 않은 적이 없었다. 또 맡아서 지키는데 삼가고 함부로 낭비하는 것을 근심하여 일상생활에 쓰이는 기물 따위에 이르러서도 부서지거나 파손된 것을 고쳐 쓰고 새로운 물품을 구비하는 경우가 적었다. 남은 종이와 광목도 역시 모두 길이를 헤아려 갑자기 잘라 버리는 경우가 없었으며, 결국에는 반드시 각기 쓰임에 따라 사용하였다. 삼대三代의 비갈碑碣을 세울 적에는 조금씩 쌓아 이루는 공을 들여 차례대로 잘 완성하였다. 공은 예전에 글씨에 그다지 공력을 들이지 않았으나 이때에 이르러 고법古法을 임모臨摸하여 직접 글씨를 썼는데, 모두 단정하게 쓴 해서楷書로 볼만했다.

관직에 있을 때에는 반드시 정성을 다하였으니, 예컨대 능참봉으로 숙직을 할 적에 자신의 편의를 위해 규율을 바꾸는 자가 있었는데, 공은 반드시 삼가고 부지런히 하여 한 번도 정해진 기일을 어긴 적이 없었다. 백성을 다스릴 적에는 오직 소박하고 성실하며 거짓이 없도록 힘쓰며 말하기를 "나에게 존재하는 것을 다할 뿐이니, 재주가 미치지 못하는 일과 견식이 이르지 못하는 것은 비록 고인이라도 어찌할 수가 없다. 어찌 억측하여 명철하다고 하고 자랑하는 것을 능력이 있다고 하겠는가."라고 하였다.

가언家言을 수양하기를 즐겨 여러 편에 나누어 수록해두고 보고 성찰하는 경우가 많았으며, 이익을 위해 따지는 일은 일체 마음에 담아두지 않았다. 예전에 어떤 이에게 말하기를 "얻고 잃는 것은 하늘의 뜻이니, 기뻐하거나 슬퍼하는 것은 이미 잘못됨을 드러낸 것이다. 더구나 정신을 고달프게 하고 지혜를 다하여 이른바 따르고 피하는 것을 바라는 자를 말해 무엇 하겠는가."라고 하였다. 변화의 기회를 틈타거나 음흉한 일을 들으면 그 때마다 눈썹을 찌푸리며 말하기를 "사람의 마음 씀이 이와 같단 말인가."라고 하였다. 섬돌이 있는 뜰에는 화초와 약초를 나누어 심어 놓아 봄에서 여름으로 바뀔 때에는 늘 무성한 숲의 정취가 있었는데, 아주 즐거워하였다. 편한 두건과 가벼운 지팡이로 날마다 그 곳을 소요하며 흉금을 상쾌하게 하였으며, 바깥세상에는 어떤 일이 있는 줄을 몰랐다. 손님이 찾아오면 이따금씩 술잔과 악기를 마련해 놓고 즐거운 시간을 보냈다. 또 어떤 경우에는 발길을 따라 명원名園으로 가서 날이 저물도록 거닐다가 돌아와서는 말하기를 "이 정도면 충분하다."라고 하였다.

아내 숙인 이씨淑人李氏는 연안延安의 이름난 종족이다. 부친 명신命新은 이조참의에 추증되었으며, 조부 영泳은 창평 현령昌平縣令을 역임하고 좌찬성에 추증되었다. 그의 5대조가 영의정 연양부원군延陽府院君 충익공忠翼公 시백時白이다. 성품이 너그럽고 온화하여 자연스레 남들로 하여금 행동을 본받게 만들었다. 그러므로 상하가 취향이 다르고 어짊과 못남이 차이가 났지만, 성내고 시샘하던 사람은 마음이 편안해졌고, 조급하고 흔들리던 사람은 차분해져 세상을 마치도록 집안에는 이간질하는 말이 없었다. 시어머니를 섬길 적에는 사랑이 깊어 곁에서 모실 적에 눈으로 보고 귀로 들을 뿐만이 아니라, 손으로 부축하고 발걸음으로 뒤따랐다. 공이 아침저녁으로 모친의 문후를 살피고 맛있는 음식을 올렸으니, 실제 숙인의 어진 행실은 공을 본받은 것이다. 독서를 하여 의리를 궁구하지 않은 적이 없었으며, 말을 하면 법도에 들어맞지 않는 경우가 적었으니, 역시 천부적으로 뛰어난 자질이 그러하였다.

숙인은 공보다 한해 먼저 태어나서 공보다 8년 앞서 세상을 떠났으니, 이에 한 갑자甲子가 다 끝났다. 슬하에 아들 둘과 딸 한명을 두었다. 장남 대유大有는 진사이고, 차남 대겸大謙은 삼도통제사인데, 출계出系하여 공의 아우 평안도 병사 민旼의 양자가 되었다. 딸은 평창 군수平昌郡守 정존옥鄭存玉에게 출가하였다. 손자로 남녀 여러 명이 있다. 나는 공에게 단문복袒免服[12]을 입는 친족으로 집이 한 마을에 있었는데, 비록 그를 본받고자 하였으나, 익숙히 익히지를 못하였다. 기억하기로 공은 겸손과 공손으로 자신을 수양하여 순후하고 삼가며 함부로 행동하지 않았으며, 형질形質에 이끌려 타고난 참된 본성을 해치지 않았다. 마음을 집으로 삼아 이 세상에서 60여 년을 사는 동안 끝내 옮겨갈 만한 한 점의 티도 없었으니, 비록 옛날에 이른 바 '온전하게 돌아간 군자'[13]라 하더라도 이를 넘어서지 않을 것이다. 후생에게 본보기가 되고 종족에게 빛이 되는 것은 공의 일이 아니겠는가.

아, 공을 다시 볼 수가 없도다. 대유大有가 공을 위해 유사遺事를 제법 자세히 기술하여 나에게 차례대로 찬술하도록 하였다. 이는 모두 내가 보고 들은 내용으로 말이 질박하고 꾸밈이 없으니, 숭상할 만하다. 삼가 취하여 행장을 짓고, 당세의 입언立言할 사람을 기다리노라.

정조正祖 10년(1786) 5월에 족질族姪 대우大羽가 삼가 기록하노라.

고 동지 행장[14]

高同知行狀

공의 휘는 경炅이고, 자字는 휘언輝彥이니, 지금 사간원 사간 고정헌高廷憲 군의 부친이다. 사간司諫이 스스로 행장行狀을 지어 그 집안을 기록하고 언행을 드러내고, 다만 삶과 죽음, 장례, 품계, 자손에 관한 사항은 나에게 윤색해 주기를 청하였다.

---

12) 단문복袒免服 : 참최斬衰·자최齊衰·대공大功·소공小功·시마緦麻의 오복五服 이외의 친척에 해당하는 상복喪服으로, 두루마기의 오른쪽 소매를 벗고 머리에 사각건四角巾을 쓰는 가벼운 복제服制를 말한다.

13) 온전하게 돌아간 군자 : 증자曾子의 제자인 악정자춘樂正子春이 "하늘이 낳고 땅이 기르는 것 중에 사람보다 귀한 것이 없으니 '부모가 온전히 낳아 주셨으면 자식이 온전히 지켜 돌아가야[全以生之, 全以歸之.]' 효孝라 할 수 있다." 하였다. 『禮記』「祭義」

14) 이 글은 고경高炅(1712~1794)에 대한 행장이다. 자는 휘언輝彥, 본관은 장흥長興이다.

그의 집안은 고씨高氏로, 본래 탐라耽羅 사람이다. 고려 때에 장택長澤을 관향貫鄕으로 하사 받았는데, 장택長澤은 지금 호남의 장흥부長興府이다. 휘 신부臣傅는 왕위를 선양함에 이르러서 자취를 감추고 벼슬을 하지 않았다. 그 뒤에 단종端宗의 재상 황보공皇甫公의 외손外孫인 자가 있어 그 별업別業을 전수하여 처음으로 광주光州에 집을 지었으니, 광주 역시 호남에 속한다. 휘 운雲은 중종中宗 기묘년(1519, 중종14)에 이름이 났으며, 예조 참판에 추증되었다. 휘 맹영孟英은 부제학을 역임하였으며, 좌의정에 추증되었다. 휘 경명敬命은 시호가 충열忠烈이다. 임진년에 왜적이 침입하였을 때에 남쪽 지방에서 창의倡義하여 두 아들 효열공孝烈公 종후從厚, 의열공毅烈公 인후因厚와 더불어 앞뒤로 위용을 세웠으니, 높고 밝은 절의가 역사에 기록되어 있다. 세상에서 '제봉선생霽峯先生'이라 일컫는다.

효열공이 경기전 참봉을 역임한 휘 부립傅立을 낳았는데, 정묘호란과 병자호란 때에 역시 충성과 공훈을 드러내었다. 이분이 선군先君의 고조이다. 증조 휘 두평斗平은 진사로 경기전 참봉을 역임하고 사복시 정에 추증되었으며, 조부 휘 가적可迪은 좌승지에 추증되었고, 부친 휘 한인漢仁은 호조 참판에 추증되었다. 삼대가 추증된 것은 선군先君의 은례恩例를 미루어 그렇게 된 것이다.

기록 중에 그의 언행에 대해 다음과 같이 말했다. 선군先君은 아홉 살에 부친을 여의고, 모친의 가르침을 받들고 익혀 감히 어기는 경우가 없었으며, 말과 얼굴빛은 온화하게 하는데 힘써 모친의 뜻을 봉양하였다. 살아계실 때 봉양과 돌아가셨을 때 장사를 지낼 적에 반드시 예법에 맞게 하였으며, 여러 가지 설을 모아서 제의祭儀를 만들었다. 평소에는 일찍 일어나 단정하게 팔을 끼고 앉아 삼가고 근신하였으며, 종일토록 경전을 읽었는데 늙어서도 그렇게 하였다.

남을 대할 때는 의복과 관을 반드시 정돈하였다. 성품에 불쌍히 여기는 마음이 많아 아주 작은 미물이라도 혹 상하게 할까 염려하였다. 집이 몹시 가난하였으나 운명처럼 편안히 여겼으며, 뇌물을 받고 빚을 지는 일을 더욱 삼갔다. 남과 말할 때는 반드시 진심을 다하여 충효에 근거하였다. 종조숙부가 같은 동네에 살다가 세상을 떠나자, 남은 자식들을 보살펴 입히고 먹여주었으며,

심지어는 밭을 팔아 빚을 갚아 주기까지 하였다.

효열공이 검은 상복 차림으로 의병義兵으로 출정하면서 말을 세우고 막내아우에게 일과日課를 부여한 적이 있다. 집안에 그 일이 전승되고 있는데, 선군이 그 일을 들어 자식들과 종족을 엄하게 가르치면서 늘 그 일을 실추시키지 않을까 근심하였다. 한 번은 나를 비롯한 자식들을 불러서 "입신하여 임금을 섬길 적에는 오로지 곧은 도로 해야 한다."라고 하였다. 일이 닥치면 큰일이든 작은 일이든 간에 반드시 정도를 지켜 변하거나 흔들리는 모습 없이 말씀하시길, "성인이 아니면 권도權道를 쓸 수가 없다. 한漢나라와 당唐나라 이하 사람들은 여기에 잘못을 저지른 경우가 많다."라고 하였다. 또 말씀하기를 "후세의 예학禮學은 갈래가 많아져 점차 두찬杜撰에 가까우니, 어찌 고례古禮 기준으로 삼는 것만 하겠느냐."라고 하였다. 순수하고 진실된 마음으로 옛 도를 좋아하셨으며, 소박하고 진솔하였다. 본성을 그대로 따르고 거짓 없이 자신의 행실을 단속하였으며, 곧고 겸손하며 검소함으로 자신의 몸을 지켰다.

삶과 죽음, 장례, 품계, 자손에 관해서는 다음과 같이 말했다. 선군은 숙종肅宗 임진년(1712, 숙종38)에 태어났다. 정조正祖 기유년(1789, 정조13)에 정헌廷憲이 외람되게 임금을 시종하여 선군의 품계가 3품으로 가자되었다. 이미 또 품계가 올라 동지중추부사에 제수되고, 바꾸어 자헌대부에 이르셨다. 83세의 나이로 복촌復村 옛 집에서 세상을 떠났으니, 실로 갑인년(1794, 정조19) 11월 모갑某甲이다. 화순현和順縣 화남花南 계좌癸坐의 언덕에 장사지냈으니, 실로 다음해 윤 2월 모갑某甲의 일이다.

부인은 나주 임씨羅州林氏 형하亨夏의 딸이다. 아름답고 온순하여 예법이 있었다. 선군보다 8년 앞서 세상을 떠났다. 이미 선군의 묘소 오른쪽에 안장했으니 원原을 같이 하고 영塋을 달리하였다. 슬하에 3남 1녀를 두었다. 장남이 바로 정헌廷憲이며, 차남은 정겸廷謙으로, 남의 후사後嗣가 되었으며, 삼남은 정찬廷纘이다. 딸은 사인士人 안형종安衡琮에게 출가하였다. 내외의 손자와 증손이 여러 명 있다.

호남에는 알려지지 않은 군자가 많으니, 나는 공을 바로 그런 사람으로 생각한다. 몸을 깨끗이 하고 행실을 닦아 마을에서 그의 신의에 귀의하고, 종친은 효제孝悌를 믿었다. 자신의 내면에 독실하고 외적인 것을 바라지 않아 결국 덮을 수 없는 그윽한 빛이 있었다. 그러므로 경사가 맏아들에게 생기고 자손이 번성하고 늘어나 성대하게 되었다. 앞으로 성대하게 호남의 빛이 되리니, 하물며 충효로 드러났던 삼열공三烈公의 남은 그늘이 있음에랴. 사간이 글을 부탁하러 세 차례나 오가면서 더욱 부지런하기에 위와 같이 윤색하고 기록하여 입언자立言者에게 고하노라.

정조正祖 24년(1800) 2월 어느 날 평주平州 신모申某는 기록하노라.

완구유집 권 10

제문祭文 뢰誄

중후제문[1)]

仲厚祭文

임오년(1762, 영조38) 4월 17일에 중후仲厚를 도장道藏의 언덕에 장사지내려 하니, 형 아무개가 차마 슬프고 고통스러운 말로 글을 짓지 못하겠으나 역시 차마 영결을 하지 않을 수 없어 이틀 전 모 갑자에 계절 음식을 갖추어 죽고 사는 까닭을 질정하노라.

아	烏呼
삶은 누가 주관하는 것인가	生孰尸之
죽고 나면 어디로 가는 것인가	死且焉適
살아있은들 무엇이 좋으며	何好而生
죽는다 한들 무엇이 슬프랴	死將何慼
이 이치가 현묘하고 아득하니	此理玄邈
누가 진실을 판가름 할꺼니	孰辨其眞
진실로 꿈속에서 만나	誠發宵寐
이전의 인연이 이어지는듯하더니	若續前緣
죽은 지 삼일 째 되던 날	沒之三日
갑자기 또 너를 만났구나	忽又汝遻
모습은 이전보다 낫고	容色勝昔
의관은 가지런한 채로	衣冠有楚
"형은 나 때문에 슬퍼하지 마오,	兄莫我慼
나는 실로 지각이 없다오."하였지	我實無知

1) 이 글은 신대우의 아우 신대익申大翼(1741~1762)에 대한 제문이다. 자는 중후仲厚, 본관은 평산平山이다.

이 생명이란	曰是生者
형체와 기운으로 이루어졌으니	寔形氣而
형체와 기운을 잃으면	形氣既喪
더 이상 무엇으로 알겠느냐	亦復奚諦
비유하자면 초목과 같아	譬若草木
뿌리에서 가지가 뻗어나지만	達繇其柢
뿌리는 땅에 박혀있으니	柢則椓絶
어찌 무성하고 시드는 것을 알겠느냐	安識榮悴
아, 아우야	烏呼汝乎
모두 이런 이치가 있단다	儘有是理
마주봄에 맥박은 뛰지 않지만	相對脈默
줄줄 눈물이 흐르는구나	泣涕漣如
아침이 되어 자세히 생각해 보니	朝來細檢
아득히 한바탕 꿈이구나	一夢蘧蘧
해가 동산에 떠오르기 전인데	山日未隮
잠결에 눈물로 범벅이 되는구나	和淚餘睡
아, 아우야	烏呼汝乎
너도 알고 있겠지	汝亦知否
삶과 죽음은 모두 환영이니	生死皆幻
꿈속이나 현실이나 마찬가지인 것을	夢覺齊寄
오늘 밤도 그렇고	今夜如是
내일 밤도 마찬가지	來夜如是
해마다 그렇고	年年歲歲
밤마다 마찬가지이지	夜夜如是
그래도 구천보다는 나으니	猶勝泉塗
적막 속에 길이 갇히기 때문이지	寂歷永閟
아, 아우야	烏呼汝乎
너도 알겠지	汝亦知否
흠향하여라	尙享

제망매문[2)]

祭亡妹文

경인년(1770, 영조46) 7월 30일에 오라비 대우大羽가 누이의 생전 생일날 아침을 맞아 술잔을 올리고는 죽은 누이 이실李室의 혼령을 곡하고 영결하노라.

아, 슬프구나	烏呼哀哉
나를 알아준 이는 누이였고	知我惟妹
나 역시 누이의 마음을 알았지	亦知妹心
이승과 저승이 비록 다르지만	幽明雖間
이 이치는 믿을 수 있네	此理可諶
번다한 말 필요 없으니	不須煩提
네가 애달프고 내가 원망스럽구나	傷女疚吾
아들은 열 살이고	有子十歲
딸은 태어난 지 세 돌이니	女生三朞
하늘이 내린 재앙을 뉘우친다면	天如悔禍
이에 보답을 받으리리	食報庶茲
교육하고 보살펴 시집장가보내기를	教養嫁娶
아향阿向[3)]처럼 하고말고	視以阿向
이것이 누이의 간절한 소원이니	是妹至願
내 어찌 잊을 수 있으랴	吾豈可忘
만일 이 일을 이룬다면	儻果此事
응당 다른 바람 없으리니	應無它望
훗날 저승에서	異日泉下
환한 얼굴로 마주하리라	佇待腆色
딸이 태어난 때에	設帨之辰
마침 이 날을 만났네	適丁是日

2) 이 글은 신대우의 누이인 이운복李運復의 아내 신씨 부인에 대한 제문이다.
3) 아향阿向 : 신대우의 큰 아들 신진申縉의 어릴 때 자字이다. 원문原文 뒤에 '진소자縉小字'라는 부주附註가 달려 있다.

삼십 이년 세월이	三十二年
번개처럼 삽시간에 지났으니	飈若電驚
하늘 향해 부르짖고	號嘷穹昇
소리죽여 울음 삼키네	呑不成聲
아, 슬프도다	烏呼哀哉
상향하여라	尙享

제망녀문[4]
祭亡女文

기유년(1789, 정조 13년) 4월 정미일丁未日에 정씨鄭氏에게 시집간 막내딸 너를 과천果川에 있는 시댁 선영에 장사지낸다기에, 7일 전 신축일辛丑日에 아비가 망전望奠을 인하여 계절 음식을 조촐히 갖추고 글을 지어 고한다.

이 해 아무 날에 네가 세상을 떠났으니, 이 죽음은 어떤 죽음이냐. 아, 슬프구나. 너는 평소 건강하여 병이 없었고, 지난해 4월 갑자기 임신 증세가 있어 기뻐하였지 근심할 일이 아니었다. 남들은 다 그렇게 생각했는데 너만은 병이라 하고 의원을 불러 치료해야 한다고 요청한 것이 수차례였다. 터무니없는 일이라고 책망하여 꾸짖고 화를 냈지만, 너는 기어코 의원을 불러달라고 요청하였다. 임신은 일상적인 징후인데, 너는 어찌 임신이 아닌 줄을 알아 치료를 해달라고 한 것이냐. 8월에 이르러서도 증세가 이전과 같아 임신이 아닌가 염려하여 의원을 불러 진맥을 보게 하였다. 의원이 하는 말이, 자세하지 않으니 서너 달 두고 보자고 했었다. 너는 의원이 오진을 한 것이라 하였으니, 모르겠다만 너는 의원이 오진을 한 줄을 어떻게 알았던 것이냐. 서너 달 쯤 지나 임신이 아닌 줄 분명히 알았는데, 병은 이미 뿌리를 내리고 악화된 뒤였다. 약을 쓰면 차도가 있는듯하고 탕약을 쓰면 차도가 있는듯하여 침에다 뜸으로 병의 뿌리를 뽑으려 했으나 그렇게 할 수가 없었다.

---

4) 이 글은 정동형鄭東泂에게 출가한 신대우의 차녀 신씨申氏(1770~1789)에 대한 제문이다.

아, 슬프구나. 너는 네 질병을 알고 있었으나 네 남편은 몰랐고, 아비도 몰랐으며, 형제들도 몰랐다. 알았다 하더라도 엉터리 의원에게 전적으로 맡겨 네 생사를 물었으니, 아, 슬프구나. 운명인 것이냐, 그렇지 않은 것이냐. 만일 고인이 나에게 자애롭지 못하다고 한들 내가 무슨 말을 하겠느냐. 연초에 내가 남쪽으로 갈 일이 있었는데, 차마 너와 쓸쓸히 이별하지 못해 나갔다가 다시 들어와 네 얼굴 보고는 네 등을 쓰다듬고 떠났었다. 내가 널 너무도 끔찍이 염려하여 차마 죽으리라고는 생각지도 않아 그런 것이었다. 남쪽으로 간 뒤에는 하루도 네가 내 꿈에 나타나지 않는 적 없었으니, 어째서 그런 것이냐. 이제는 꿈속에 네가 나타나길 바라도 그렇지 않으니, 이는 또 무슨 까닭이냐.

네가 병이든 뒤로 너를 우리 집으로 데리고 왔는데, 내가 여기로 온 것은 네가 시댁으로 돌아간 지 이틀 째 되는 날이었다. 듣기로 꼭 돌아가고 싶다고 하여 돌아간 것이라고 하는데, 어째서 반드시 돌아가겠다고 고집을 피운 것이냐. 내가 가서 살펴 볼 적에는 일어나지 못하고 그저 몹시 기뻐하는 모습만 볼 수 있었다. 말 보다 눈물이 먼저 흘러 네 손을 잡으니, 내 팔을 문지르고 목과 볼을 비비며, 내게 "행차에 별일 없으셨어요?"라고 하였는데, 안색이 오히려 이전보다 나았다. 안아달라고 하여 안아주자, 내 손을 끌어다 등을 문지르게 하여 홀연 어린아이 재롱부리듯 하였으니, 이 또한 무슨 까닭이냐.

나는 질병이 이 지경에 이르고서도 너처럼 생기가 있는 사람을 본 적이 없다. 그러나 정리情理에 계속 가려져서 심목心目이 쉬이 변한 것인가 보다. 게다가 네가 젊은 나이에 상喪을 당할 사람이 아니라고 생각하였다. 나와서 네 남편과 오라비에게 말하여 치료할 방도를 의논하게 하였는데, 갑자기 너의 부고가 들려왔으니, 바로 그날 정오였다.

아, 슬프구나. 이것이 운명인 것이냐, 그렇지 않은 것이냐. 너는 남보다 뛰어난 행실이 없었고, 나 역시 평소 잘 가르치지 못한데다 한 번도 자식의 장점을 칭찬한 적이 없었다. 오늘 일은 마치 네가 살아 있어 너와 말하는 것 같구나. 나는 그저 내 의문을 말하여 네가 풀어주길 바랄 뿐이다. 지극한 정리는 글로 표현할 수 없으니, 슬픈 말이 혹 너를 근심하게 만들까 두렵구나. 또 네 사적과 행실 중에 한두 가지 쓸 만한 것은 끝내 반드시 써서 네 광壙의 남쪽에 묻을 것이다. 아, 스무 해를 아비와 딸로 지낸 정이 여기서 그친단 말이냐. 너무나 슬프구나. 상향하여라.

망녀소상제문[5]
亡女小祥祭文

경술년(1790, 정조14) 3월 19일 기해일은 정씨鄭氏에게 시집 간 죽은 딸이 세상을 떠난 지 1년째 되는 날이다.[6] 아비가 호서湖西의 고을 수령의 부임한 터라[7] 기일忌日에 맞춰 참석하지 못하기에, 앞서 신묘일辛卯日에 너의 오라비 경絅을 보내어 무술일戊戌日에 아침저녁으로 전奠을 올려 곡哭을 하게하고 제문祭文을 주어 다음과 같이 권하노라.

지난해 오늘, 말을 달려가서 네 병세를 살폈고, 올해 오늘에는 네 기일忌日에 참석하여 곡을 하고자 하였는데, 그럴 수도 없게 되었으니 역시 유명幽明이 달라서 그런 것이리라. 네가 세상을 떠난 뒤로 하루라도 너를 마음에서 잊은 적이 없었다. 마음에 존재하는 것은 대부분 꿈으로 나타나는 법인데, 지난 일 년 동안 꿈에서도 겨우 한두 번 보았고, 꿈조차 불분명하니, 너의 정신이 사라지고 흩어져 감정은 있으나 응답이 없어서 그런 것이냐. 내가 너를 사랑하고 아끼며 애달파하고 안타까워하는 마음도 오히려 달마다 다르고 해마다 같지 않으니, 이 이후로 세상에 이 같은 사람이 있음을 누가 다시 알겠느냐. 인생은 연약한 풀에 서린 가벼운 먼지와 같을 뿐이니, 애달픈들 무슨 말을 하며, 아파한들 무슨 말을 하겠느냐. 너를 위하여 수 백자를 엮어 너의 묘지명墓誌銘을 지으려고 하다가 붓을 잡고서는 번번이 차마 쓰지를 못하여 그 때마다 그만둔 것이 서너 번이었다. 날이 지날수록 잊어버릴까 염려가 되었는데, 결국 써주지 못했으니, 너무나도 슬프구나. 말로는 다할 수가 없기에 여기에 마음을 모두

---

5) 이 글은 정동형鄭東泂에게 출가한 신대우의 차녀 신씨申氏(1770~1789)의 소상 때 지은 제문이다.
6) 죽은……날이다 : 한 해 전인 기유년(1789, 정조13) 3월 병자일에, 작자의 차녀인 신씨가 20세의 나이로 자식 없이 세상을 떠났다.
7) 호서湖西의……터라 : 이 당시 신대우는 음성현감陰城縣監으로 나가 있었다.

담아 너를 위해 이 제사상을 다시 차리려고 하니, 받을 수 있겠느냐. 너무나도 슬프구나. 상향하여라.

제유부인문[8]
祭柳夫人文

장모 유부인柳夫人의 관을 병신년(1776, 영조52) 2월 18일에 강화도 건평乾坪의 새로 자리 잡은 곳으로 옮기게 되었다. 하루 전날인 무오일戊午日에 사위 신대우申大羽가 삼가 술과 과일 및 생선과 채소를 올리고 영전 아래에서 곡하며 영결하고는 제문을 지어 흠향하시길 권한다.

어느덧 세월이 지나	日迅月邁
조도祖道[9]를 거행하게 되니	祖道將擧
아득한 천지에	茫茫天地
의지할 곳이 없네	憑奉無所
지난해엔 무슨 마음으로	何意前年
당에서 축수 잔을 올렸던가	稱觴之堂
갑자기 이렇게	遽見此日
제사지내는 흉한 때를 만나다니	塡池之凶
아, 갑년甲年은	烏呼甲年
두 집안이 극심한 재앙을 당한 때로	兩家之禍毒
실로 세상에서 드문 일이지	實非人世之恒姤
근심하고 병든 사이에 일을 받들었고	承事於惸疚之中
기구한 운명 만났을 때 보살핌 받았네	受恤於險釁之際
나를 아들처럼 의지하셨기에	倚之如子

8) 이 글은 정후일鄭厚一(1671~1741)의 아내 유씨柳氏(1705~1775)에 대한 제문이다. 신대우에게는 장모가 된다.

9) 조도祖道 : 먼 길 떠날 때에 행로신行路神에게 제사 지내는 일이다. 여기서는 상구를 실은 상여가 무덤으로 향해 가는 것을 뜻한다.

어머니처럼 믿고 따랐지	恃之若母
내가 장모가 아니었다면	我非外姑
지금 어떻게 자신과 가족을 건사했을까	今何以芘植身家
장모도 내가 아니었다면	外姑非我
가난과 근심을 견디지 못하셨겠지	亦莫繇支賴窮恸
병들어 아파할 때면	疾痛疴癢
그 때마다 직접 살펴주었고	必親扶持
평상시에는	起居行住
지나친 예법 따지지 않았지	不責禮數
아침저녁으로 싫은 기색 없었고	顔無朝夕之違
험한 곳에도 험하고 평탄한 길이 있네	岨有介夷之行
한 벌이라도 따뜻한 옷 있으면 따뜻함 나눠주려 하셨고	一衣稍煖則必思分其煖
조금이라도 남는 반찬 있으면 남는 것 나눠주려 하셨지	一饌稍贏則必思分其贏
은혜와 사랑 외손자들에게 두루 미쳤고	恩愛至徧於兒息
미루어 다시 여러 아우에게 이르렀네	推廣更及於諸弟
편지를 주고받을 때에는	書札應疇
측근의 믿을 만한 사람에게 부탁했는데	多倩傍侍
손수 편지를 써주실 때에는	而手書之賜
매번 뒷면까지 가득채웠지	輒連牘背
일 년을 하루같이	蓋一歲如一日
이십년을 일 년 같이 하여	二十歲如一歲矣
스스로 소홀한 적이 없었네	曰毋自疏焉
장모와 사위의 관계는	姑甥之親
세상 사람들이 모두 동일하지만	世所仝有
나에게 만은 아들같이 대해주셨네	抑又有若子如余者與
우러러 대답하는 말에	仰對之辭
다시 무슨 말을 할까	將復云爾
재주는 모자라고 뜻은 나태하여	才朽志惰
비록 정중한 기대에 부응할 수 없었지만	雖莫副鄭重之期儗
집안의 사사로운 일에 마음을 빼앗기지 않아	得不以家私牽心
조금이나마 글공부에 종사할 수 있었네	而略能從事文墨之末藝

이 누구의 덕분인가	繄誰之賜
비록 은혜를 바라는 것이 소인의 뜻이라고는 하나	雖云懷惠小人之義
덕은 잊지 않는 것은	德則勿忘
실로 가르침과 법도에서 연유하였네	實繇訓軌
은혜를 받고서 보답하려고 노력하는 사람은	凡人之受施而圖報者
자신의 본분을 다하면 그만이라네	能盡其分則斯可以已
보잘 것 없는 나의 정성된 바람은	區區誠願
장모께서 장수를 누리는 것이었네	亶在夫人之享遐籌
내가 고을수령 노릇을 많이 하여	小子之多假豫
남쪽마을 북쪽 동네로	南鄰北里
그만두지 않고 수레로 장모를 모셨지	不替輕軒之陪護
아들 딸 시집장가 보내어	男娶女歸
노년에 슬하의 기쁨을 안겨드리는 일 뿐이었네	詒娛膝下之晩暮而已
정성을 펴보지도 못한 체 추모의 마음을 품게 되었고	誠未展而羹牆入慕
뜻을 이루지도 못했건만 바람과 우레가 격동하였네	志莫遂而風霆易激
몸소 문병을 하지도 못하였고	跡滯候疾
영결할 때는 미처 알지도 못했네	訣未及復
뜸하게라도 소식을 알려주어	仍使來遲之音
여러 차례 왕림해주실 때를 말씀해주셨더라면	屢發臨顧之夕
아, 슬프도다	痛矣傷哉
감히 하늘을 원망하려는 것이 아니라	怨天非敢
자신을 탓할 여가도 없네	自訟不暇
가만히 생각해보니	靜言思之
슬픔과 원한이 겹겹이 쏟아지네	悲恨疊瀉
가난했지만 예의는 차릴 정도였고	貧未至窶
칠십이 넘는 장수를 누리셨네	壽七十餘
제사를 모실 손자가 있고	孝嗣承重
훌륭한 며느리 두었네	賢婦幹譽
장모에게는 큰 유감이 없을 듯하지만	在夫人似若無大憾者
집안을 이루는데 부지런히 고생을 하여	然辛勤成家
끝내 하루도 앉아서 편안할 날 없었고	竟無一日坐享之安

늘 노력과 검소함을 부족하게 여겼지　　而日常不足於勞儉

수척한 상주는　　棘人欒欒

의지할 곳 없는 외로운 처지이니　　形單景隻

또 누가 있어 근심해 주겠는가　　又誰爲之愁念

장모의 혼령이 여기에서　　夫人於此

맴돌고 뒤돌아보며 차마 멀리 못간 건 아닐는지　　倘或圍繞顧念未忍長往也

아!　　烏呼

염과 장례에는 모두 정밀함을 갖추었으니　　殮葬之悉具精美

진실로 인양仁陽 대감[10]의 독실한 우의 때문이었네　　允賴仁陽台丈之篤誼

역시 예법과 절차에 익숙한 훌륭한 외손자가 있어　　亦有宅相慣熟儀節

비록 갑작스레 일을 당했지만 다행히 큰 낭패 면하였네　　雖事會倉卒而幸不至大缺闕矣

풍수가들의 의론으로 말하자면 이견이 많아　　若夫堪輿之議論多疑

조금 늦춰 옛 무덤으로 옮겨 장사지내는 일이 꼭 맞는 이치는 아니나　　舊塋之歸祔稍遲則未必得理之宜也

새로운 묏자리로 이미 길한 날짜 정해졌네　　而新兆旣叶吉卜

하현霞峴[11]이 봉우리를 하나 사이로 가까우니　　霞峴隔巘而邇

또 부인이 강화도를 잊지 못해 간직한 뜻이 아니라고 어찌 장담하겠는가　　又安知此非夫人眷係沁土之遺意

더구나 연진검합延津劍合[12]은　　何況延津劍合

역시 조정에서 본받는 일이 아닌가　　亦朝莫事邪

한번은 부인에게 가르침을 받은 적이 있네　　嘗受敎於夫人曰

어떤 사람의 제문을 지으며 지나치게 찬미하면　　祭其人而詞贊美之

다만 구천에서 죽은 사람을 부끄럽게 하는 일이니　　適以愧死者於九京

---

10) 인양仁陽 대감 : 이경호李景祜(1705~1779)를 말하는 것으로 보인다. 본관은 용인龍仁, 자는 효석孝錫이다. 정제두鄭齊斗의 제자로, 부친 이보혁李普赫을 이어 인양군仁陽君을 습봉하였다.

11) 하현霞峴 : 강화도에 있는 고개 이름으로, 이곳에 시댁의 선영先塋이 있다. 『강화부지江華府志』 능묘조陵墓條에는 진강산鎭江山 서록西麓 하현霞峴 아래에 정제두의 조부인 정유성鄭維城의 묘가 있고 그 동쪽에 정제두의 묘가 있다고 하였다. 정제두는 유 부인의 시아버지이다.

12) 연진검합延津劍合 : 부부가 다시 합쳐지는 인연이나 죽은 뒤에 합장함을 뜻한다. 진晉나라의 뇌환雷煥이 용천龍泉과 태아太阿라는 두 보검을 가지고 있다가 하나를 잃어버렸는데, 우여곡절 끝에 연진 나루에서 두 칼이 만나게 되었다고 한다. 『晉書』「張華列傳」

신도神道에 찾아보더라도	求諸神道
어찌 인정人情과 동떨어지겠는가라고 하셨지	豈遠人情
홀로 이 명언을 되새기며	竊獨誦此名言
지금까지 감히 어긴 적이 없으니	今無敢失墜者
밝은 부인의 혼령이	恐不昧之靈
정녕 굽어보실까 두려워서라네	臨質丁寧也
비록 그렇지만 아름다운 덕을 담아	雖然形容德美
부인의 행적 기록하였으니	作爲紀狀
그에 의탁해 덧붙여 기술하네	託之阿述
당세의 문장가를 구한다면	求當世能文
반드시 대대로 전하기에 의심이 없는 사람의 글이 되리라	必傳世無疑者之文
부인의 모범적인 집안 행실과 법도를	俾夫人閫範閨則
동관彤管에서 누락되지 않도록 하는 것은	不泯沒彤管
나의 책임이니	小子責也
감히 힘을 기울이지 않겠는가	其敢不勉
말로는 다할 수가 없고	言不可竭
마음은 끝이 없네	情不可極
문장은 거칠기가 짝이 없고	文以粗率
제수도 소박하지만	羞雖菲薄
만일 이렇게 술잔을 올리는 줄 아신다면	苟知此觴之是薦
장모의 혼령이 반드시 이르시리라	庶幾尊靈之必格
아, 슬프도다 흠향하시라	烏呼哀哉尙享

제정학사문13)

祭鄭學士文

철재徹齋 정 학사鄭學士가 이 무덤에 묻힌 지 3년 되는 모월 모일에 평주平州

13) 이 글은 정지검鄭志儉(1737~1784)에 대한 제문이다. 자는 자상子尙, 호는 철재澈齋, 본관은 동래東萊이다.

신대우申大羽가 그 아래를 지나다가 삼가 객점에서 마련한 닭고기와 술을 올리며 제문을 써서 다음과 같이 권하노라.

군자는 정리情理에 넘치는 예를 싫어한다. 그러므로 해묵은 잡초가 있는 벗의 묘소에는 곡哭을 하지 않으니, 이는 정리가 다했기 때문이다. 정리가 아직 다하지 않은 경우에 예禮가 생겨나니, 예는 경우에 따라 달라야 한다. 지금 공의 넋이 묻힌 곳에서 내가 어찌 목 놓아 통곡하지 않을 수 있겠는가.

아, 그대는 호련瑚璉과 같은 그릇[14]이었고, 규벽珪璧의 자태[15] 있었네. 총애를 받으면서도 놀라운 일 당한 듯했고, 화려한 곳에 거처하면서도 의아해했네. 맑은 물속의 연꽃처럼 천연스레 흠이 없었지. 문장을 여사로 여겼으나 비단 마름질 한 듯 아름다웠지. 지조 우뚝한 시강관侍講官과 고아한 태사太史는 옛날에도 적었건만, 쇠퇴한 후대에 그대에게서 보았네. 글을 지어 그대의 서재를 욕되게 했는데, 내 서재에 글을 써주었으니, 온 언덕과 골짜기가 두 사람의 마음으로 훤했었지. 인간 세상에는 거처할 수 없어 은거하자던 약속 다시 생각해보지만, 약속 따르려고 해본들 누구와 돌아갈까. 그리움 깊어져 거문고 줄을 끊고[16], 동려桐廬에 한이 맺혔네.[17] 그대의 혼백이야 어찌 멀리 있겠는가. 혹여 나의 그리움을 슬퍼해주려나. 상향하게나.

---

14) 호련瑚璉과 같은 그릇 : 호련은 종묘의 제사에 서직黍稷을 담는 제기로, 조정에 크게 쓰일 인재에 비유된다. 하夏나라의 제기는 호瑚이고, 상商나라의 제기는 연璉이다. 공자가 제자 자공子貢을 평하여 호련瑚璉이라 하였다. 『論語』「公冶長」

15) 규벽珪璧의 자태 : 규벽은 제사 지낼 때 예물로 바치는 옥으로, 훌륭한 인재를 비유한다. 『시경』「운한雲漢」에 "규벽도 다 썼는데 왜 호소를 들어주시지 않나.[圭璧旣卒, 寧莫我聽.]" 하였다.

16) 거문고 줄을 끊고 : 다정한 친구의 죽음을 뜻한다. 춘추春秋 시대 거문고의 명인 백아伯牙가, 그의 친구 종자기鍾子期가 죽자 자기 음악을 들어줄 사람이 없는 것을 한탄하고는 거문고 줄을 끊어 버렸다는 고사에서 유래한 것이다.

17) 동려桐廬에 한이 맺혔네 : 친구와 함께 은거할 수 없다는 뜻이다. 동려桐廬는 중국 절강성浙江省의 동려현桐廬縣으로, 후한後漢의 은사隱士인 엄광嚴光이 은둔하여 낚시질한 곳이다.

제박지숙문[18]

祭朴至叔文

기미년(1799, 정조23) 12월 갑신삭甲申朔 29일 임자일壬子日에, 벗 신모申某는 삼가 내려 받은 꿩고기와 귤을 받들어 강학요속講學僚屬을 지낸 가까운 친구 군자감정 박공朴公의 영전에 밝게 제사지내며 다음과 같이 권하노라.

한 해가 다 지나가고	歲行盡矣
성로星露가 한번 끝났네	星露一闋
좋은 벗을 떠올리자니	感懷良友
가슴 속이 먹먹해지네	中心蘊結
소리와 용모는 날로 잊혀지고	音容日閟
이불과 자리는 바람에 처량하네	衾几風凄
아, 지숙이여	嗟嗟至叔
어찌하여 이 지경에 이르렀는가	胡然至斯
생각하니 지난날 그대와는	念昔與子
대대로 우호가 있었네	奕世通好
내면의 교유가 있어	形內爲遊
마음으로 가까워 겉치레는 없었네	心親無貌
우아한 절조 아름다워	懿哉雅操
일찌감치 함께 어울렸지	蚤從薰擩
진晉에서는 양씨羊氏 집안을 말하고	晉述羊門
당唐에서는 노씨盧氏 가문이 전하지만	唐傳盧家
공의 세덕世德과 비교하면	方公世德
어찌 더 높다 하겠는가	亦豈云多
우뚝한 명예와 맑은 이음은	雋譽淸紹
성대하게 풍격에 전수되었네	載禪風格
말은 구차히 뇌동한 적 없고	言無苟同
행동은 특별하게 하지 않아	行莫與特

18) 이 글은 신대우의 가까운 벗이었던 박지숙朴至叔에 대한 제문이다.

세상에 높은 자취로 임하여　臨世高步
멀리 옛 사람을 바라보았지　希古遠瞻
몸가짐은 굳고 방정하여　佩履堅正
바뀌지도 않고 넘치지도 않았네　不移不淫
조선에 세성歲星이 돌아오고　歲回箕野
대방帶方에 가을이 깊으니　秋深帶方
시끌시끌한 이름난 도읍지에　喧然名都
퉁소와 피리 소리 뒤섞였네　吹簫間笙
번화한 곳에 거처하면서도　紛華之地
초가집처럼 여겼지　處如白屋
굉장한 구경거리에 초연하였으니　超玆榮觀
어찌 다시 눈을 돌리랴　焉用爲目
수레 행차를 삼가고　飭我巾車
고향집에서 쉬며　息我家林
성근 베옷 그런대로 갖추고　疏布苟完
명아주 죽에는 쌀 넣지 않았지　藜羹不糝
높고 높은 그 절개에　矯矯其節
내 마음이 움직였네　實獲我心
부평초처럼 따라　萍水相隨
강동江東으로 가　于江之東
옆 고을에서 수령노릇하며　鄰壤接好
반가운 얼굴로 만났었지　奉挹淸光
외지에서 만나 기뻐하며　縣道欣遻
텅 빈 채로 가서는 채워 돌아왔었지　虛往實歸
관하에서 만났다가 헤어지곤 하니　會散關河
어느 때나 여유있게 노닐겠는가　遊顧幾時
훌륭한 많은 선비들　藹藹吉士
동궁東宮의 요속僚屬으로 모여　集于東僚
범려范呂[19]를 맞이하곤　旣延范呂

---

19) 범려范呂 : 송宋 나라의 명신名臣 범조우范祖禹와 여대방呂大方을 말하는 것으로 보인다.

또 동원공과 기리계[20]를 일으켰네	又起園綺
공은 실제 그에 걸 맞는 사람이지만	公實其人
나는 갈대가 옥에 기댄 듯 부끄러웠네[21]	我慙蒹倚
강연講筵에 참석하여 세자 모시고	登講承華
물러나서는 남은 즐거움 즐겼네	退輒餘喜
낭랑하고 밝은 음성이	琅琅睿音
자나 깨나 귀에 가득	寤寐耳盈
은혜는 계고稽古에 젖어	恩霑稽古
벗들은 영화롭게 여겼네	士友攸榮
벗으로 함께 지내며	比景共波
아침저녁 즐거웠지	朝嘻夕怡
아, 나는 근래에 쇠하여	嗟余近者
흰머리 늘고 벗들이 줄어	衰白寡徒
가까이 지내던 이 모두 저 세상 사람이니	相好殆盡
남아 있는 이가 몇인가	存者幾何
다행히 말석에 끼어	幸忝末契
그대에게 의탁하길 바랐는데	庶託不孤
공도 나를 버리고 떠났으니	公又棄我
하늘의 뜻을 누가 알리	天意誰知
사람이 죽는 것은	人之云亡
예로부터 슬픈 일	終古所悲
친한 벗을 잃은 통곡에	斤輟之慟
공사公私로 겸함에 있어서랴	矧兼公私
유당幽堂에 풀이 무성하고	幽堂宿草
산정山庭에는 해 저무네	山庭寢日
골짜기의 꼴을 베어	中谷刈芻

20) 동원공東園公과 기리계綺里季 : 한漢나라의 은사隱士인 상산사호商山四皓 중 두 사람이다.
21) 나는……부끄러웠네 : 두 사람의 풍모가 워낙 현격하게 차이가 난다는 뜻의 겸사이다. 삼국 시대 위魏나라 명제明帝 때 하후현夏侯玄과 황후의 동생 모증毛曾이 함께 자리에 있는 것을 보고는 사람들이 “억새풀이 옥나무 옆에 기대어 있는 것과 같다.[蒹葭倚玉樹]”고 평했다는 고사가 있다. 『三國志』「夏侯玄傳」

누구 위해 말을 먹일 것인가 誰適爲秣
경물을 보고 그리움 생기니 遇竟興念
시절을 느끼며 슬픔만 더하도다 撫辰增傷
서로 맺은 우정 情條回互
어떻게 잊을 수 있으랴 如何可忘
이 말로 슬픈 마음을 드러내 嗽辭薦哀
감히 혼령에게 고하노라 敢告幽靈
아, 흠향하게나 烏呼尙享

조유안 뇌문 병서[22)]
曺幼安誄并序

영조英祖 41년(1765) 3월 12일 정해일丁亥日에 고故 학생學生 창녕昌寧 조군曺君이 세상을 떠났다. 아, 슬프도다. 선인先人이 말하기를 "인仁이 자신에게 이르지 않았으니, 경사가 후손에게 넉넉하리라."라고 하였는데, 그저 빈말일 뿐이다.

수레에 앉아 깃발을 늘어세우고, 당堂에 주자朱紫[23)]의 빛이 가득한 사람은 과연 어떤 사람인가. 그러나 선친先親 이부吏部[24)]의 모범적인 덕이 사류士流들을 덮을 수 있었으나 그 자식은 덮지 못하였고, 조군의 순수한 아름다움은 그 집안을 이을 수 있었으나 자신에게는 이어지지 못했다. 심하구나, 하늘이 선한 자와 사특한 자에 대해서 이와 같이 대우하는 것이. 아, 슬프도다. 옛날 사람들은 죽었지만 이름이 사라지지 않는 것은 아마도 뇌문誄文이 있기 때문이리라. 아름다운 명성이 어두워지는 것이 슬프지만, 유기旒旂[25)]에 의탁하여 그 명성 영원하리라. 이어 다음과 같이 뇌문을 짓는다.

---

22) 이 글은 조윤명曺允明(1724~1765)에 대한 뢰문誄文으로, 서문序文을 함께 쓴 것이다. 조윤명의 자는 유안幼安, 본관은 창녕昌寧이다.
23) 주자朱紫 : 붉은 빛과 자줏빛으로, 고관高官을 말한다.
24) 선친先親 이부吏部 : 이조 참판을 지낸 조윤명의 부친 조명교曺命敎를 말한다.
25) 유기旒旂 : 왕실에서 사용하는 깃발의 종류인데, 신하 가운데 왕조에 공덕功德이 있으면 여기에 기록하였다고 한다.

군이 전수받은 집안의 전통	伊君所畜
아, 그 집안을 융성하게 하여	於奕其世
아비가 잇고 자식이 계승하였네	父紹子襲
평장사平章事[26]는 차례가 있었고	平章第第
충정공忠貞公[27]이 이어 받들어	忠貞承之
이에 크게 공을 세웠네	厥庸大揭
하흥군夏興君[28]에 이르러서는	爰至夏興
험난한 시절을 만나서	際遭崚嶒
빛나는 지혜는 간사함을 막고	知光遏奸
외로운 충심은 모전毛氈을 씹었지[29]	忠孤啖氈
다시 세상이 바뀌어 창성하여	再世而昌
이부吏部가 그물을 펼치고	吏部罛張
선을 좋아하고 의를 높이니	好善崇義
선비들이 담장처럼 의탁하였네	士庇堵墻
만년에 참찬에 제수되었으나	晩貳宰衡
띠 집에 머물며 나아가지 않았네	茅不留征
관직에서 쫓겨났으나 절개를 온전히 하여	黜官全節
후생들의 모범이 되었네	式是後生
조군은 맑고 아름다운 성품 지녀	君以淑懿
이런 전통을 잘 이어서	繼此塗墍
효성스럽고 우애가 있었으며	克孝而悌
재주 있고 또 기량이 있었지	有才又器
약관에 아름다운 명성 전하니	弱冠流芳
훌륭한 칭찬 넘쳐흘렀지	儁譽泓泌
풍모와 위의가 일찍 성대하여	風儀夙茂
노성한 분들이 한결같이 감탄했고	老成齊喟

26) 평장사平章事 : 조윤명의 선조 조익청曺益淸을 말한다.
27) 충정공忠貞公 : 조윤명의 선조 조상치曺尙治를 말한다.
28) 하흥군夏興君 : 조윤명의 선조 조한영曺漢英을 말한다.
29) 외로운……씹었지 : 조한영曺漢英이 청나라에 미움을 받아 심양瀋陽에 끌려가 고생한 일을 말한다.

붉은 털의 길짐승, 깊이 잠긴 물고기	丹毛沈鱗
비유함에 모두 완수됨이 없도다	譬莫凡遂
삼규三闈는 벌써 화합했고	三閨旣翕
구족九族은 궤簋를 채웠으며	九族盈簋
겨와 쭉정이를 뽑아	抽遊糠粃
제재하여 쌓았다네	制伊積委
권도權道와 정도가 기준으로 돌아가니	權經歸準
관비髖髀30)가 칼날을 맞이하고	髖髀迎刃
행동은 채비를 차린 것과 같아	行如俶裝
일에는 틈을 만든 적이 없었네	物無成釁
자질은 돛대와 숫돌 되기에 충분하니	資足檣礪
활쏘기와 말 몰기를 어찌 논하랴	何論躾御
운명이 재주와 어그러져	命乖謀才
얻은 것은 곧 수레가 아니라네	得廼匪輿
좋은 목재와 같은 훌륭한 자질로	楩枏豫章
재야에서 머물렀고	縮施蔀墅
곤궁하게 거처하며	居約處窮
미리 앞날 예견하였네	睹屈以豫
아름다운 비단 알아보는 이 없으니	莫知綺綉
누가 존귀하고 부유한가	誰爲貴富
해진 솜옷을 부끄럽게 여기지 않았으니	弗恥縕袍
어찌 누추함을 병통으로 여기랴	焉病館陋
이미 궁벽한데 배부르고	包曁荒湔
두루 뛰어난 인재를 취하였네	贄遍俊茂
아름다운 용모와 진실된 마음으로	休容任眞
두루 사랑하면서도 어진 이와 친하였네	汎愛親仁
이 정조와 아름다움을 보존하여	保玆貞芳
아침저녁으로 조심하였네	愼夕猶晨
조군 같은 사람은	似君等輩

30) 관비髖髀 : 허벅다리와 넓적다리 뼈를 말하는데, 보통 서로 결탁하여 강한 세력을 형성한 집단을 비유하는 말로 쓰인다.

세상에 없고 있더라도 드물다네	曠世或鮮
내버려두어야 마땅한데 세상을 떠났으니	宜措而捨
이 백성들은 이제 그만이로다	已矣斯民
우리의 운명은 끝나버렸고	吾黨運極
세상 역시 떨쳐 일어나지 못하네	年亦不振
한번 눈감고는 깨어나질 않아	一寢無寤
영원히 무덤 속에 묻혔으니	永潛幽窀
찾아온 사람은 함께 슬퍼하고	赴者同悽
길가는 사람들은 모두 애통해하네	路人咸辛
아, 슬프도다	烏呼哀哉
사십 이년의 세월이	四十二載
아득히 저물어 가려 하네	忽忽行暮
어찌 베푸는 것은 무거운데	何畀之重
복은 거스르는 것인가	而祚之蘁
현명하고 어리석은 것이 운명을 만드는 것은	哲愚造命
모두 선조에게서 오는 법	咸溯先故
공은 큰 집안에서	于公大閭
겨우 빛을 드러내었으니	甫鑄燬輅
부절처럼 꼭 들어맞아	左契右符
징험할 수 있다네	若尺證度
아늑하여라, 큰 자취여	邈玆皇躔
어그러짐을 다스려 항상 교화하였네	理悖常甄
재앙과 경사가 일상에서 어긋나	殃慶違類
거울은 추함과 아름다움 현혹시켰네	鑑眩媸妍
말 잘하는 이에게 복을 내리고	佞惟錫祿
착한 이는 큰 재앙을 받았네	淑偏受毒
척박한 풍속 교화되기 전에	磽俗未甓
예리한 도구가 먼저 자취 감추었네	利器先韇
말 달리는 길 막히려하니	馳道將荒
천리마를 바라지만 쉬이 움츠려드네	冀騏易跼
큰 집을 떠받치기 어려운데	大廈難扶

들보 나무를 갑자기 깎아버렸네　　梁木遽斸
신령의 잘못된 베풂이　　神施之舛
조군에게 더욱 혹독하였네　　在君逾酷
이에 선善을 권면하니　　于以勸善
어찌 맑음과 더러움에서 비롯되랴　　曷繇澄黷
아, 슬프도다　　烏呼哀哉
기억하기로 못가의 정자에서　　記於池亭
처음 만남을 가졌었지　　華蓋始傾
강과 호수는 바다를 사모하고　　江湖慕海
서까래는 기둥을 바라보네　　榱桷瞻楹
한 마디 말 꺼내면 해 그림자 걸릴 때까지　　一語懸晷
두 눈빛은 모두 즐거움으로 가득하였네　　兩眼偕青
모두 일찍 변해버린 것에 상심하여　　傷咸蚤化
부탁받은 명銘에 눈물이 흐르네　　淚隨託銘
조군의 지극한 뜻에 감동하여　　感君至意
허락은 했으나 아직 짓지 못했네　　有諾未成
누가 알았으리 바로 이날에　　誰知此日
아름다운 명성 뇌문으로 대신할 줄을　　翻誄令名
글을 쓰다 보니 마음이 아련하여　　撫事酸心
주룩주룩 눈물만 떨어지네　　落涕淫淫
종이를 마주하여 행적을 쓰다보니　　臨紙叩實
슬픔에 남은 울림이 있네　　哀有餘音
아, 슬프도다　　烏呼哀哉

제3부

원문原文 영인影印

『완구유집宛丘遺集』

1

宛丘遺集目錄

卷之一

雜著

卷之二

書

卷之三

卷之六

卷之七

5

祭朴至尉文　曺幼安諫

宛丘遺集目錄

宛丘遺集卷之一

男 縉緯絅 編校

雜著

皐陶執法疑

桃應問於孟子曰舜爲天子皐陶爲士瞽瞍殺人則如之何孟子曰執之而已矣然則舜不禁與曰夫舜惡得以禁之舜視棄天下猶敝屣也竊負而逃遵海濱而處終身訢然樂而忘天下說者曰有君臣然後法生焉法者所以衛其君

也苟爲無君法不徒行瞽瞍者何爲者也吾君之父也知吾君之不安於位而執之與弗忠執之而不知吾君之不安於位與弗孝爲人臣有一於此罔將自執之不假而假執人乎哉是故法有時乎屈伸輕重之謂也輕重不相奪而法立于中徒能區區三尺之末而莫恤有所重安用法爲商鞅後世一酷吏猶曰君嗣不可刑曾謂皐陶而不知君之父之不可刑也且方舜之竊負也天下之人不當一日無君將復迎舜而

事之乎舜之視棄天下猶敝屣者固不欲以萬乘之貴干於法也法繇我而乖焉雖頃天下而來之就所居而成朝廷義不遠變與訢然相忘之志行天子事設令行天子事如平昔弗奉瞽瞍之萬一有又干焉今之干法猶之乎昔之干法矣士師亦執之而已然則瞽瞍未死之前無非舜可逃之日唯見虞氏君臣相逐逐逃竄東西南北海之濱而已耶或曰臯陶法士也知法而不知有君之父於乎不知有君之父可亦可

以不知有君之逃與臯陶之法誰為衞也將不衞與君而衞與法乎必有能解余之惑者

二疑

周公憂畏居東太公召公為傅為保平見赤舃之蹻跋何不為冲辟一開也風雷之告天也不然周公終已不得返二公與安之乎昭烈征吳不征魏誤事之大者一戰而吳擧與義不足稱也奈何孔明不諫孔明所幡然驅馳居託魚水之契以興復漢室自興復不興復之幾在此使

9

孔明踞公就以手撫不能得設不能得孔明亦可公也區區恩寵豈孔明所[illegible]卷者哉久欲立說爲三賢明白終未得其說書之傳疑

讀衛世家

史記記衛武公事大失實索隱氏辨之是也然意推之旨其所引詩序當矣而詩序非紀事書流之書則亦未可以不云被殺而輒定其卒與殺也以余攷詳蓋其伯固已蚤死於釐侯之世而武公以次子代之位也何以知之史稱武公

立五十五年卒國語云武公年數九十有五猶能箴儆慕恪年壽所至雖尊以詳要不減百歲設止於九十五其即位之時年已四十餘矣使其伯而在者其年固當加多於四十年過四十之人不當以蚤死稱也然則詩序蚤死之云果不可信乎曰信吾己徵於柏舟之詩矣柏舟之詩共姜所自誓也其詩曰髧彼兩髦實維我儀於是時伯之年多乎不多乎固不可知已其曰兩髦者父母俱在之飾故知其伯死於釐侯之

世其曰鬚彼者亦必娟婉以好之語也所貴乎詩者造語情而眞以之加之鬢鬚彫謝之地則其語是不類矣且若共伯而年過四十姜其妻也天只之不諒雖是何至強拂妻老之志而奪之守乎共伯之遂以定而武公之得位亦正此千古不易之案也不然聖人雖許人善補過蓋逆大慝也詎或以富年之久長修明先公之政而遽赦其辜列其詩於風雅諡之爲睿聖武公垂示經講也

讀柳子厚桐葉封弟辨

以土樹屛王政之大者王猶幼冲徒知天子有封建之制不知封建之重不可以戲爲也削葉之圭與弱弟而爲侯誘諸嬉戲之事乎則何繇知封建之重不可戲爲遏抑如何遏抑之蔽必諱其既也如或導之夫叔虞王之弟當封而未及封者會其事之可封而適封之可乎於是入而賀出而行封使冲辟知封建之重天子之不可戲而無扞格叢憚之夫如此而已此蓋周公

封虞之義也隨事納誨從容優樂要歸之大中
曷觀夫所謂束縛之馳驟之若牛馬然者哉異
哉柳子之爲說繫之淺小之腹而成兒童解事
之見也其言曰當封邪何不以時請之不當封
邪何爲成其不中之戲夫始之不請與卒成之
爲失當封而幽稺不及封者自乃設言婦寺欲
以勤質其辨給是將膠柱周公也又曰史佚成
之公所不知不宜而史佚成之則過在史佚乎
過在周公乎

紀鄭先生淮陽治事

肅宗二十二年春原任議政府右議政尹趾完
言於朝曰前京畿都事鄭齊斗生自名家早棄
舉業讀書求志聲聞大著稟質則金玉君子才
具則博通古今臣心悅敬服嘗謂事業無則已
有必此人成之誠願朝廷勿循收用儒者之常
格先試方嶽之任仍令協贊廟謨則庶可爲倂
世之良器治平之賢輔矣拜江原道觀察使不
赴又有爲　上言之者　上特授淮陽都護府

使曰大猶可辭小亦不可受乎先生黽勉膺命當是時淮陽荐離水旱流宄相隨屬先生便宜振之政無申令璽不及人不出突奧而化教洽於境治三月扶攜還業千餘人皆曰父子相保妻孥不相離伊誰之賜及歸壺榼者數十里不絕旣又鑄銅鐵爲碑已頌按廉使啓其績曰淸如玉壺惠洽春風於乎德之流行速於置郵而傳命故曰朞月而已可矣君子爲政夫焉用聲色嘗聞先生之言曰居官莅民無過自治治人

又曰爲人牧而不以程伯之心爲心以其治爲治者皆苟已矣噫推是道也非惟淮陽之可濟晉之大臣其知人也明故其進人也不疑若尹必者可謂能知人矣能進人矣

李氏姑述

姑平山人姓申氏嫁爲李翼俊妻十一年 今
上乙亥舅家誅夷翼俊隸孥從遠海送之曰不得從君唯自憂我則從先姑地下送之明日告父母曰已不能從夫爲人孥屬又未至臣京畿

奈之何衿川也山地且邇朝夕逞訐問可以爲
寄乎父母憐其志許之行有婢一人二兒眹瞰
亦從至則曰廳事非爾人處處小寳室止二兒
問疇竟夕遲朝曰請還衣將闌婢急有告二兒
趣入視之則已仰藥矣見二兒泣(句)笑曰生而
苟訊若然之安且不着自裁者爲夫狂囚也遂
就盡時是歲某月某日財年二十又收其座得
諺書四(寄上父母書一各一 寄夫書一幷佚)詩一引書整辭旨從容
較平日楷謹問之婢既衣索紙研伱書即引川

盒子飮語婢告二兒及諺終始安詳終無幾微
感於人者父瑞夏今坡州牧使祖司僕寺主簿
諱琢曾祖成川府使諱汝晳領議政平城府院
君又世孫也姑狂家孝爲婦盡婦道敏慧昆聽
人讀書一過目輒記然雖父母昆弟未嘗知其
能屬字也歛以時服越又日某守葬之墓舍東
三里谷中後七年坡州君命兒孫大羽第其事
並係諺書于後
　　顧舅門戮盡夫壻名點奴籍生何賴生且

何爲初往東幕名江村閭二十五日消息時
歹即沒死所以不死至今者夫壻往因虞
或有不測之慮今已得恩活以生相送亦
得以生拜父母事畢矣况已告夫壻從兩
世尊姑之劉跡今我死唯諸兄侍父母壽
耆榮孝福祿不量懸長徃之魂長徃之魂
亦當飄寄風雲祝父母壽耆祝諸兄弟福
祿至後世變化男子子長往父母膝下不
相違時刻亦與諸兄弟爲兄弟安樂一世

續此促歸未盡之情至願也死固非所哀
語及此不禁淚蔌千行不畢歎奈何三嫂
四嫂不能各以書二女雖被父母念育亦
唯往諸嫂子視之所不忍囑以並殄之者
尚亦情弱之過耳 訣諸兄書

蘆花已結實楓林秋瑟蕭一命千金重輕
小還如毛垂淚化死別悲宗和遠潮 訣詩

字說示諸弟

易曰鳴斬于陸逵其羽可用爲義吉字羽曰義

父嚴君云風之積也不厚則負大翼也無力字翼曰仲厚爾雅云妻子好合如鼓瑟琴兄弟既翕和樂且湛字翕曰對湛翮鳥飛聲鳥之飛者將以有比也故字翮曰比對鳥呼吾兄弟四人大羽大翼其名皆外王父所命大翕大翮先君命之也皆未及有伯仲杲甫之稱大羽追述其義爲之字如右云爾過庭之訓無地憑奉吾兄弟顧名寓感奚啻杯棬與羹墻詩云蓼蓼者莪匪莪伊蒿吾未嘗不三復其辭而悲之

三子字說

歲壬寅四月吉日冠絅命其字仍成三篇雲之最貴者縉軒黃之世一出以爲紀蓋聖人瑞也出之苟不時雖有蕭索輪囷之氣緇縞奚異哉字縉曰雲紀知蕭索輪囷之不足爲縉雲則斷知爲縉雲矣

璞己質矣衒則賤矣玉而韞櫝者君子比德焉絅之於錦猶玉之有韞櫝也子思子既詳說之夫子於坤之六五亦曰美在其中皆此義也故

字絅曰衽中不有縕褐乎則無所施爾絅也絅之道其義衽受徒素固無別於虎豹之鞹絅而失其所以受亦不絅而已矣故曰文質彬彬非受其絅之謂與字絅曰受之絅乎何以受之維經及緯粉米黼黻可也

鄭述仁字說

故友鄭莘老嘗名其子歲兒曰述仁其冬莘老歿兒來余于學九年而成丈夫喜可知已余字之曰祖希推言名字義以幾其惕然銘服也而

祖文忠公倡道東土竟以仁殉而祖文康公昭仁秉義爲　三朝學者師祖孫繩武軼光麗鮮逮而先君敢質未就乃以付穎穎孤保厥其後不知女將何修而可女雖幼冲哉年十四旣冠而娶矣經曰藉曰未知亦旣抱子自今無非女抱子之年克承若隳實繇玆眹承隳生榮辱榮辱而興亾係之不知汝將辱而門乎抑欲榮之以尊若善述於仁夫仁是而家灋述家灋而不希其祖其道可繇哉怠心主則顧而名若字貪

17

心生則顧而名若字侈心生則顧而名若字
岐之心生則顧而名若字尺心之生之可以妨
仁而倍祖者无往而不顧則女爲承家肖孫其
不負人六尺之寄者余亦與有光焉噫乎而祖
二先生皆蚤孤而卒旣爲儒宗尚其始若與女
同余散不圖女于終

徹齋說

目徹爲明耳徹爲聰聰明之會徹之所繇生也
然徹於明者不必徹於聰徹於聰者不必徹於

味於鼻亦然各徹其徹而不能通其徹獨徹於
心者不然心之官知知之所徹百爲皆濟其徹
焉故事君徹於忠事親徹於孝居家徹於理爲
己徹於義與人徹於信無所往而不徹無所處
而無徹則徹之知固聖功也晉守鄭大夫嘗以
徹名其齋於戲徹也者澈也適澈而幾矣大夫
奚澈之取將澈於明乎澈於聰乎澈於己不能
澈於人非徹也澈於遠不能澈於近非徹也澈
於先不能澈於後非徹也以至進退中規折旋

中矩皆有澈之道焉大夫其有意知以爲徹乎大夫淸明愷悌以私寘絜意氣常安閒如超蛻埃壒之表其將得於徹之道然也循之而靡所不用其澈焉則何幽之不徹何徹之不可濟倫

徹齋說系之詩曰

天之生物莫不特息爰暨肖蟯矧人其特日夜無降冕冕睆睆或梗而闕厥理載跈罔斯逕斯是謂浚牖天遊重闔靡我柴守百節玲瓏萬竅疏通寒潭秋月玅鑑晴空羣彙品象叢瑩競露景潛毫芒施光亶照有聰無倫先達名言處闇若晝哲人攸敢何以攝之維道集虛君子百年庶玆終譽

崔忠貞帖後記

右崔忠貞眞蹟二十四帖　今上四年公辭勳于海實爲鄭文康鄉故此時往復書也於乎帖之倫將以有感焉二公生壓一歲歿亦如之始而同里閈騎竹長則以志意契歷　又朝爲國大老末乃小与一筆星聚六年是路公而有鄰

德也尤老而彝道義也天紀之上峙亘輪治台
能使覽者曠想像慕如奉杖屨親謦咳臨顧一
詩尤爛然鄭重其終於乎朋友之道不當如是
耶世之人情好非疎也問訊非曠也簞食豆羹
已見於色臨小利害能不睨鞘而怒者希矣噫
彼何人哉

書修山集後

右修山集若干卷見識之高明也張㲉之綜淹
也發揮辯說之的確也凝乎其氣也雋乎其味

也亮非膚學一孔士所彷彿於乎偉哉世之人
好言古今人不相及至如修山子何如哉凡有
一善一藝人尚恐不我知也而以修山之高才
邃文康紕以出之自足驚世震俗雷灌耳而電
注目也乃翳然褐衣懷珠藏玉雖平生知舊如
余者猶未能盡知負抱之博且厚如是也以余
所不能盡知亦知知修山者希希則我貴何憾
焉修山素性任質英華不外見於文亦然多積
薄發理勝其詞夫託之空言不若見諸行事懸

談窈妙不若掊諸實用也故其所闡發者東方之事所撰述者當世之務且山川風物關防險夷有國所不可忽者而羅麗遺棄故遠茫昧拘瞽淺識舉眯其方方蒙蒙如未朝之晨而我獨瞭焉無不燭其源而疏其流張其本而括其末義與道載文與政通杼柚自己總紙成文使覽之者不出戶而知區域不更事而知得失謂時適物隨流變品非通明幹濟達事幾者何以能是修山之於斯術也可謂至於其所至矣集中

有箕子世家第其系派紀年之多據於近世關西刊箕子通紀者抑將以之而傳疑耶吾友人李侍郎仲命嘗編箕史頗亦取而徵信余爲之按條批駁以訂其贗繆仲命以吾言爲然今無以告仲命者告之修山晞矣仍並記其說 上之三年四月日平州申杲書

書巖契憲後敍

孝尊尚於追遠蓋自禰祖上以推之則禰祖之於其禰曾祖迺上之於其禰曾祖也苟能以禰

祖心爲心尙可有遠而不追者乎然人情豐于昵怠於遠若夫遠而不怠者其必加於人一等吾於吾族弟侍郎李益甫乃見之矣吾先祖典籤公文節公及忠翼公丘墓在京圻楊州之忩憂里而吾從高祖莊武公以下比三世祔葬焉是於李益爲禰曾高祖李益旣備物致孝於其禰曾高祖之墓仍曰吾宗之東帶立於朝者皆忠翼後也其克世厥家奉免大何皆典籤公之庥而文節公之敎也寧可不知其所本乎今三

宗之宗子衰替不振祭田則歸於人丘木漸至濯濯緊誰其責於是多捐貲財推其田還之祀孫旣又設爲鄕約別成契憲凡於禁樵牧護松楸之方靡不用其極烏呼豈不賢且孝也哉其一二科條具在憲中自今徃爲三祖子孫者皆能恍篤乎其心遵而守之世世勿怠則又焉有遠而不可追者乎凡我在後之人其益知所勉哉是歲嘉平大羽謹跋

俞晏倩眞贊

風月情懷江湖性氣啚聞其語斷翁殆庶數畱
瓊琚一牀詩書淡衣幅巾遂服之初

斑玉書案銘

蠻邪鵠邪挺然停峙然峙者九苞族邪先天而
凝後天而章爲吾家文字之祥己巳霜秋宛丘
翁銘

宛丘遺集卷之一

宛丘遺集卷之二

書

與南受之書

男 縉緯絅 編校

所爲文既屢承索謹將近錄若干篇備覽觀弗敢以尺度爲工弗敢以仿像爲能弗敢讀下宋之書以媚時俗虞其雜則去濫滚懼其靡而黜豔華其志固囂然不息不審足下將何以敎今之爲文者竊竊占私先古一作家儗歐膺蘇之

書張皇乎雌黃汗漫于棟宇引朋比傳延譽以自高某固陋適丁此時如遠方人猝遌賁游語言之麗車馬之好非不欲捽而效之償短於服飾口吻於巧治惝怳卻歪歪且將十年於是憂之者憂而毀之者多知之者誰而笑之者衆不審足下將何以敎善乎李習之之言也曰讀春秋如未嘗有易讀莊騷如未嘗有六經文之于古摹效其未爾書字小技己所寫而復臨之多不類影曰盡其後意態則爽生歐蘇七百載下

依俙其格例字句之間而曰我眞是也非狂則妄乃欲以區區之識不唯妄之於己又欲強天下之文而同其妄可謂不知量己如使文章之道沿襲爲上史遷已能續莊韓愈無事起衰矣抵掌談笑人或疑其叔敖而君子哂之矯夭空蕩市爭觀爲游龍而識者辨焉今之人高自櫻揭佗佗以自其嘗者曾不過以優孟偃師之歐蘇而自期耶夫人而是我當爲文章索隱不然千金之裘而易敝緼知者不爲也唯足下裁之

上高陽從叔父書

西游纔還行蓋已發悵慕奠及無以爲懷大羽十一日宿坡州謁豐溪祠明日上華藏觀貝葉栴檀詰朝向大興城取路玄化寺墟是高麗成宗祝釐處又六離落蕭淨境盼亦間僻忽然有遺世卜居意但未導引前無武陵千畝可以料活自遂從關路登泛槎亭亭在朴淵下對値落勢奇壯雄雋令人洗盡千斛俗塵感名無虛登不然哉尋源亦多拄筇地而所謂妓潭水石絕

佳潭下又有短瀑與石相撞擊常轟然作大鼓
聲尤宜值月於此夜深始次大興禪寮貽朝度
隨石額尋謁花谷書院拜文康公墓上逝斯亭
緬想小車盤桓處若親文席但游人劇繁殊不
靜寂因入府中謁私陽書院臨善竹橋上滿月
臺轉入敬德宮殿周興亡與際可想像入成均
館拜文冠書院崇節祠而但過坡後馬甚遇邑
兩日徒行餘七八十里以是脚胞足繭殊損意
象爲大歎百自私雇馬倩長湍治今日到臨津

宛丘遺集卷二　三

又雇馬又借鎭將馬逢坡州借坡州官馬至亙
中若傳騎然行色旣鄭粮亦乏至於借食旅舍
還發孤笑郎今還海日益急而馬病轉劇官馬
又多事難隙意欲木道而下遲此回指示便宜
伏望行紀姑未洗篆不得並入覽自夜艸悶邑
不暇入細姑不備上書壬午午月十五日從姪
子大羽

與海西尹觀察書

摩暑伏惟台體旬宣百福僕曩過鳳山之杏亭

見片麟奇居廬事感歎歷屢曰未已且惟尚不
爲執事擧也麟奇者鄕井賤民早喪父事母甚
孝先又六年母病幾於殆麟奇泣禱天所指取
血以進母母蘇是獲蘇至去冬而歿麟奇遂廬
于墓跡不出區外已半歲有餘叢冢荒莽之中
二間頹屋聚雨兼風不似人所居行旅皆能傳
其事往往有泣下躊躇不忍去者噫乎眞孝子
也前歲東郡客次記執事言曰政治之良無如
擧善以敦俗儆時歎此名言以爲龔黃之治不

過是但不敢知執事尚擧之善何所先耳夫善
不可一二擧善尊感於善事父兄故古人敦俗
之術多端而必以擧孝悌爲先今有民如麟奇
而未聞執事之所以表章則執事擧善敦俗之
政果安在哉或曰不及聞不及聞者不求也不
求與聞而不擧皆有失焉抑將以遲之也李文
饒有言遲於擧善爲善者怠亦願執事勿遲小
人之情易以賞勸十室之邑必有忠信苟執事
褒異之恩不啻巠獎于孝子之節爲執事民者

訊設不扶攜傴僂以聽執事之令將曰麟奇亦人曰我何必不若伊舉于千然興於孝悌之化舉一麟奇而得麟奇數千百人落落參錯海西民俗雖欲不歸厚不可得也執事既黜汚吏而一境肅肅無事發有德長有行使百姓知勸此其時己干冒崇聽昱悚昱懼某再拜

答鄭述仁書

來書亳中箕家之說出自杜預預之言曰梁國蒙縣薄伐城有殷湯冢其西有箕子冢其說不知何所傳焉而蓋因史記朝周語好事者增衍之也然箕聖之東來欲其守罔僕之志也武王就而封之將以全罔僕之節也既全之而復責必於三征九伐之制既守之而復奔趨于輯玉班瑞之庭豈事理所宜有哉史氏之不可據已如此何況一進不返以至有冢於中土也遼東故蹟云鶻緑江東平壤城箕子之故國城外五里有箕子墓地志偃師縣有成湯陵而無箕子墓此亦證明杜繆之一段雖然成湯云云又未

可信也劉向之告成帝曰殷湯無葬處夫使世而有湯冢者詎以子政之博物洽聞獨不聞此而丁寧哉君之辭藉之以爲言乎不具

答韓正字論維州事書

來書維州事胡氏之論旣明正的確乎奪微意又可徵於綱目之書而足下之疑未已豈足下未之詳乎愚陋一二之言無能爲高明所財擇然請援先賢已盡之意而一陳之不審足下眞以維州爲不當受耶夫維州旣非吐蕃之舊封

悉怛謀之來降又出向化中國之誠心則亾然捐祖宗七百里疆域擠忠款自歸之人於屠戮之場而自謂天子不失信不渝盟寧不笑哉維州則誠辟且小設令吐蕃盜有咸陽而咸陽守將按版籍來歸如悉怛謀則抑將諉者有盟約而不受與辭受之於義也無小無大唯其當而已故苟爲可辭嗟來之飯餓者不食如其道也舜受堯之天下天下事蓋未有是於咸陽而非於維州者矣使維州而不可受雖大於咸陽者

固不可受使咸陽而可受彈丸黑子之地皆可
受也況於維州乎且維州咸陽皆可以無受設
令吐蕃盜有唐之天下若漢之魏宋之金帝業
偏安於蜀浙之阪曰殺雞刑馬而申約誓焉
一朝有悉怛謀者係贊普頸藉吏民封府庫而
來降如維州則又將諉吾有盟約而不受與此
理昰明而以足下高明之識尚欲爲牛家左袒
何也然而朱夫子書法之策表明後世則足下
之疑斷亦可據而證凡舉其地降于人者綱目

必書反而於悉怛謀則曰以維州來降特書褒
贈皆以待忠義之士而於悉怛謀亦曰贈右衛
將軍此豈非春秋大一統之義而不設以夷狄
班諸夏也耶然則悉怛謀雖不幸生吐蕃梗化
之域亦大唐天子一臣子自以大唐臣舉大唐
地歸身大唐之廷矣烏得以反之夸語傾恐非
所謂服人之心是以君子不爲藉受維州之地
吐蕃果能不三日而直擣咸陽橋如牛奇章所
云乎非此固不足嚇文宗而闖其計然言之媚

疾適所以成其不正則兩家是非足下又何疑
焉

重答韓正字書

前書頗詳竊意卽賜照可及得惠告依舊扞格
鈍訥之辭愧未相孚維州是非本無當疑而責
備之重每歸贊皇至使臧文之不知藉爲足下
之口實則文正太恕之論有以肇之來教設譬
以兩人相侵奪噎蘇楚則可也唐之於吐蕃若
是班與如曰不然唐者有天下之主也凡四海

宛丘遺集卷二 八

之內六合之際跂行喙息翾飛蠉動林悤于禁
充物兩間者不非唐家之所有則彼吐蕃倔強
梗化自帝其國亦唐家一物耳王者羈縻之政
雖不必興師問罪取岐蔡服之外設有係贊普
頸按版籍來歸如前書所云則無不當取之義
況乎維州千里數十年前皇輿舊紀事皋勁兵
屢頓堅城之下至死恨不得致者迺無亾矢遺
鏃之費而一朝自致殆所謂天授近之仍撫而
有可損於義理可乖乎人事而必手而襄之如

遺如歸那來敎云夷狄之臣當爲夷狄之君盡
節斯亦敵以下之謂非所以待天王也若誘逢
磨之令將逢磨之兵侵軼有唐之疆域而謂是
盡節寇而止爾盜而止爾足下奚取焉且足下
強立其說必欲正悉怛謀反臣之名者盍不如
是無以明維州之末叉受然悉怛謀亦天子臣
也自外而內自夷而華何得謂之反后演芬西
羌之人李懷光養之爲子則恩亦厚矣及懷光
之通謀長安擧其情告諸天子遂爲懷光所殺

故後世稱其忠彼維州之將將獨不得爲演芬
乎哉盟好云云大是可笑牛僧孺果以盟好爲
重與前年吐蕃之騎纔從魯州而過則不可謂
盟好矣三州七關之受在其黨得志之後河湟
之復維州之取又在是冬何盟約之昔好而今
渝何義理之前嚴而後肥也以順則不受而以
兵則取之在其黨則可而在文饒則不可此果
義理乎抑亦盟好乎其妒賢疾功之爾誠不可
盡贖而足下云吾取其善尙足下之能取天下

之善將不勝多矣奚待宵小口給之策以增光藥籠哉奉再財量

與朴維則書

即日山居啓處珍重翩然節鞋未許塵人送別仍知高情擧擧無復京國戀嫪之恩瞻望雲水如不可攀而追也伏惟藉芳艸蔭嘉木一任風露之生成此其時己誰薦誰莪何枯何菀蔦蘿記一轉語倘不謂知我之水鏡乎當楞嚴二弓寄上領納如何若座右圓通觀照之日即鄙人善因責償之期顒顒族千萬顒族千萬冥頃在洛遽哭僉正從大要情私昆叨但歸便無大擾事課兒書勸僮鋤亦有時未能自力自何緣相對一攄懷書盡眾增遠想惟照察不宣大羽頓首

四月十日

宛丘遺集卷之三

男 縉綽絢 編校

序

送貝御史監市北關序

貝侯庠以弘文校理監市關之北弘文之職君過則救之疑則疏之官司失則規之周于庶士之別而有大臣匡拂之道故必選通經諒直有文學士處焉雖未可責必於今之人如侯者不當一日公其職侯曰不能匡一關補一事苟然

以榮其身非臯與捨 君親出塞北短長韓野之偵極知不堪然不然無以效庠之責烏呼此侯之所以賢與使令之人皆能有志如侯吾奚庸惜侯之公監市之有御史非古也嘗於兵馬評事十數年來議者更張之廚傳鞭笞一眄震騷甚矣舊制之莫能仍苟得其人豈評事而不濟評事之所不濟乃謂御史能之而出經幄之良而攝一評事之餘勞也耶於其行以是為別

送留守成公還京師序

留守成公治沁之二十有三月納節將歸京師書來曰子不可無言於虛雖微公之言固將言也以公之文章雅望久於外非朝廷之利吾雖沁之人豈得以私公然前乎公而觀乎今今之複袴者著之無襦矣今之餘粟者著之無食矣威而不至於猛惠而不近於譽廉乃肅闃人自得於環海數百里之間使繼公而來者苟不失其塵垢康秕尚足以治況乎公而可忩哉繇是而進處公廊廟之重而得行志焉吾沁之人雖

失之亦得之矣不然在朝不過羽儀之一賢大夫自輟夫方成之績而歸且棲遲乎散閒則其於朝廷之利不利何如也沁之為州當南西商檝之會貢稅之所運漕魚鹽竹箭之産所曰逢于京師者必繇之取途焉其地之重且要如此則其簡畀之難而為政之不易也然而久任之制廢而為師府者視以遽廬莫肯出氣力事事其或事事又瓜秩以闌之又或不得其人則苛從貪暴之令夫氾愛為民翼然不郦主矣夫必

艸而葬之則不知已如將已重其地而不必
重其治云爾則非吾之所前聞既惜公之去而
不可得以留書此為別且用發吾之感

送衿川書使君移宰臨陂序

衿川吾楸梓鄉也地莽蒼且近治化之所覃號
令之所及蓋有不斬至而至焉苟太守之有政
吾無不知況於書侯吾豈有待於聞而知哉
其持之也廉其聽之也公其視官如家視吏如
家人視民如赤子雖若不足於月計歲必有餘

如是而能有不能治者乎既四年衿之吏民安
於侯之政侯亦樂吏民之安於己而己亦安之
也日尚足以儋妻帑供醪醴會羣代湖南之臨
陂以行將行畀吾于言吾聞隨所俗而制其治
者古之良二千石也奚有治於衿而不能治於
臨者侯善於書請以書諭趯撇所同也結構未
必同楷行雖殊而濡遲不可殊廉公濡遲也臨
衿結構也侯獨不見夫御馬者乎步驟康莊之
道而按轡緩轂侯但不失馳驅之範而已既惜

侯之公且爲臨之人賀得賢縣令因推說將以
爲賀之辭以道其行如是云己亥春正平州申
大羽書

送賀正副使尹大夫序

世傳陶隱居誤眞誥而仙果仙而眞有眞誥而
使人仙邪余未見其書固已徵雜出傳紀者而
奇眞誥之爲書偶於李叅丈聖載座語及之聖
載欣然曰然善吾丐諸人舊藏其書尚在請以
子其既而自湖墅伻來以畀有書曰開卷以許

便皆觸目琳琅則眞誥之爲書可知己今其書
雖爲人失於火燼何嘗一日無是書於吾心東
方簡編籍無復有眞誥者嘗屢活燕肆而亦不
售其書之不常蓄而宋之之難抑有待與於尹
大夫之役又嘗之矣卒今天下無事國家昇平
輕軒載旃非復楚行人飲氷之勞矣迨此閒暇
泛璚篆蜃玉檢相與訂長史玉斧之逸迹亦一
事也以是爲送賀正副使尹大夫序

從祖忖父羽翁君六十一歲壽序

有餘貝有不足故有不足者亦必有餘天道也
惟我從祖府君文翊衛君文可以賁筆鏞行足以
敦世俗忠信足以仗六尺百里之託然而進不
克得志於時居無以爲宅於都平世棲遲昕夕
之不暇謀也庶事之多乖違也夫君之所有餘
皆世俗之所不足君豈能獨無不足乎哉惟其
有不足也故藜羹縕袍之餘於淸淡也杜門屛
客之餘於簡靖也動心忍性之餘於修省也遲
險而氣不懾居難而色不沮鬚髮雖變於曩昔

而神明內腴耳目外敷視強壯無是衰耗則又
君之棄於有餘者然也餘不足不相棄不足謂
天道　今上戊午十月十有四日君始生之重
回歲月日也親賓咸萃謀所以壽君祝嘏之辭
於虖將餘衣之祝蔑乎餘粟之祝臯乎餘嚅唲
於僕妾乎餘名位於德器乎人生六十始稱壽
繼自今以老以耋以至頤期年彌高德彌邵屹
然爲宗鄕之靈光後生之目觀乎絜此較彼誰
餘誰不足盍以是爲君壽乎

古文程楷序

余於西漢文類之次輒錄其尤完粹者仍略綴先秦後漢訖于韓子文凡一百一十有四卷凡一十有又摠名之曰古文程楷可繕寫　敍曰選有得有失志及之力不能及之則亾已氾濫乎大全氣之富而知有所未至者亦於斯取裁云爾且昭明收七代於燼原第生濟王李之襃陵遞世祝尸而傳尚之然程錘之衡秤弗壹而品比之珍偵隨殊既莫以咸囿大統復往往使

安於塗飾間厥格例亾相襲蹈於先古之佗而文章遂爲之贋僭焉何况深末指於斷臑而口己勸于全鼎乎夫蒙俱者意擬似聖酌蠡而庶幾測海至愚尚知其不然然而以爲古人之文可掠略而盡古文之制可摸畫而取惑己其趣彌捷而其塗彌陒其步彌蹙其亾而離諸古也日遠矣故善爲文者之於選也但能脫牡當路涉水爲杠要弗眩所向而已此蓋用選汲長之術也又十一年二月八日湏江山集八不羽書

近宗契續券序

禮曰尊祖故敬宗敬宗故收族族也者未至途人之屬稱也繇本而達支沿派而溯源其初一人己自自一而三自三而五自五而九服單于上親竭于下而使呼吸流通之身終必至於途人可不悲哉卒及其未至途人者睦而合之收而戚之忠厚之至也還遠收族夫豈君子之得已志詖之感聲氣之相及有不容人焉者此周家族會之禮所繇興而詩人起歎於行葦之賤履也其詩曰戚戚兄弟莫遠具爾非收族之謂與吾宗舊有近宗契昉而行之且有年而中廢諸宗相與謀續契券敘輩行芳月令辰肆筵設席將以紹修先古之盛事與余爲之識余愧非其人況有族祖平雲君舊序余復何言之可贅人情順於始而忽於終勉於暫而怠於久將與諸宗勗之乎益又砥礪名節嗣守忝則胥勉忠孝胥述誼懿用會舊德之名氏乎夫傳世之令聞令望於焉講之而勿隳則是舉也又奚但爲

收族綴燕之樂而已詩不云乎無念爾祖聿修厥德請以之爲契觴之侑 今上六年七月辛酉大羽謹書

知敦寧府事洪公司馬回榜序

今上元年歲在辛酉知敦寧府事洪公壽九十有二公 英廟辛酉擧進士男景孝以是年生至是而守子一周矣是秋景孝子錫淵又魁生員試將放榜仁政殿庭會有司以回榜故事擧公名以聞 上曰可同日行於是公押進士百

人錫淵押生員百人公左右掖夾行進應榜是威儀也公縣宮僚循宰削位隮上卿茲又晉秩崇祿 上御便殿引見許子孫扶入命行一坐再至禮而不拜問年壽所至筋力所逮公俯伏以對仍祝曰臣敢盡獻臣年紀旣還宣流醞賜米與帛錫淵之謝恩入侍也 上曰回榜老人年且近百歲且經 兩朝宮官其子年六十一其孫又登今歲上庠希貴事也如欲慰悅老人心莫若官其子令授壽職景孝 [illegible]

光優渥一時重人所至之地觀者堵墻競文豐望如神仙云族婣畢至遠邇交賀會于公之堂數百千人咸有詩文稱述焉既而公命臯序其事公於吾先子同庚寅降又執友也微所命猶將樂聞而喜道之況乎其命之乎夫人上壽百歲中壽八十下壽六十十日十二子相配數至六十則天運周復人事終始是故生年六十一而有回甲之稱婚年六十一而設回巹之禮人家稱慶固無過此者矣雖然回甲者下壽之常

有而回巹者中壽之所能也若夫士之進身以科第爲榮而非人人可得縱得之而周其甲者蓋又多在於上壽此回榜之典所以優其老也世之回榜者固不常有至於賢子令孫繞膝承歡貽厥父祖之慶則尤其至難而不易得兼者也今公壽已臻回榜之舊歲子之甲孫之科適又丁斯辰身體康彊胤支蕃衍而　聖主所以春待而惠養者又如此其至也凡諸可致之福罔有之慶無不並湊則豈非人所未得而公獨

有之者乎詩曰君子萬年介爾昭明昭明有融又曰威儀孔時君子有孝子孝子不匱信哉言乎公平居有而若無實而若虛應事接人常有以自下婦人小子皆知其可敬則是其撝謙之德不幾於昭明有融乎膂力旣衍無以爲禮而猶自箴儆于身非甚病蚤起夜寢衣帶必飭則是其持敬之工不幾於威儀孔時乎惟其敬於內是以謙於外易曰謙尊而光卑而不可踰公之謂與故天道益之人道好之鬼神福之旣壽

而貴有錫無匱於是乎天下之爲善者知所勸矣人猶知勸況於子孫乎公之若子若孫又皆循循有孝謹之風吾知洪氏福祿不但止今日回楊之慶而已也謹以之爲之序且以爲爲公之世者誦焉歲之九月二十九日申杲頓首序

送賀正上使書尚書赴燕序

判中樞府事書公赴燕師輶軒載旃旌旆先路平州申大羽送之以言曰惟　祖宗惟立國四百年聖后相承[illegible]

變之化與天無極於乎屈矣書延者奪才令之
徒紹介西夷之左道蠱眩我士民斁敗我倫彜
浸漬滋蔓具虞實任於履霜我　聖主新服
文母垂簾肅整邦憲芟夷妖孽維時[忄延]服異言
厥爲柜蔑見察於關人之譏亦既正王法矣犯
越相間禮則宜然於是授公幣與節仍賀正以
行於乎公之行不爲無事朝家所以付畀之者
又不爲不重不審公將何以處此春秋之義大
夫出疆有可以安國利社則專之可也攝威儀

嫻辭令光輝君命使也文物以紀之忠信以將
之毋兩國失懽使也大國不可測審幾造命臨
事制變折衝口舌之間亦使也夫民彝物則華
夷之同得邪說肆誣害有甚於洪水猛獸則茲
焉陳奏意或者廣魯於天下首公祖文忠公厲
節瀋館信大義於百世今我東敎率之正辨辟
之廓中土所宜着公又適當是役銜使命彰義
問使殊方絕俗咸知所以衞吾道而訟異流則
豈不于古有光乎所謂趾紹先美跡殊而功同

者在此行矣公行矣勉乎哉 上之元年十月
庚午申杲序

李文靖敍述集序

恭惟我 世宗大王德莫聖焉尊為世室有臣
五人從與享之吾先祖相國文僖公及相國翼
成黃公及相國文敬許公及領中樞府事貞烈
崔公及吏曹判書文靖李公是已李公諱隨爰
拜公車以經行明修為 聖祖潛邸師長銓部
典文衡於其卒大常議諡配食 廟庭焉世傳

公之先全州人公始居海西之鳳山郡淸簡亶
欲所居屋無以待風雨 上為劃郡西方四十
里地築室而與之後人號其坊文靖宗曰御授
井子孫仍貫遂有鳳山之族云我 聖祖偃武
修文身致大平經緯固已有密禮樂粲乎可述
而至於參贊大化寅亮天工不無一二匡勵翼
之功故茲數公之勛昭載簡策究埊彝常扁扁
若伊呂周召之綜錯於詩書傳記而獨於李公
焉慨見如彼其卒略可哉殆所謂為而不恃功

成而不居者與兵燹之佚而雲仍之未殞與伯
歛焉藏用無跡可尋也歲壬戌之春湖南士人
李得元布衣艸屨叩余門來通孔李之好仍出
其先蹟若干紙搢紳先生所爲詩若文名文靖
敍述集屬余爲之序且曰先文靖盛德徽猷闇
而不章後嗣之責冀幸見敎博雅徵文獻於杞
宋之外也嗚呼不其然乎當　英陵盛際宏儒
碩望彙出林立而必推公以曰盤輔導之任秩
八座而言並四相則公之所以爲　聖主臣與

夫　聖主之所以眷毗待公者固不須欒野紀
載之詳矣湯之萊朱武王之泰顚閎夭吾聞其
名矣未聞其事矣然萊朱與伊尹齊稱泰顚閎
夭其烈於周召太公則將其人瑰瑋崇壯不使
阿衡專美與二公尚父爭烈也明矣雖史有闕
文何害爲萊朱泰顚之賢而終有辭於萬來
許哉公何以異于是孔子曰聽遠者聞其響而
不聞其聲居乎所傳聞之世必欲其徵信舊章
不已潤乎余旣喜李公之後能道公之事且喜

生志之勤而求之誠也敍是說以帰之時 今
上二年又月庚戌也通政大夫承政院左副承
旨兼經筵參贊官平州申大羽序

送謝恩正使李太史赴燕序

太史判中樞府事李公獲朝家謝恩之命赴燕
太歲壬癸時維孟秋秋 聖上即阼之第三年
也供帳有日紳佩傾朝殷川原而耀林薄也太
史文章世業家傳清素振藻矯時蔚然為衆甫
之首登贊襮清字秩 先王手擎蚤章頂熺天

光人臣榮寵實鮮其傳而殷無費粟之馬食無
搶豆之肩休間盈百人無不重且敬也於是周
行諸公都邑人士齎詠感歎舉懷愴別之情餞
酒百壺離章萬軸儀以車文世舊情登後人感
彼永懷執鸞以慰之曰其城連社或屬垣而有
數月之面或阻閭而有半歲之阻不以為悵近
也自達觀觀之碍空蝸角等是域中夫何刺刺
悃悃於冥山之遠太史以隨先相國文靖公之
行至審子夏所居跡之未遠而覩之未偏也今

以上价之尊續布衣之游輶軒錦貂遠有光華使瀋人再接淸塵營從非昔必曰淸明之世君子在位也豈不幟哉至於覘風察俗諏謀度詢覩敵緘而申佩聆韶濩而知政訪問萇聃紵縞俊英殆太史平生之志得矣雖燕地僻隅非復皇朝盛際南都舊儀而求之以耳目所紀地莫曠於遼陽之野山莫壯於醫閭之鎭物莫舊於周宣之鼓三者天下之偉觀外此瑰境遺蹟之待人而闡者又安知無過於此者乎探禹穴窺

九疑涉沅湘浮江淮踵相接也而龍門之見者高故獨能培其氣而壯其文詞以太史劉鑑玄覽亦豈無超然有得於人人見聞之表也哉莫不有道唯賢者能識其大儁將三沐三薰俟其歸而叩焉是月吉朝平州申杲序

李參奉文集序

夫足於性者天損不能入故能常游萬物之祖若李先生者豈其人乎先生諱匡呂字聖載以而率禮蹈謙閨庭之行以睦長而敦說詩書多

識前代載言漱六藝之芳津步先哲之絶軌栖遲衡蓽表植人倫道存林宗韻諧淵明故其文發揮性靈理致冲遠詩亦風情所寄泱乎有正始之音雖不事藻麗歷覽而其語皆高妙出塵響隨和在璪吐彩流潤片章隻言鄉傳萬口見古文異書心目樂之然諷味數回宣暢志意而己有人來求書欣然濡毫數紙畢盡論掖後進惠訓不倦都下紳珮聆風景隨觀高挹淸聲名藉甚於是傾倒屣履間至皆驚蒲葬洛試亦入

摹效然世之學先生者多是形骸之外公之所以愈遠嘗除寢郞一肅郞公得從所好縱志散朗春秋六十四歿于國西門外平洞里第嚴藪知名莫不失聲今太史氏李公亦慕用無窮者也以爲使芳流歇絶光靈不屬吾輩之恥第次遺文縣諸不刊俾余爲之序余以寡陋獲私於先生久矣追先人設姻之誼感筆札知己之深爰摽大略系之卷後冀如扇播芳烈揄揚世德墓誌家牒詳焉　上之五年四月　朔朝平州申

大家書

趙進士忍菴集序

上皇之民民生於舒日化國之中俗無不仁仁
無不壽降玆以還氣漓形以粹駁不齊俗未必
仁仁未必壽況精而粹者屢萬千而或一二焉
唯其生之之難也故其數尤不能長此果理與
觀於趙進士忍菴集彌知其然矣君諱載道字
文之孤稟挺秀甄性粹信五六歲已欲以辦是
非憂樂人文坐臥吟諷不離篇簡九齡作採薇

論其族父東谿賞歎之不已曰此穀深體也十
三通經傳二十三成司馬進士事父母有至性
侍疾之孝感于神明居憂之哀達于鄉里旣紀
未闋竟以毁終春秋纔二十五吁其短矣君於
世事澹泊無所好於文若嗜欲然其學以立志
爲本治心爲先覃思力踐精鶩神習剗晰奧窅
高悟冥賾或穆然如忘或凝若有立潛修闇章
之實自然有不可揜者故渟而爲和順之氣流
而爲彬蔚之文弱齡造詣裕於老成於是鄉邦

歸尌度之仁京國馳賈生之譽且其立言造端
經制斷文者莫不自我心極疏達方寸之微談
治亂則擢古揚今明劃條畫繹乎若春繭之抽
絲也陳道德則析理研幾滌源𠂢派汪乎若急
湍之赴壑也其他言志諧情記會敘別修人紀
斷國是大較皆初十歲廿五前所述佗篆學傍
杵卓識邁見將尋千古之墜緒導三灕之斷湛
摭華啜實爲吾道光而爲山九仞徑自玉折卒
不得窮其功而竟其十此又何理也君元兄全

州公亦負望士也念慈明之無雙慟子敬之先
亡手攬菁華圖歐巠後而未集其亂尚書與君
之嗣諫議良鎭追述先志加諸剞劂使靈珠荊
玉家懷而人握不亦善乎君於余爲從祖姊壻
自余童穉有時望風於店谷甥館貽十年以長
矣而余視之常若嚴尊長提攜追躡的歷如朝
暮于今歲曠年深薰歇光沈世鮮知有趙忍菴
者而巿衍不朽之藏自足長世敎充後觀則韓
子所云元賓殀壽之理吾復可疑焉乃其篇目

敘其所謂以弁卷首後之覽此集者亦將深有
會於斯言

宛丘遺集卷之三

宛丘遺集卷之四

記

河上齋記

男 縉綽絅 編校

鳥跡變而篆籒佀仍而爲大小擕而爲隷楷流而爲行抑自然之數也鍾王氏尚己若唐之褚虞顏柳宋之米蘇亦皆隨時嬗變各致其妙而至于元子昂明恖白既澆漓非眞矣我東佀者必先數韓景洪尹白下韓爲尤近古但識不副於丰丰未闡其工書固六藝之一而人所不能一日無然得其至者或寡矣書之道豈易言哉惟員嶠李文發衆體之奧閫稡諸家之英粹振刷塵腐不專一能於是常者山立而怪者霆擊馳如怒馬靜若處子風雲鳥獸劍弩鍾鼎隨手異態莫可名狀高處往往入魏晉下猶不肩爲趙董極千古書法之變而騁驟乎九軌之塗誠命世丰其八法模楷每有得雖隻字斷墨余故未嘗泥沅也歲甲午夏王藍邨適有李主觀鏞

老攜元昊所有此書沼上老人哥一幅尤具絕
奇者引畫排點若有神助駭心怵目逾見不可
思議之妙信乎李文之性於書矣雖以余慣翫
與書鑒賞屛障不啻數十百本當屬此爲第一
丐而得之名國工粧衍成軸而名所貯室曰河
上齋竊附古人蕭齋之意仍復安置古今書畫
若干弓著以款印俾後之得吾書畫者就玆鑒
別焉

蒿菴記

室以蒿名志感也方且待之以爲松爲柏爲梗
柟豫章顧乃眉眉焉托意於下里之微介所養
非所須所以三年不能文也蒿菴子曰然雖然
昔吾少壯之時志奚啻凌霄漢鄙長風然而偃
蹇据落衰朽已係之矣吾未能自意者而謂吾
先君之爲我乎哉是以顚醜桑梓之鄉惕怵松
楸之舍溪有感詩人非莪伊蒿之義予與終記
之尺有所短寸有所長不賤而貴不貧而富人
情之所同欲然莫義與命君子不苟將染瓜閭

之興撞李倫之鐘旌旄樹于後便孌足於前乎繩樞以居短褐拚脛不屑黔敖之簞豆棲心乎興之金石則人雖曰夫子之蔫吾必謂之栽而不謂之蔫矣然則使夫子雖不奔不得托棟樑舟檝之用亦自狂湥山大叡而已昂霄偃仆一任風露之生成甽肙荳苗糞壤之間與栽蔫占高下枯菀哉夫然則不但蔫不可爲栽亦不足尚已請以是爲蔫菴之記

閱波亭重建記

亭舊西江院也西江之源一出盈遠之郡一出陽德之縣馳西南曲折四五百里於此會同焉濱水皆石壁壁底又有奇石蜿蜿然潛截江右水落則人或躡之揭厲名龍橋院其上以館賓旅傳爲先高麗而佔紀載無徵至麗氏中此爲關北通道意其時設也嘉靖戊午廵慰使宋寅過焉以閱波錫其號爲亭時當秋　明宗十三年云凡物之聚者必閱閱檢也閱民閱馬皆是也爲兹者[illegible]

時此路已僻無所事於院故稱之不以院而以
亭專畀騷人墨士觴咏之宅與自戊午迄至今
爲二百三十有九年前乎戊午者吾不得以知
已後于戊午者或建或修已三遭矣扗 仁祖
乙未縣監李知白也扗 肅宗庚午縣監李葳
也扗 英宗甲戌縣監李朙煥也 當宁丙辰
亭復壓墜而適余爲縣之第四年乃使功曹李
師穆貿杵燔瓦董敦其役凡七十日鞏然集事
名榭起廢始有數然矣舊嘗面南而亭之庚午

改以西今尚仍焉亭既成余臨以觀西固當悵
不稍北而旋以孫子山中峰佮對也然後山㕣
波勢平正均圓左右岡阪皆適位置愔余見之
遲而善與美之難盡也詩不云乎噲噲其正言
方向之不失所也後余而修斯亭者庶幾得吾
說而治之則可矣 上之二十年十月丙戌縣
監申杲記

堤州館新建記

爲之館覺殿扗內門之北殿牌所安東西七筵

南北四筵門陳五筵縹壁紫柱五架四阿繚以短垣磬折下屬前設閤門三龍內門在饗殿之南左右掖門東房在左掖之東以館上賓西房在右掖之西以館衆賓皆文榱畫桷芝藻侏儒左右有序以館旅帥次門在內門之南左右掖門門側之塾以館臺隸外門在次門之南左右掖門複樓雕檻華樑有蜿飾以鱗屬風鈴璽縈魚躍聲和荷池在西序之西武庫在饗殿之右高墉匝館矩屬外掖此堤州館新建之制也九

卿朝事之堂在路寢之表下君一等禮也東國爲館其制則必以東西二室參聯饗殿饗廡齊架是與蓁大夫竝坐奚異哉且堤州之館墟爲茂艸不能以迎送爲事百又餘年縣監李侯良會采之之至則仍舊址刱新制計日月削衣食戒都人壯幼旉畚鍤版築均逸勞書程選材度工課拙顯能三閱月而宮牆如此其濟濟也館成功訖屬其鄉之宰大羽爲之記大羽揚觶而言曰允哉班是制於域中可也覽殼呂一視民

敬也客館居下視民忠也武庫在北視民不爭也規水在南視民下澤也能忠而敬息爭憲下於道民也何有侯居於國之郊脩優田園漠然若無意於世者及出爲員外戶部辦事治稱又能不鄙窄小縣強猾則抑駁之蔀廢則刷櫛之周歲之頃始無遺敝竭吾力之所已至而乃已若侯者可謂能於爲治矣吾聞善治官者如匠師治敝廈逾敝而工益繕始侯之謂與是爲堤

州館新建記　上之十四年六月壬子平州申

梟記

小橙記

木之堅心者也伐古木出諸中如胚胎焉財一尺二寸以長峰者洞者谷者嵌谺畢具色蒼黝以黃性引水可用栽蒔噫連抱而參尋丈非不嵬然大矣風雨而摧敗之蠹蝎而攻穴之曾莫以須臾期迺獨全其棱節經百年彌堅彌剛奇矣士有類於是非剛堅曷能持其操

浮碧樓重修記

夫政教稽古先哲之令典文物仍貫後賢之懿則是以吳興新白蘋之亭西省復紫薇之閣斯乃風流所以遠尚文藻所以不墜今觀察使太史徐公淸允好古志述不忘恭承命節撫綏西關四十二州宣導聖風黎儀悅雍曰無替于前人無侈于後觀乃圖議繕故淸流之容之間巋然而存者浮碧樓也麗僧興上人開荊劚攘彌歷縣代維新維舊汔茲㪚㪚覺礎軒檻蕪沒塵土於是斷度檮廊功勑爾要役不干時旣營乃

成華榱硐磷旅楹間塈臨水倚壁煥然流彩惟九年靑龍己巳火流之月旣望之日嘉會庶僚飮而落之凡百小大咸所嘆誦適余寓成都館求倅來授簡俾爲之記余曰不有練從之綺麗敻潤乎公獨於此蕭灑送日登惡夫丹華之亂窈窕邪余見天使金陵之稱圃隱牧隱二先生之所玩詠金富軾李崇仁諸名公之所題板是皆練從之所未有也歌采菱發陽阿衆人聽之不若延路陽局非歌之出里耳之所不入也長

華筵侍張旋酋酣醺完盃如雲朱翠流暈鼎繁動地繇聲應節馳騁一日之樂浮碧不如練光賓主歡會杯酒酣暢談討往蹟異事評品佳山麗水載觴載詠移日忘倦猶情志之未洽假絲竹以陶寫練光不如浮碧清夜獨登月湧江心逢僧話寐擣流遁之觀澄神朗之宅茲又練光之所未得也其趣彌精其事彌妙其志彌犅其事彌煩此碧樓所以重於古之人而輕於今之世也以彼鞠茂得以而輪奐物之卒偶亦有數與余不能無感因書以爲記

宛丘遺集卷之四

宛丘遺集卷之五

墓文 一

鄭氏夫人墓誌銘

男 縉縡絅 編校

鄭氏之先嶺南迎日縣人著自高麗知奏事襲明至圃隱先生夢周道德忠節蔚爲儒宗夫人其後也高祖諱維城相秋 顯宗謚忠貞公曾祖諱尚徵成均進士贈左贊成祖諱齊斗右贊成成均祭酒謚文康公是爲霞谷先生考諱厚一富平都護府使 英宗十年甲寅八月二十七日夫人生年十五歸平州申大羽 今上元年辛酉三月十三日卒春秋六十八卒後第十有五日用大臣言進大羽通政階特旨授承政院右副承旨而例贈夫人爲淑夫人夫人多質少文雖語言之微儀容之末不喜飾好治貧家五十四年斟酌有亾升斗績紝匙不自執事以辦家以理無愆時不及期者人以此歸其賢然使夫人上乎其已賢矣三夫人者世可患無人夫婦

至親習也夫人之貧長貧短又吾無不知獨吾有藏諸中而未發者大羽獲戾於天纔冠而失怙恃貧無以爲家夫人母柳淑人淸白吏慶昌孫憂重余憖靡所賴俾占其鄕宅於是偕夫人僦居沁州之海上沁文康藏修之鄕而夫人所生長也吾弟妹四人時尚童齒隨余于沁若稚莖弱苗然而夫人視護盡其道旣飮食之又澉櫛之寒而授襦暑而授葛滌綴紉垢熏除蚤蝨役邑賤婢使常多人不能堪而處之固有不唯

無幾微色辭徐察之無或不出衷誠者以日繼日以年繼年以之各自成立吾於諸弟訓迪爲先程督多於恩愛而夫人調匡鹹酸濟所不逮時夫人始年二十許歲矣有達宦朋余於需世者嘗語以科試物色事自日第依吾言余旣謝不敢入而語夫人夫人曰何以爲答余笑曰諾之矣夫人賑穆良久曰何乃然爾也彼所慕用於夫子爲其將有不爲也使夫子之志與操一朝掃盡又焉用夫子爲哉於乎豈俗婦女識慮

所及夷攷其平生不善固無有善亦不自知其爲善也制行出言鮮不合古所謂陰德者故懿始而終以至歛封無一事可適爲遺憾餘惟殆夫人之得於報施者然也吾復何嗟哉擧子男長縉次絅改爲綽次絢今弘文應敎皆執儒業女長適今順安縣令朴性圭次適士人鄭東迥內外孫曾若干人銘曰

猗鑿申鎭廣東盤且旋且爲岡山駢慶水紆縈互襟抱治安堂鄭夫人藝焉此鶉以月日申子

虛其右爲夫君惟永寧利嗣人

申府君墓誌銘

府君諱昍字光瑞知敦寧府事東城君謚忠度公諱景禋之世孫忠度無子取元兄領議政平城府院君謚忠翼公諱景禛子敦寧府都正贈平原君諱埰仍封襲嗣世平原生諱汝晳咸川都護府使咸川生諱琢司僕寺主簿贈東陵君東陵生秋伯祖坡州牧使諱弼復是爲府君之考著族自高麗太師發世爲海西之平山人或

川君始以孤童事居閭於孝尤致謹乎奉先祀
官之事樹其宗當時質行家皆自以爲不及成
川君歿司僕君遂世而伯祖承篤其緒至于府
君四廟而一祧矣齊絜莊恪春秋以祭其先人
肩臑旣澤君焄蒿悽愴周旋俯仰如見所以饗之
者賓祝在事之削及至儐妾鼻嚴不藏氣肅容
晩歲不能筋力爲禮而必整冠服危坐待卒事
時節參獻亦如之先舊事大羽雖未及以覩以
觀感于府君者知先舊如此之盛已書有蓄積

完丘遺集卷之五　四

之義易著鼎震之象而仲尼之稱孝焉亦曰三
年無改言其久而難也何況以之已終其身乎
府君春秋七十有四之七月某日實　今上四
十五年卒于太平坊第用是年九月十七日葬
廣州牛峙世山之先府君平生不宿怨與人曲
有恩意無賢無不肖穿賤待之誠盡昆弟有過
雖年己長者繩責不假借仁厚質直蔚有世家
之風而當時諸公貴人力能推挽人者其道固
反是其取諸人又必於色辭故府君終不爲時

所知而時終不以一命待府君也雖然使府君紹克先典刑絜全名行吕臨祧汝子孫則可矣配潘南朴氏錦陽尉瀰玄孫尼山縣監弼老女備有婦儀允親承式生男一人女一人女適進士豐壤趙載道男曰大淳旣葬泣曰先府君事行不顯時歿傳在文字遂屬其從祖弟大羽爲之銘銘曰

肇我小宗自成川世揭虔廟宇安其祖禰鉶豆秩秩儀物齊齊樹此綱紀詒爾來裔曾孫是將

其修彌勵物有轢毁事或久撤不撤不毁實繇善繼刻銘在幽永示靡替

權進士墓表

府君諱萬衡字聖一有彌綸之材而憂國甚於憂家有芘幬之志而濟人急於濟己不以曲謹小廉卷踞繩尺之內而內行修絜縱酒劇談浩淼若不可涯涘徐而察之鮮有不軌賢達之旨者或拈韻賦詩跌宕竟夕或探勝遠游經時乃還或登山而詠或臨水而吟又或邂逅擇分口

云居廬假寢以自異也知君者謂君不假於時
不知君者以爲玩傲也乃若君之所戀知者固
不知不知者又何繇知之君高麗太師幸之後
太師事麗祖受姓食安東安東之權始此子孫
仍三世相國有諱曰嚴官執義我朝禪代屏跡
不入都門有諱曰節官弘文校理　莊陵遜位
佯狂自淪號爲栗亭先生者追賜謚忠肅有諱
曰鑊官承宣溟節督朝承宣生諱壖禮曹參判
參判生諱斗相贈吏曹參議參議生諱益淳司

完丘遺集卷五　六

諫院大司諫爲季父贈吏曹判書斗墉後君其
少子也　英宗三年生儀度嶷嶷異凡兒稍長
倜儻奇偉慮遠而識透所與游多先輩長者好
讀書湛思尤長於爲文一就千言辭理贍綽人
皆以國士期君亦自負自以世世受國恩若將
尊主庇民一試其所學而旣鑿枘而齟齬矣齒
髮而童豁矣倏儵晼晩非復副世之需而君之
志猶囂然不息每於義理大方　宗社大義其
守明而確其心繾綣惻怛激昂悲慨不自知聲

呑涕出感動傍人豈所謂忠而過者非與叅孤
事母至孝及其沒哀毁仍祟奇疾敦尚信義屛
絕妓嬪胥次常蕩蕩無事故面歲而人不慍受
誚而已不校終身未嘗有怨辭遇窮交困士控
援俱絕雖力所不能及沈思默運未假計事得
失當否而幾或其濟鄕居值時行疹疫爲兒孫
多貯藥物輒已先施鄕井之患者兒孫旣病藥
盡不可以試曰我道然也君年十五發解司馬
試聲聞傾都年三十三始成進士　今上十七

宛丘遺集卷五　七

年二月二十日卒于京第享年六十七越三月
某甲葬京畿楊州平丘鄕馬山之原配李氏宗
姓匡明女戶曹參判大成曾孫有四男熻進士
前戶曹佐郞出後其從祖父次斌文科前兵曹
佐郞次燁進士次爔熻之子馥亦進士孫曾凡
若干人君長余八歲始見於城南鄭氏宅方自
視幼冲君輒吐輸心腑曰是能知我會未嘗無
言言未嘗不盡傾𥚃竟宵曰又無厭終始四十
又六年[illegible]

可也大阿之銘頓於朽瓦爾牛之不驟於堂壁
志存君民而困於窮簞烏呼其命也夫諸孤有
請書其說使之鑱諸墓上

書聖賚墓銘

以宰書公命敎別自號澹雲翁峻操淸範爲士
流標望家又多良子弟其一曰允說字聖賚後
改說爲益以宰弟弘文校理諱命敬第四子七
歲而孤學於其姊壻李諫議世演忠正公纍章
諫議府父也見奇之撤所觀書以贈及長惇親

愛善處事樂義志行蠲潔苟知爲非義千金無
以易其守交遊必愼所與旣與信義劃然有終
身不可渝者所析之宅經涉數閒事母曰必朝
夕躬省雖風雨不病不廢嘗有慕君名而物色
於選試者君覺輒不赴試冊至設酒其酒必旨
終日獻醻飮逾多儀度益整暇益操飭然也君
素有羸悴疾逮母夫人喪哀慼疾益劇竟以
英宗五十二年十二月十二日卒春秋財四十
雖道淪亡士趨之不端久矣如聖賚者乃卒而

一有焉旣窮於身又閼其年神理不可詰也吾
嘗品第君曰皎如淸水焉呼斯人也豈易得哉
昌寧之曺著自新羅歷高麗迄于昭代爲名族
曰忠貞公尚治曰忠貞公繼商曰忠景公光遠
皆以名節勞勩顯王朝有諱文秀官工曹參判
詞翰重於時生禮曹參判諱漢英當 仁 孝
際節義先見高一世特贈謚文忠是生潭陽府
使諱殷周出後其李父漢相於君爲曾祖是生
掌隷院判決事諱夏奇稱長者於君爲祖妻曰

德水李氏兵曹參判堣女大司諫矪曾孫闇治
克備不以有無累君君亞之先君二年卒葬京
圻楊州牛首鄕君歿之明年二月某日擧君柩
合葬其右男曰膺振爲君請墓銘者也君兄允
亮聖功亦善士與君塤箎是相樂也旣喪君每
余與之對輒有昌黎元賓之感相於是不已聖
功今又不可見矣銘曰
濼其性絜其行嬴其命固其葬

李松山袁志名

沃山猾素以虛自剛大以持心竟慮以待人猶
絜也故能行有不爲剛方也故能弗撓於物敦
厚也故能常見人之善而尟見人之不善見不
善亦未嘗發之雖蘄撝之使然其德性亦有大
過人者兄事余而余視之畏友焉噫噫乎今其
己矣君諱峻培沃山其字李先生諱德胤李子
李以湖西全義而爲族者皆祖麗太師棹大父
諱徵成成川都護府使曾大父諱廷謙吏曹參
判故名臣諱濟臣諱壽俊其七世六世祖也母

淑夫人沈氏領議政壽賢之女　英宗十九年
君生生長食息不離於典訓故語言敬慕衣巾
端飭跡其所以行不問可知爲先生家子弟也
善事父母於其兄如手足一身然　今上初元
君辭連鞫獄被逮繫備受拷掠事旣不可測君
亦不自意全然能不震不錯爰對愿而直舉上
從容　上察憫其情實竟原之必死之中當是
時人莫不仰天心之至仁且昭而獄不至株蔓
亦多君之賴焉竄極北之慶興七年逢恩南還

後八年某月某日疾卒年四十七踰月某日子
從先兆葬于國東門外四十里柰谷之原君娶
礪山宋集明女無子有側出二男千會曾會君
歿之二年先生命余曰子宜爲兒銘愼勿溢其
美侈其辭以愧死者文未亟就而今又喪先生
矣悲夫謹於其功行敍述之次復爲君爲之銘
誌諸壙南以卒先生之宿命云銘曰
烏呼泐山何逶之淵何命之嗇有志有操有行
有德愉愉翼翼事厥兄考考曰順子兄曰悌弟

不丁其卒其字乃見銘以發之維後之聞

蘇君墓銘

大羽先王考承旨府君嘗卜穎湖南益山之寒
泉鄉居焉時則有親習一二鄉秀才其一蘇君
善長王考簡重以可尙非人雖其人貿且顯曾
不以辭色相假借獨於蘇君爲意之不置及撤
而還京師也曰所不能忘者唯寒泉之水蘇君
善長或曰寒泉水之至絜美者載地誌播詠歌

[illegible]
見人有不善介介若唯恐有浼于己所至必掃
地拂席而坐以至袍帶巾韈常整儀無纖芥滓
翳則蘇君可知己潔身篤操于以匹嬀寒泉芷
君昆不愧矣君諱泰元善長其字也父曰景憲
祖曰爾宏曾祖之晉州之蘇著自高麗版圖判書乙卿
七世祖大司諫世良與弟左贊成世讓六世祖
大司諫逢俱以名位顯高祖永福　禧陵參奉
潛德不仕邑之人高之配鄉賢祠春秋修俎豆

不絕以余論次君之世君之賢又豈無所原而
然哉君少業醫其方畧奇嘗語子洙悅曰醫之
術雖小道其造極也可以參神明可以濟民生
吾今授女以學然孝於親而慈於子與情則同
順毋以人貴賤勤慢女所操之術故雖下賤儓
隸有請君未嘗不往往必察尤候審方劑必盡
其心病之得君而治者無不有異效焉　今上
三十七年某月日卒年七十九某月日葬某縣
某鄉妻南宮氏咸悅人宣傳官爕女無子取族

弟凝台子洙悅爲之後洙悅謂余與君有先舊來謀所以不朽君者其可尚也已銘曰

泉之水湜湜兮蘇君㛰之允不忒兮水猶可混亦可涸兮謂君且朽兮不可得

恭人申氏墓誌銘

從祖叔父通德君自爲其亡女恭人鄭氏婦狀丞倅鎭江之海上命余曰女不幸弗克于年又無嗣以後吾思悲其賢而無命其爲之銘女幼而慧悟見壁上有左手題字者曰左手書邪畫

右偏高嘗衣坐偶授女諺書反切及朝融解若曾所熟從傍多記誦父所讀書父心異之試授以二南輒能通其大旨稍長溫厚簡言笑不妄喜怒雖急卒未嘗見躁心事後母李甚誠凡所以事李李之所以眡皆過所生李家世零落嘗私辦其親墓祀需李亡後屬當節曰女戚然曰縱未能無廢其忍遽之乎爲絜備如李在時鄭之門族巨而人衆然而左右敨協咸適其歡心

73

始也[illegible]
毋俾其藏于樵犂余固已知某人之賢今於狀
諡信平山之申自高麗大師壯節公代有名德
至成川都護府使汝哲有二子長琢司僕寺主
簿贈東陵君李曰璂延安都護府使其子廸夏
無子取從父兄敦寧府都正瑞夏次子昕爲後
是爲通德君娶于判敦寧府事趙錫命之女生
某人某人生八歲喪母十三歸士人東萊鄭後
儉後十二年十一月又日以疾卒越明年正月

某日葬之京畿衿川縣北槽防築之原春秋財
二十四銘曰
苾乎其居也忽乎其逝也音容之淸冷如可逮
兮墳艸芊芊而歲歲兮千秋萬世兮毋敢夷傷
嗟維令儀之攸藏

弘文校理特贈副提學朴公墓碣銘

不累於俗不撓屈於勢威不慼怵於窮阨見無
禮其君義形于色不程勇而搏讒謟之民比黨
而危之身可危也志不可奪其自立有如此者

故學士朴公而川是已而川諱在源羅州之潘南人家世名德相禪若文正公尚衷平度公訔文康公紹大司憲應福忠翼公東亮錦陽都尉瀰爲尤著公都尉五世孫也文正麗季時効李仁任奸羅禍文康際我 中宗斥金安老擯死類南人到今稱之曾祖諱泰萬弘文校理祖諱弼哲司諫院大司諫考諱師復僉知中樞府事母韓山李氏判書台重女弟父曰秉哲有四子公其仲也年五十一始釋褐登第其年選入弘

文館拜副校理 正宗大王卽位之二年諒陰財訖賊臣洪國榮宣言 中殿有疾有妨誕育其志蓋將以進其妹也旣而有掄選嬪御之命公曰 中宮違豫 宗社臣民之憂廣召醫博珍劑以弗無子可也長發生民之詩安知不佁於今也而廷臣無一言及此何也遂抗疏極言果大牾國榮當是時國榮之權貴動一世怙挾威福當之而靡觸之者碎人莫敢誰何公特一

不推也斥勸喜執筒以肯迎接平心而抑之
可謂不畏强禦矣於是擧世承望風旨爲蜚語
鈞誘凜凜乎禍機朝夕且迫公夷然無幾微色
玩心書奏簞瓢屢空晏如也居歲餘國榮妹病
死榮之勢益衰四年春朝廷始召公以司諫院
獻納至則又首斥國榮疏所云 殿下壹治罔
涯之語以爲無人臣禮宜加顯戮國榮見之驚
跌曰吾其死矣乞江陵數旬時和嬪尹氏已改
卜入宮矣朝臣章奏必先賀卜嬪公獨不賀曰

選御之擧非得已可慼不可賀也有金峙默者
淸原國舅之親弟也身質 中殿證候之沈痼
搆誣公請置諸極律 上不聽只命放逐田里
公棲遑郊坰寢啜失其適重患痢竟以是歲六
月十七日卒春秋五十有八越三月某甲子葬
坡州黔巖原先人兆次李氏夫人祔焉于後天
鑑畢燭國是大定儒臣李殷模請褒贈公繼而
有大臣言 上曰嗟乎是予之過特贈公副提
學公之賢益彰嗚呼公族祖文烈公旣死於己

巳之變公又匡扶彛紀樹名義於百世文正文
康於是乎爲有孫矣公性篤於孝友侍太夫人
疾左右奉將至褻衣器必躬自浣滌與兄進士
君暨二弟左源大逢右源李逢昆李自爲知己
聯衽席曰夕談討怡愉如也親朋意會杯酒稽
留陶然莫相逆也敦厚恬泊恂恂如不能言物
無與較其於違心苟同前卻卷屢之態不能忍
見也異時三司有聯名彈啓之事不設避族戚
公曰袒免彈啓可諉以聯名而相參乎敗類甚

矣遂不參　上亦不以爲非仍命故事自是名
在聯啓者雖族疏不參嘗爲　太廟大祝中使
至諸執事趨而出拜呈姓名公不肯曰我經幄
之臣豈爲禮數中官彊之終不可語聞　上歎
異持體大小祀官並遺承宣擲看亦自公始也
夫人完山之族參奉敦中女擧二子二女長子
宗朙童蒙敎官耿介有操守蚤亾有一女未笄
次子宗京今弘文應敎侃侃在列寔有公之風
生三子以長後兄曰英壽餘幼女長適[illegible]

次適申緯晉士人公卒數十年公之弟大詮謂
宗京曰吾兄葬而無刻後死之責吾兄平生久
要最號知心者孰有如申儀父者是必能道吾
兄事汝其往請銘於是具狀授宗京以告大羽
受而讀之曰然噫子之先君子行誼守士友名
節載史策吾之文何足以壽公事也抑亦公之
事壽吾文也銘曰
臣之事君如子事父爲是表經亘宙撑宇孰有
其父而母其無民彝臣紀賴公不渝矯矯伉伉

宛丘遺集卷五　十八

以旣厥剛將之以銘爲詔茲茲
今上初元校理吳翰源上疏言故儒臣朴在
源爲　聖母抗疏危忠義色貫宇宙而炳日
星　先朝褒嘉貞藎特紆貤贈風聲所樹在
今秩初服可加贈顯秩　上下大臣議大臣
僉以爲彰善所以癉惡顯忠所以扶紀追寵
斯人于前有光可許　上命加贈以宰粵四
年右相李敬一又啓曰國榮炎炎之勢一疏
燼戚可謂忠貫日星義建天地坤軸載安民

彝爰敘若論其捐軀衛邦之跡古之人無以
遠過事在盡節功存轉危朝家所宜特褒夫
賢以寵章行以謚尊易名之典請遵前志
上又命加贈太宰兩館大提學仍下太常議
所謚館臣上議謹按故儒臣朴在源慮國忘
家之節嚮忠內德之義實應謚法請謚忠獻
上曰可渥恩華誥燿熠壤壚發興龍光感激
紳緌謹追述表旌崇報之盛德聖恩系之銘
後六年五月日大羽記

禮曹判書貞惠沈公神道表

原任禮曹判書貞惠沈公既卒之十有九年嗣
子興永將樹神道之表平州申大羽爲之序以
揭曰公當朋黨頃敓之際平和以東西操係合
以措諸事蚤己審取捨之幾雖世故之嬗遷靡
常而公則不激不渝立朝五十年如一日爲時
名公卿不既肆與逆臣厚謙自以故人稱孫時
節納床下之拜而公之待之也常於落穆於其
臣甌曰凶國焉家人也其言須習於外而厚謙

亦遂謝迹於公之門矣嗚呼大防隤而廉恥喪
跳微濡需用自敗其身者不可一二數公獨皎
然而處介然自持愼其終謚厲于始於是公又
賢遠於人矣 英廟嘗下手書于公曰若問恬
澹捨卿誰先公感涕曰 上之知臣及此乎仍
以澹名其窩自號焉公嶺南靑松府人諱星鎭
字時瑞著自靑城伯德符世以名德顯有諱之
澤當兌海時潛德不仕於公高祖曾祖諱櫟昌
平縣令祖諱廷熙用經行句薦授 齊陵參奉

考諱墢大司諫母坡平尹氏副提學措之女
肅宗二十年公生年二十五中司馬進士試擢
英宗三年增廣文科旋授侍講院說書司諫院
正言以書狀官赴燕選玉堂錄吏曹郞至東壁
兼春坊學敎授校書校理知製敎進拜承宣轉
司諫院大司諫成均館大司成吏戶禮兵刑五
曹參議在吏曹多且久進拜司憲府大司憲參
判吏禮工三曹同知經筵春秋館事提擧槐院
籌司進判漢城府拜禮刑工三曹判書政府參

贊知經筵春秋成均二館事爲遠接使入耆老社進判義禁敦寧二府事間嘗出守關西之永柔定州咸川嶺南之安東又嘗觀察關東京畿二道留守沁州階至輔國崇祿大夫 今上二年公年八十有四九月一日考終于第用其年十一月辛酉葬京畿廣州雙嶺之原開趙夫人墓左合封焉夫人楊州之族翊衛司侍直泰萬女吏曹參議嘉錫孫刑曹判書啓善曾孫貞純端哲公昆敬重焉生後公二年先公十一年卒

舉男不育以從子得雲爲後夫無嗣乃立族弟子予之興永是也官今弘文校理既克趾先美又能載劖金石式闡幽徽可謂孝矣所詳於碑者悉略之所以昭公德於大致爲示無止也是爲表

宛丘遺集卷之五

1

宛丘遺集卷之六

墓文二　縉綽絢　編校

霞谷先生神道表

英宗十二年八月壬申議政府右贊成成均祭酒文康公霞谷鄭先生卒春秋八十八用其年十月某日葬江華府霞峴之原所居宅後庀賵視大臣將葬門人太學士尹淳爲文祭先生曰存此心而精萬理實此心而應萬事乃先生之

學之所以明通淵塞卒以底乎坦泰安履然其處也默而成之樂其本然之天而不以辯博英華耀於人其進也禮以行之恭爲世臣之節而不以道德賓師尊其身雖驚外者惑焉好高者疑焉而先生之所自信而弗悔有不求知乎人而謂孔顏之我師又曰唐虞之九灋堙晦　祖宗之六典蔡隊先生之存也若可以遠契近述用行而有爲先生之歸也徒見其世衰運否學絕而不嗣烏呼歎先生於當世之下者不其在

3

此乎不與在此乎先生諱齊斗字士仰嶺南延
日縣人高麗侍中文忠公夢周其十一世祖也
曾祖諱謹承文博士祖諱維城右議政忠貞公
考諱尙徵成均進士先生生于我 仁祖二十
七年歷事 肅宗 景宗 英宗 莊獻世子
降雋輔養官貳師之命與束帛之隆禮告居之
嘉謨載國史墓碑先生器宇渾璞和而不同淸
世不可以反淳也故懷寶以優游果忘非所以
爲訓也故時出以羽儀若乃篤志而力行博學

而多聞自六藝羣聖之灋百家衆流之編歷代
柱下之藏國朝象魏之典凡載籍所記知無不
周海涵獄蓄貫用靡竭而其要又約之於爾雅
禮從先進制同時王經緯足以開物財輔足以
矯時于是羣公懷義交口迭薦官內外凡三十
一遷而先生皆遂不至至亦不能久居也然國
有大疑大政先生未嘗不與聞有大事未嘗不
造也進不近榮退不近名無適無莫唯義之比
不喜著述不延生徒卓然獨立於守乙禁爭之

際而物莫與競所謂不可得以貴不可得以賤
不可得以親不可得以疏者先生有之矣夫人
坡平尹氏參奉有一子男厚一富平府使女適
成川府使李徵成後夫人南陽徐氏亦先先生
卒二夫人皆葬湖西之天安郡不祔先生卒六
十七年曾孫述仁樹石以表神道命大羽序之
系以銘曰
六部分族鄭一爲氏鼻祖龍明著節麗代憲憲
侍中左海儒宗不羨其川而源其豐先生之佗

間氣懿德聰叡明哲溫良淵篤功迪愼獨道拄
含章潛心會通默契遺經彝倫人同孔顏我師
縣是置人葬我知倬彼孔明容光必照爰表
景行永垂後耀

朝鮮故大匡輔國崇祿大夫議政府左
議政兼領經筵事監春秋館事　世孫
傅李公墓誌銘

我　先大王敏德春宮聖聞日彰　英考之末
誅犬乾斷肅書邪識之且亂邪國害主意困惶

丞原任議政府左議政李公[illegible]孫一
畀諸　文孫時公老于家不肯涉世故間命郎
起攝疾承事坐鎭鼎席雖未見其運用而若偃
息安褆之績曰寢戢郢之功公實有之於是還
自書筵喜極而泣曰國有長君吾死無憂矣一
日登對扶而出病猝劇以是年丙申二月十七
日考終于第春秋七十有二訃聞　上震悼不
能視朝者三日賜長生祕器親製文近侍臨誄
東邸亦遣宮官諭祭賻庀有加仍其祿三年越

三月某日禮葬京畿楊州之后積鄕二夫人祔
焉公諱忠觀字肘賓　肅宗三十一年生二十
又舉進士三十三對別試策擢乙科第一人隷
槐院通臺省掌試闈東繇吏曹郎出監茂長縣
及歸丁本生母金夫人憂夫人素多病公行不
俟屨寢不設衾左右扶將且數十年至是以壽
終旣祥除司憲府持平參修喪禮補編顧問中
旨　上善其博淹眷視有別焉拜侍講院司書
尋移持平時臺閣多以引避而被譴謫公乃疏

言三司之臣國家所優容雖其人有過失務在包假未遽加以威謫非以蘊藉其人誠欲開張言路今撕捱而行遣遠狂外而直令放逐非所前聞固拒大僚之求對以防匡救之路尤非聖朝所罕有也頃之有洪準海李亮天投疏事上怒諸臺臣不討黨人並命投畀公亦例謫務安歲餘宥還以宗簿寺正監修譜牒進階出爲寧越府使改牧原州至則棄倉實削月俸以賑饑人數年州稱治原人鐫崖銘績繡衣之自東

還又盛言公治狀　上賜璽書表裏褒寵之佐貳秋曹薦尹義州便宜施罷關市不撓興學以勸儒設廳以讞獄完聚繕修授職任能三年而政成　上聞而賢之湖西伯缺即授公以節使之觀察會有論及中批者力辭不赴出補黃州牧數月召拜兵曹參議遷承政院同副承旨出牧楊州復除湖西伯時湖西大饑殫心賙賑一路傒蘇俄移敦寧府都正禮曹參議進階連拜[illegible]

州牧已而擢長西銓執事臣諸婁呂公盡試其
名姓履歷收十振淹羣情翕然改判度支綜理
密勿經用不匱因臺臣金容疏屢違名出補忠
清水軍節度將行 上手書慰勉之其年還判
秋曹兼守禦使辛卯轉宗伯進判義禁府事秋
特拜右議政 上曰忠質之量乃國之心予知
熟矣公三上疏辭批諭隆摯遂肅命甲午入耆
老社轉至左議政地隆禮絕身贍惟允時寶籌
已躋八旬事有激惱多不御湯劑鑾蹕不式霧

露處溪公至誠導達聖心常爲之回寤其或威
謫過中而因公疏釋者亦多儒臣宋明欽論事
被罾島配其子公又白釋之先制節務調和聲
色不出輦轂謐靜闔國之政恩義相重君親之
禮隱犯殊道公則一事同歸憂敬偕臻眞善世
守文之賢宰相也公之先湖西之韓山人自都
僉議贊成事文孝公穀始大著是爲稼亭先生
生門下侍中文靖公穡是爲牧隱先生良景公
種善文烈公季甸俱爲 太宗 世祖名臣七

世至司諫院獻納諱洽力持淸議其子義培策
靖社勳封韓川君丙子難死雙額贈領議政謚
忠壯是公高祖曾祖諱穆活難驚賊死贈戶曹
判書仍兩世旌其閭祖諱汝發知中樞府事封
韓興君贈左贊成謚貞翼考諱墨漢富平府使
贈領議政議政公以其子坡州牧使忠胤后其
兄工曹判書諱墨夏而以其伯曾祖之曾孫鏜
城府使諱墨聖之子爲其後公則是也故公受
重于議政公而爲之子也夫人黃州邊氏致殿

女宗簿寺正以中玄孫後夫人淸州韓氏景增
女皆有閫彝宗廟式焉從職貞敬前夫人生二
子三女長曰元采出后其伯父牧使襲封韓恩
君季曰象和成童而夭公卒無嗣取子其從父
弟思澍子憲采進士女長適主簿閔是祥次適
牧使鄭華淳次適直長朴參源庶出端采冕采
紳采其子也鄭相裕妻其女也內外孫凡幾人
韓恩男右承旨海愚直長男內閣待敎宗薰顯
[illegible]

洽經傳善屬文性又每逢客讀書必探究精義
開通幽關故其學尤長於爲易嘗曰經傳理義
之精先達辨釋之微非膚識新學所可易議未
嘗設輒有出入爲文本源經術贍給綜暢言之
所未能盡筆無不盡國家機密筵席酬對雖子
弟㑹侍者不許與聞當官莅事謹規度訟干私
淸愼謙約不爲赫赫聲不爲矯矯行以無心處
疑難終其世無纖毫之可指摘恬靜和易無疾
言遽色晩年名位卲邁而食無兼味衣取苟完

垣屋不修庭宇歷落過之不知爲卿相家也韓
恩與大羽善年且今八十泣而言曰先公旣沒
德音猶存其可徵而信有 二后之誄太史之
狀而唯是志壙之文闕而未述恐朝露奄及子
爲我圖之大羽辭不獲謹稱伐言時寓意銘頌
其辭曰
於休文靖澡節滄浪手攬奎運肇啓文明曾曾
後承繁實彙柯世嬗忠孝踵武戡難韓川授命
於強虜尙書罵賊於弱年跡纘紀庸蕃壚渥恩

澤流無期而愈贏其後人寔生賢輔敷文揚庭再
晉三能贊我 先王惟時 東邸代理羣方重
明升暉彗学姤允幾能成務靜故鎮嶢不震不
撓濃雪睍消考德庶降罔曷其鳴愆不俘守理
尊恩量芳猷縱謝輿誦猶洋象則景鐘表徽幽
堂

朝鮮故嘉善大夫禮曹參判兼同知義
禁府春秋館事五衛都摠府副摠管成
公墓碣銘

首隨武沒趙孟發起原之恩睪皮逝鄭僑懷知
我之感雖徽永輟風流遠尚況以先子之所畏
仍藉世穆未有班村之興攀而順子雲之知顧
者乎公諱天柱字子擎姓成氏嶺南昌寧人著
自高麗侍中松國侍中有至性純行州里至今
慕其義三世至汝完入我朝亦官侍中封昌寧
府院君謚文靖有子三人皆名臣於是族大宗
別其季曰石因官禮曹判書大提學謚靖平傳
知中樞府事恭度公令判漢城事恭惠公念祖

吏曹判書文安公任聖組奕世曾祖諱[illegible]贈
司僕寺正祖諱疇雄富平府使贈吏曹參議考
諱德馨戶曹佐郎贈吏曹參判妣延安李氏縣
監之老女方娠夢仙官紫袍象笏駕鶴而下彌
月而公生實 肅宗卅八年五月一日也精穎
夙暢能言而知綴文纔亂通經史大義父黨諸
執莫不歎賞以陵崔忠貞公簡亮有裁鑑見公
神衿清潤姿才聰令以其孫之子妻之曰崔汝
和林德涵一流人也依經制行相禮攝儀風致

攸近尤深左氏華問藹蔚士友傾嚮李西堂德
壽尹白下淳李澹軒夏坤趙東谿龜命皆前進
宿望一時儁異藻德兼茂年歲不相侔折輩行
爲交臭味無爽 英宗十一年中司馬兩試十
九年擧庭試第薦翰苑屢掌起居注拜侍講院
說書儀形之地允愜嘉選李相國宗城白 上
曰成景學識淹該操履雅正左右 儲宮專畀
輔導庶見其追章玉質 上曰然使此人生唐
宗時瀛館妙簡未有其先且世子有嚴憚色宮

官不必備一說書足矣繇是久居其職風體所弘輔益甚多 上每稱之以春坊主人 世子亦敬重焉旣遷都堂 上目之曰眞學士也直拜弘文館副修撰時久停法講及公豹直特命召對進講資治通鑑至褚遂良事 上曰夔州表不幾近諂且與對曰遂良大節凜然細歹濶略但當哀憐其心而痛悵高宗可也 上稱善公因進曰近於絲綸屢稱衰倦臣竊憂悶臣聞之寮官有教若曰筋力尚可以隨山栞木有諸

上曰然對曰聖人血氣有時而衰志氣無時而衰今聖敎血氣未見衰而志氣先衰講學政事如將遐轉不有久於身敎 東宮乎人君春秋晼晚多未克初魏徵所以進十漸之戒也後數日公復奏曰內宴女樂己戒備矣 東宮血氣未定邪色淫聲未歹留接聰明請內習儀勿用女樂 上錫馬嘉之曰爲元良至悃也廿三年以父憂去官明年持承祖母重服闋復拜前職以御史坐心部試士歷寺講院文學弼善輔德

講書院左贊讀右諭善[illegible]
中學漢學教授間又連授玉堂出入經筵一日
上問周官當夕之數公對如其說因曰此不經
見鄭氏特意推之耳實啓後王廣選嬪御之械
明主宜戒不宜法也時後宮有新封爵者李領
相天輔南判書有容亦侍筵出曰數十年來經
席無此言進通政階拜承政院同副右副承旨
乞養爲清風府使以大司諫召轉禮曹參議參
修喪禮補編卅八年出牧安州陛辭 上曰文

宛丘遺集卷六 十二

學政事俱未及試居然生白髮矣莅官制治政
績茂異吏民欲設生祠公恥之屢援乃止 莊
獻世子赴至聚邑中人士哭臨三日不食肉及
葬亦如之與明年觀察關東崇替平允政務上
德停操而鮮鼎不撓請糶而鮒轍以蘇袞襃屢
渥棠愛彌深錄大司諫遷大司成進階拜兵曹
刑曹參判同知義禁府事都摠府副摠管承文
提舉特授都承旨會有命受麥公曰君受麥則
王后有藏種之儀 上曰是知禮矣事畢錫馬

遷大司憲親病家居頃之進賀慶節 上喜曰卿能入來乎爲卿母祈福爲卿母加錫其齡顧諸大臣曰此宰臣孝子也時太夫人尚在堂公年至耆艾位躋宰列婉愉服勤如在童丱太夫人常曰沈靜好學克孝而友和不至流朙能用晦導人義取友端吾見其有害人不敢間其言同知春秋館事入侍 上進覽實錄詢及國朝故事公陳說貫悉酬對如響天聽爲昇造膝忘疲未省殿肉已生矒罜矣 上曰同知事老親

宛丘遺集卷六 十三

想當倚門先還仍以實錄考校錫皐比旋遭太夫人喪哀毁不特纔羸在身而已制終拜刑曹參判轉拜沁都留守沁國之關鎋濱海大都利隸魚鹽俗雜士農風氣繁滋政非一軌公内孚誠信外施簡惠未嘗威刑肅物而物自知禁府邑謐靜廬落整頓淸裕之治芬若樹蘭矣於是巡阡陌以勸桑農繕保障以式陰雨聲化所暨京畿飛譽 上賜璽書嚴馬且曰端雅簡貞表

李宗城嘗言此人雖出履閭末可放倒揚跡循
辭艮不溢矣及瓜沁之民莫不永懷清德攀轅
出涕時逆臣鄭厚謙竊弄威福勢焰熏爍繆爲
收攬名流以清要要公公拒其門客責之曰歸
語爾公安敢以鄉里小兒侮慢長者聞者皆縮
瑟官不加進然亦終無以害公也　正宗嗣位
參判工禮二曹又除都承旨　上憫其衰特許
優閒調治疾轉篤竟以三年六月十二日卒享
年六十八　上爲之悼惜于後親定左氏春秋

以傳係經編次諸臣以當於意者　上恩公不
已曰聞成杲媚於是書恨不令見此越四月杲
卯葬公州寒橋先仙之次前配海州崔氏忠貞
公奎瑞曾孫郡守駿興女後配延安李氏星輔
女月沙文忠公廷龜六世孫皆不育取族子老
默爲後今具狀請銘者也公天姿溫粹含章居
貞辭氣雍容至於臨事造理人不可奪情志恬
於墳典眼目絕於玩好超脫榮觀簾帷韶幽琅
琅禮樂盡在是矣明於是非而毁譽不出於口

廉於財殖而施捨不倦於人清操可以肅鄙夫雅度可以鎭澆俗若乃令節夷簡之體贍麗典則之文方之於前未多其人始大羽卜宅沁州之海上適値公留後旌旄纛節委訪主簟索鄙藁若干篇讀之曰子之文古人之文也於其歸爲序以送公書傳示都下有書曰吾行得申儀父序覺歸裝不輕矣儀父大羽字也顧玆淟涊汔無成名慙愧老成眄睞之感烏呼俛仰三十年矣今見老默撫事感舊情何能已將欲風軌

德音播芳摛耀振輿誦於下里圖徽範於幽堂非刻諸金石何以憋之天壤銘曰

抑抑其儀韡韡其章際我休明公迺翹毅忠藎翊肅啓沃營瀛東臬沁障惠露瀼瀼貫且好禮樂是幽貞門無雜賓室有餘淸怠枕飴盦右史左經令範凱心雅言睦聆蘭桂有苾愈久彌芳爰勤嘉石億載揚聲

　戶曹佐郎權君墓銘

翬君子昇戊甸垂[illegible]肆萬衡子出爲千曾參判

誌一懲後學半之老弟李府者皇謚謚文進

之考大司諫諱謚淳大諫都事弟也其考曰諱
斗相大諫又後其季父諱斗璿其考曰小宗伯
諱堣是爲君高曾祖父四世也自麗太師夲至
於君二十八世籍嶺南之安東名德史不絶書
妣林川趙氏朙復女所生母李氏宗姓海獄文
人匡朙其父也始余與丈人俱壻鎭江鄭先生
之門而丈人之居去鎭江不十里而近篤姻婭
之好進士君又肩長於余特相厚善相視常莫

逆曩歲己巳余讀書鎭江而進士君適亦館于
貳室是年冬君生於外氏余聞之喜具羊酒往
賀經曰乃返己又見其髫其亂總而丱冠且室
矣君文秇贍備志氣邁達惇厚而不漓質直而
無阿先輩長者皆稱權氏有子進士君亦嘗曰
是必能大吾門者烏呼三數十載之間風隨時
移事與計左君旣遲於一第未克奮驥其所蘊
官止一縣監豈非命哉余在湖邑聞進士君之
喪而哭之悲曾未數年又聞君之靈人世倏忽

固如是乎君之孤甥具狀請余文銘君之墓吁
其悲矣君年十五嗣參判公事趙夫人孝及卒
葬祭以禮御家有法度有庶兄弟五人君處長
以參釐中使之各得其性恩義備盡怡怡如也
終始庭無間言及發解禮圍　英祖召見之特
命參判公勞勸王事諭曰乃父子也其官之人
以爲榮年二十九當　正考初元舉進士會大
學生徒有爭端　上曰此齋任不得其人之故
也命選擇而畀於是衆咸推戴君君不激不渝

宛丘遺集卷六　十七

正操執以鎮服之終君掌議無敢復譁數者年
三十八始補　厚陵參奉序歷　宗廟署廣興
倉副奉事尚瑞院副直長直長尚衣院主簿戶
曹佐郎典設司別提　長寧殿南部平市署令
最後出監湖西稷山縣於其所莅輒有聲度支
太倉錢穀悉完界部市署詞訟稱平在稷也修
繕廨櫛邑無遺微人皆謂政之敏干之周然君
之材器幹具何所施不可而乃屈而不伸內則
[illegible]

19

止於其而已此何足爲君之銘以此誌之吳亦淺之爲子昇也烏呼其重可悲矣君諱燏子昇字也年四十九二十一年十二月某日卒其明年二月某日葬原州干川里先公墓側從治命也娶于潘南朴長淳女生一男卽馥進士馥有子女若干人長涑餘幼銘曰

旣見其生而奪之速旣篤其畀而報之嗇有子幹蠱孫繩繩兮尚裕後祿不爾或承

宛丘遺集卷之六

宛丘遺集卷之七

墓文三

朝鮮故知敦寧府事曺公墓碑

男 縉緯絢 編校

夫成風之斤鍘發之刃響節經桑手恢蠅翼得乎道而進乎技者然也書亦技藝之一非逸以風流雅韻無以佺是書顏推過精之論吾弗信也是以見魯公書欽其氣節見東坡書想其英逸則書之於人不可以也又如是夫曺公諱允亨字穉行初字時中以宰諱命敎子也以宰標持淸峻爲士流模楷善艸隸書帖至公書法尤大備規圍昉於大令體裁逼於元章每舒牋行墨廻腕之勢颯然若追風逐電頃刻掃盡觀者嘖嘖稱岐上自王公大人下至衿珮皁隸皆欲得一紙以爲藏屛軸碑版之盛遍於世一日訪余藍宗邸舍見壁上掛古松枝藥微醺倣意寫古柏行覺神韻殊勝曰張顚長格於劒舞文生遜豊全池則以今見否里司之有面

書造化之象[illegible]
月星辰風雲靈雨山川艸木鳥獸蟲魚之文大
較皆象形而作虞夏以上吾不知已至若商周
父癸庚羊鮮彖之鼎棲鳳之鐸執戲之卣龍之
觚單之彝弓之壺若植若動若飛若呑莫不因
三才之自然如萬物而通情隨手萬化元無定
體吾於古人書但臨摹大意而已至於波戈點
畫未必同也故其書變動瀏漓不爲法縛晚年
益放縱其欹傾頓挫低仰怒張之態若不可範

以馳驟而排意騁智勒成一家翩翩書記細若
縈髮而氣脈流通毫末生活士大夫家或無事
致寒暄冀得其報章公年四十二始筮仕將作
遷司饔院司僕寺尚衣院掌樂院主簿　世孫
翊衛司翊衛翊贊司禦金吾郎平市令尚衣僉
正繕工副正莅三縣二郡一牧曰報恩衿川臨
陂清道加平星州進階通政至資憲兼僉知中
樞府事歷戶曹參議都摠府副摠管同知中樞
府義禁府敦寧府事工戶二曹參判知中樞府

事生於　英宗乙巳十月十四日卒於　正宗己未正月七日粤三月某日葬京圻加平立店里之原曷盛之書肇於羅顯於麗纂墳載德逮我朝副學請獻於　莊陵贊成策功於靖國至工曹參判諱文秀禮曹參判贈冢宰文忠公諱漢英兩世以文章節義著　宣　仁際生諱殷周潭陽府使贈吏曹參議出後其季父贈左承旨諱漢相是公曾祖祖諱夏奇掌隷院判決事贈吏曹參判妣貞夫人坡平尹氏公事親服勤

無違及沒終身慕兄弟同室衎衎如也仲氏亾奉嫂鄭恭人如母時公只有一子推以爲後俸祿一聽其頒用不私敦恤宗族不論家之有無與人言表裡悃愊藹然虛淨無纖毫機塵故評鑑人物其言多中聽音冥悟不學而能殆天姿之所獨詣公之任桂坊也　正宗大王以世孫宅儲宮天縱聖能游藝超絕最愛公之書每承璽文墨公必與焉書古名臣言行可鑑可式及

[illegible]

畫願稍加審緩以崇謹嚴　上曰卿言正中其

偏是謂筆諫矣後日講席達曰臣於書辟焉浹

乎心目凡天地間流峙動靜雲烟變態一寓諸

書于今五十年所見無非書者是以輸之于手

機應神行如有得其助者小技猶然况進乎此

者乎古聖賢所以治心修性參前倚衡不過用

是道也　上曰善哉言乎非深於所悟何能道

此公因陳小軒曲欄雕朱大華櫻弓筆管無益

書道橘皮酒杯之近細玩錦文書衣之侈外飾

隨事納規　上諒其忠實恐命改之嘗於御前

濡墨作艸書長努筆逸濺汚朱衣天笑為新尤

喜其任眞不拘刊公所書春帖子歲貼殿宮步

欄屢闢之柱出入寓目焉公自在車禍非心恤

緯語及宗國事變不自知涕之沈瀾受知　聖

主擢下寮儕卿別布衣兊寵乃鮮其比然拙於

謀身多典州邑瓶無餘粟墻屋不修蕤塵滿床

略不介意唯行艸暢志或餘墨傚畵作艸石竹

木以爲樂適有償　皇朝神宗皇帝御寫綠竹
障者公意是欲之顧無長物卽以所乘馬易取
意到輒張以寄風泉之感及卒　上聞是悼惜
族孫錫中適以館職侍　上語之曰稟賦之仁
善秉執之堅確未有如故重臣者先己命公書
春秋經至是刊竣頒下一袠題詩卷首命錫中
致祭宣讀遂錫知鼓盜誥以寵之公於是哀榮
備至存沒無憾矣前配贈貞夫人全義李氏府
使徵成女有淑德懿行先卒公爲詩悼亡詞義

宛丘遺集卷七　五

悽惋可誦葬祔如禮生一男一女男曰晚振後
仲氏長無嗣取錫中弟錫正爲其後今承文正
字女適趙雲孫後配貞夫人咸陽呂氏士人善
最女卒後公葬公墓下男曰星振女適申緯今
弘文校理銘曰
惟哲象類八法所筌法議則蒸法拘則攣緣法
悟妙離法通玄公以神會游心畫先淋漓翰墨
未詭張顚髹姿迭發灑落神精風恬雨收江海

令猷佗此嘉銘庶無愧辭昭揭山庭

李而漸墓銘

李而漸之亾余爲書其旌曰處士李君之柩處士云者尊其賢哀其歿而殊其稱以別之也如魯孔方蘇漢明是已烏呼此果爲而漸発與而漸諱崇培其大父諱徵成成川府使考諱德胤嘗仕焉而已之安分樂道不見是而無悶大羽悅之學而未能也從年狀其行又誌君之弟沢

山之墓華肅世德詳焉今可得以略也君以英宗十五年生承孝靖清江之遺範追志范林谷之篤行天分固優先君子又薰陶德器而舅沈先生栝羽其令姿成性自然溫慕朝夕貞固幹事砥行率禮學足以表人倫材足以矯澆俗侍側五十年非甚病脇不至席衣若不勝言若不出無遽色無惰容無窘步世間色聲榮觀若羞惡然惟親志是訓是承默而成之約以紀之庭宇常齊整如也自中年膜原之氣宿苦而成

積積數十歲日月增滋觔脈搐引肢指瘈曲手
不能持足不能履語言不可通曉重之以要威
仍歲逆理橫加至性養志則二親貽慼於帷憂
苦心奉先則兩稺晚得而殤折婉孌慼情則賢
女遺呱而先化友于因心則壼弟生離而死別
命之奇也行或拂矣而疾患煩惱事故之熏心
燭情者又疊出夷忽之表天椓是天如抗不克
而君之靈根瑩然無以挫損動忍修省操益堅
慮益滋德慧術知存乎疢疾外雖萬化而內未

嘗化能病病而不病於病況生滅悲樂榮悴之
外膠者乎故其生朝夕之不慮飮食起居之須
人而夷考其行不言而信不動而行綜理巨細
功務兼人夫應煩無如簡制動無如靜成物無
如幾故所値多至艱至難措寘雍容我常育餘
親鄰之絶無嗣者恤胤而繼其世死未歸者賣
士而返其葬貧無家者則曰於我乎館周人窮
急人困恒施不報之地故終不見報於人而愈

畫盡吾分之所至要使俯仰無愧於心則可死
壽不貳修身以俟命者其夫子之謂乎無名指
之屈非疾痛害事人猶輕千里而求信至乎其
自爲其心讐聱于義理拘攣於勢利而不知惡
苟如是者雖四體康壯手足便利肌理曼澤紆
靑紫而馳道路其內則固已喪矣視夫子得失
又何如哉烏呼悲夫君娶楊州趙榮愼女大司
成趾彬孫擧二女無子取族弟子子之曰晉會
女長適申絢是余李子官今大司成有一男一

女次適進士沈永之有三女　今上二年十月
廿日君卒春秋六十四粤三月某日葬楊州柰
谷先兆之次銘曰
子張之喪公明儀爲之志章別其志所繇爲誌
夫爲善乎顯明之中者人得以見爲善乎幽閒
之中者鬼得以知鬼尚不知旣福升施烏呼而
漸乎非余誌之而誰爲

三嘉縣監申府君墓誌銘

申氏肇先麗太師太師會釆平山子孫仍貫焉

逮昭代左議政文僖公槩吏曹判書文節公鏘漢城府判尹忠壯公砬領議政平城府院君忠翼公景禛名節事功著于時忠翼有弟知敦寧府事東城君景禮亦策 仁祖靖社勳諡忠度無嗣子朝家以忠翼公子敦寧府都正贈領議政平原君垓爲之後許其世祀府君故爲東城之宗平原生諱汝晳成川府使於府君爲高祖曾祖諱琢司僕寺主簿贈吏曹參判東陵君祖諱弼夏坡州牧使考諱昍妣朴氏潘南人府君

以 英宗五年生諱曰大淳字曰元禮儀度凝夙遠育家風趙相國顯命一見器其遠大旣長忠厚多恕敦恤族姻姻族親睦其來如家尤恪奉先洗腆惟旨屠肆不中忩不以祭畜雞犬不以宰曰君子聲聞焉不忍食況常目乎平居無畫挈之行峭切之辭話言灌灌稱說古昔居然知德器之老成也 正宗八年以勳適除 禧陵參奉遷典設別提旋移西部都事部廨在鄉由秋西未[illegible]公[illegible]守[illegible]邑二[illegible]

二舊祠寳寺令之邑部屬也已而出墅察府之
三嘉縣省謁文宣王廟棟榱傾落墻序蕪沒削
倖棄倉囷而新之與爲治專恩德綏吏民阜隸
犯科不遽加鞭扑但言語牖飭前後莅是縣者
漁奪封靡米鹽細碎無落也府君獨不盡利至
魚膳柴穀果蔬用適足而已失得付之楚人
無所何問觀察使聞之以爲迂遠而濶於事情
殿其考曰直是天員府君笑曰天員亦有罶乎
吾實愧乎其言苟爲其然誠宥以繖繖一縣令

博哉烏呼處迫隘之世不同浴則譏故曰益憎
主人誠哉言也使府君閔閔其政收效歲計之
餘則豈壘康桑之化安知不三年而大壞也方
且尊知而火馳屆德醇風世不相偶已矣已矣
府君晏憂古人嘉言善事手自傳錄喜爲人誦
說又好龍虎修鍊之說搬運導引之方摩挲柱
手不離几案嘗集靑霞注參同契十餘本考同
異刊譌謬裒然成書余每欲爲之刪剟而未能
也臨摹古法書往往忒似時有不試之藝雖枯

木朽株一經心手皆成絶玩劉髭嵇鍛之意與
每與之鑑賞未嘗不犁然一笑焉十四年十月
某守卒官年六十有二粤三月某守葬衿川道
谷先兆旁麓配南陽洪氏縣監應麟女領議政
文靖公瑞鳳五世孫貞淑知禮先二年卒葬廣
州牛峙亦先兆也生二男一女男長絳次絢進
士女適聞慶縣監李喆祚烏呼府君於余親則
小功恩猶同氣以相嬉長相說老相依也夏初
余適閱書麓得府君書數百番多余海寓往復

章縢軸累纖悉如家人語昃矣府君之繾綣於
余也遺墨尚新拱木已積感舊悲今不覺淚橫
襟也絳來請銘遂與之銘銘曰
敦厚醇慤長世之德謹守先訓保家之則子姓
所楷模宗黨所儀式寔銘其肯永示無斁

王考承旨府君墓碣銘

公諱宅夏字士撰海西平山人著姓自高麗太
師壯節公申崇謙壯節後五百年文僖公槩相

士類死王事之功纍 中宗 宣祖時忠壯之
子忠翼公景禛忠度公景禋佐 仁祖協謀靖
社功勳昆臧忠度無子取忠翼子爲後曰敳盜
府都正贈領議政平原君諱垓是公曾祖祖諱
汝皙成川府使贈承政院左承旨考諱琢司僕
寺主簿贈吏曹參判東陵君公蚤孤事母夫人
林川趙氏有至性年十二就西溪朴公學旣又
受業於明谷崔公明谷見所著天時五行策大
加稱賞曰經濟文也 英宗丁未擢增廣丙科

宛丘遺集卷七 十二

戊申補栗峰道察訪入爲侍講院說書歷成均
館典籍司諫院正言司憲府持平兼丑遷弘文
館副修撰會臺臣權爀疏斥瀛選中者有人而
公獨自引前後館職凡十有三除終不出稱曰
經幄淸峻豈苟然而躋冒者乎迫以嚴命固執
不回茲用屢黜冥位尼山縣監北道評事皆譴
補也冥在尼也引養庶老惠訓士民鄰壤祇懷
不殺爲非曰得無尼山公知之乎於是襁負扶
攜而至者千人以上尹進善東源縣人也澹潔

修整罘跡城府於公僾月造高人言龐公失操
笑曰爲新使君屈移侍講院文學兼知製敎南
學敎授戊午陞掌樂院正遷弘文館應敎轉司
諫院司諫尋擢義州府尹府是西徼重關北丞
撫路風漓俗獷不可馴擾公舉衡而平政淸身
以勵化剛不劌物惠不容非士民知方方隅靜
謐乃捐奉鉅償府下積逋厥數巨萬官有餘貲
得以繕廨完譙備旗物侍道馬槊水庸無名之
稅橫發之役一切蠲減灣人大說明年告疾自

免歷上款段猶是舊築墓下桑田不加先疇拜
斥曹參議轉至承政院右承旨于是時論滔滔
未紫互奪公淵然深識泊然執守卻立於衆流
犇騖之中惟義所在雖不可撓時相使人曉云
令公名德而處位未隮吾輩叨竊遠有文仲之
慙何不自好僾可歷踐淸要機密聖朝公不樂
艮久曰吾所以不喜時輩公對人皷厚謙讓然
見有不稱意事輒收容曰子誤矣徐陳其失座
上常肅然門無雜賓惟貧交疏族生來如家見

并四人悼友天至晩雖異官常衆會一室有着
津之憂公綽之風及長公殁甚過乎哀所疾添
重春秋六十壬戌七月十八日卒搢紳假爾罔
不嗟悼龍灣一府碁哭里號計日服臨者亦數
百人金尚書有慶於公山恩間喪慴曰恬靜自
守不喪始操世有此人梧川李相國每對舊日
交遊悽然興懷自云有斷絃之慟用是年九月
某日葬廣州牛峙坐之原將葬李太史匡德哀
挽以送曰臧屬疎愈感睦士風謠益知賢夫人

延安李氏思晏女牧使曼著孫配德莊愼咸曰
女士後公四年卒祔墓左男曰義盈庫直長贈
吏曹參判諱晠孫四人長大羽戶曹參判次大
翼參卒次大翕繕工監監役次大翻曾玄若干
人公姿性峻朗體氣渾厚心無驕吝之萌口絕
鄙倍之辭德正行方惟孝友于閨庭之刑固已
允穆矣及其從政事上淸以自衛直以達道枉
毫毛樹私恩不爲也超世譁信素節不沮也蓋
仕不爲祿故寵利不足猾其慮行不苟合故勢

威不能奪其守是則公之所以充操明心亦其所以後時失塗也故其言論事功未見赫赫於世而士君子靡不重其德於公相之位斯之謂不朽之感公卒卅年完山李君諱匡呂字聖載以中表舊誼慕義尤深僂爾求恩昭銘德懿其辭曰

人未見賢孰知其公人遠吾猶及申公同者莫能親異者莫能怨唯賢邪與逆順不待百年而考定論後之視此銘者尚知余不愳於生晚

附鄭氏婦墓誌銘

孺人申氏先籍平山工曹參判大羽李女妣曰貞夫人鄭氏縉綽絢其兄也 英宗卅六年庚辰二月丁卯日二十生十五嫁東萊鄭東迥後五年三月丙子卄九因疾不起踰月丁未葬東川菀仜之原孺人志潔神整狷內惠外始倉貧于海島婉娩膝下恩摯憂深雖酌麥醴燔枯魚藹然孝達乎面扶寸之味必均諸己弗淬盧婁失入歲隹哉左其凋夕既長仟

嫁父諱之曰女當適人而不渾訓誨恐失容
他家為門戶羞於是程日斅小學書孺人領
略意旨受持讀誦依本繕寫規圓矩方竟篇
無一字偏仄謬是粗識義方嫺狀柔儀居有
常事有節至尋常札牘亦循成規及歸鄭氏
舅沒姑老夫之兄弟五人同室共爨孺人以
所事母者事姑事兄姊者事章村外內之譽
亟聞其言稟受不融攖疾夙零蘭蕙而摧玉
績而折固其理邪悲夫父憐其賢而無子又

不克年欲為志文與悲拏卒葬之就歷十有
八年始克授意於綽序而銘其壙曰
生最後逝何報瞬英華溘朝露尋響像竟無
遺帷蒐藏永安固浸以遠誰復知著之銘昧
之詒

附李夫人墓誌

江原道觀察使申絢妻貞夫人李氏卒於
正宗廿二年戊五月廿八日葬廣州新村後
八年某月某日從其姑改葬同州盤守山西

鄭夫人墓右岡將葬大人呼而詔之緯曰自
吾失此婦飮食不能曰吾久而彌痛其志之
舅宰劉夫藩司而莫之知男有室女許嫁而
葬之間齟齬後事悉爲吾憂悲夫惜哉緯謹
述親意而爲之志曰夫人全義人李先生諱
德胤孫處士諱崇培女先生和夷淵默躬行
不言之敎處士拘伯牛之疾而篤顔閔之行
遊其門者浸漬沁潤薄以敲頑以烝烝然
入於穀祖母沈夫人祭酒鎬之妹閫德斯諒

母趙氏又克紹令徽夫人生長義讓之訓蘭
室全化不聞其香來婦之日年十七拜舅奠
幣新儀孔嘉遠近宗鄙莫不贊賀夫人美心
志端亮貞愼居夫家幾廿載未嘗有逸口過
行與諸姒言視瞻不上於面隨舅數郡委之
以內事衣食不私於子穿而尊人故愛敬不
衰於娣姒和而能守故綱紀不失於婢使若
頤老之節事長之禮所以貳於事親而移孝
於舅姑者也[illegible]

也節衣服冪酒醬菹醢築脯切膾種種供養
日用之所易忽也而新新祗飭無不緜悃爰
推支體之奉施及形聲之外舅姑安之每指
以試諸子諸子婦等曰當如是至是卒財年
卅有三男曰命濩允齡女四歲哀慕啼索大
人孜心撫摩父教之母育之卒以成立濩婦
佳又思夫人而傷之遇喜輒思遇悲輒思至
于今無一日不狂心也烏呼兄弟同氣也子

女骨肉也歲遠哀降有時而念豈有見憾於
舅姑如夫人者故知誠孝之感深而益見夫
人之賢也是爲銘

宛丘遺集卷之七

宛丘遺集卷之八

男 縉 綽 絢 編校

行狀一

朝鮮故通政大夫吏曹參議知製敎任公行狀

公諱珽字聖方姓任氏其先蓋中國人自溫而東著族于海西之豐川府入朝鮮有曰球參知政事曰說漢城府判尹謚文靖公曰好英弘文館修撰當兖海時文章名節高一世世所稱踈

菴先生者也特贈弘文館副提學副學君無子取從祖弟永興府使善伯子量後遂嗣副學君於公爲曾祖是生胤元司諫院大司諫贈吏曹判書判書生公之考曰守廸卒官刑曹參判有子八人倫次公爲長子不煩繩檢始學已知爲詩賦名聲大振一時輩行無敢出其右者故相國崔文貞公偶値諸鄉口誦異之謂從者曰必任氏子吾聞任氏有佳子弟家又在是必其人

肩界人皆己所與仕宦人之里所不與[illegible]左右
迭戚弗顧孝於親友于兄弟周窮恤貧如不及
人以此慕尚之年二十六擧進士越四年中泮
製第一名賜及第　景宗卽位之二年也有忌
之者爪隷成均館補學諭已而薦為承政院注
書　今上三年修　大行實錄大提學尹淳摠
其事選參修文學士公與焉明年拜　世子侍
講院說書遷司憲府持平又明年出治京畿果
川縣旋以弘文館副修撰召改司諫院正言自

完丘遺集卷八　二

是其官常在於三司而在玉堂為尤多凡前後
四十六拜匡衛拂違棘棘不阿有識推以為重
焉一日晝講應教李宗城言宮禁事、上怒切
責之再三問從誰聞之聲色俱嚴公進曰此事
誰不聞者臣亦聞之無宗城之忠不能為　殿
下陳之然　殿下有則改之無則加勉不當詰
其色使諛阿日進於左右也　上改容稱善
李公出曰固知經幄之中不可無此人也選知
製敎兼四學敎授漢學敎授侍講院輔德校書

館校理自北道兵馬評事還擬吏曹郎尋拜弘文館應敎皆選也十二年充謝恩使書狀官赴燕明年擢重試進秩通政大夫拜承政院同副承旨轉至左承旨遂拜司諫院大司諫參議戶兵刑工四曹十七年外補京畿加平郡守頃之特拜吏曹參議銓佐惟衡務振淹滯終不以干私害事非格例雖出於長官執不可弗撓繇是當路貴人多不悅憲臣許采者承風旨上章重論公　上覺其詐削采職徙公兵曹參議二

十年持先大夫喪既制復拜吏曹公上疏辭仍乞得一小郡養老母　上許之授海西谷山都護府使治二歲邑事多擧觀察使故相李天輔新修館廨城池悉集諸府縣營下落于城南門公亦赴焉酒酣樂作請公作上樑文公時邑醉了不容息揮翰馳驟如飛俄頃而辭已就坐皆屬目驚歎既醉觀察使令幕府扶公上馬自送至閾外凝矚良久曰此何異神仙中人無何棄官歸當是時儕子多不王朝廷議論日就新奇而司

省皆邈然少年公益不樂從事除大司諫者三吏曹參議者四戶曹參議兵曹參知掌隷院判決事者一多不就就亦不久於位曰吾老矣別自號危齋籬閣據几是非憂喜一混於酒棋寄意沖曠神情散朗常歆歆若一事之不攖于懷也鄭宰相(故相鄭羽良)既志得必欲收攬當世之望亦嘗款款造公獨公不至其門適時公出飮闕知之倅來酒所曰知此路之過吾門乎公直答曰不知因瞠視曰子揮唐突乃欲坐屈士大夫

子揮鄭相字也鄭相聞憮然笑曰士大夫可畏可畏然自此不復相過嘗語其所親曰是欲效吳貫之者邪或勸公一往公歎曰何言之不忠也藉令朝及門而暮已什諸公今白首將愧其影況有命之不可以力造哉二十六年拜成均館大司成遠近章甫咸稱眞先生至有重繭千里而來者其夏五月二十一日卒于誠明坊舊第春秋五十有七公性既高簡行不苟合言不苟好無支辭漫笑好觀書閒靖寡累大布脫

剛皆邈然少年公益不樂從事除大司諫者三
吏曹參議者四戶曹參議兵曹參知掌隷院判
決事者一多不就就亦不久於位曰吾老矣別
自號巵齋藤閣據几是非憂喜一混於酒棋寄
意冲曠神情散朗常歆歆若一事之不攖于懷
也鄭宰相[illegible]相鄭既志得必欲收攬當世之望
亦嘗款款造公獨公不至其門適時公出飲闆
知之伻來酒所曰知此路之過吾門乎公直答
曰不知因瞠視曰子揮唐突乃欲坐屈士大夫

子揮鄭相字也鄭相聞憮然笑曰士大夫可畏
可畏然自此不復相過嘗語其所親曰是欲效
吳貫之者耶或勸公一往公歎曰何言之不忠
也藉令朝及門而暮已升諸公今白首將愧
其影況有命之不可以力造哉二十六年拜成
均館大司成遠近章甫咸稱眞先生至有重繭
千里而來者其夏五月二十一日卒于誠明坊
舊第春秋五十有七公性既高簡行不苟合言
不苟予無支辭侵笑子親舊問請貴累不市說

43

臣是晏處州金氏　肅宗癸亥十一月七八日
生夫人夫人生數歲而孤既長選所宜歸妃我
祖考右承旨府君適年十六　今上十四年戒
命府君以弘文館應敎出尹義州府賜夫人貞
夫人號壬戌府君卒後五年丙寅三月廿六日
夫人亦卒于壽進坊舊第之白雪堂春秋六十
四夏五月某日合祔如禮一男賦嘗任義盈庫
直長早歿有五子曰某某夫人之卒十三年孫
男大羽追先人之志怵惕屏懼曰小子偏蒙夫

人所撫壹不忍違膝下者葢十二年而夫人棄
小子矣冲迷不肖縱不能熟悉常範尚卒一二
在耳目不殺者冥可忍無傳夫人自孩提夙著
令儀六歲通孝經曾史充然有婦人之禮君子
之容皇祖壹旻諸子女得一物必曰需吾女拾
一菓必曰食吾女眷撫之重葬與爲伍一日跪
請于皇祖曰小女已八歲宜修女紅皇祖憮色
變弗悅曰得無不祥乎何遽夙詣至是已而色
喜曰終無夭殀淤飢能有兒如女爲女嘉耦既

醮又欣然撫背曰申郞長者吾眞不負女女以事而祖事而尊姑友而羣從樂而妯娌夫人敬受命入門媼御皆喜上堂親戚交賀媳體君子是似是乎平居早起端肅毋跛倚怠倦齊整其衾褥位置其器用明淨其堂陛不令日用之需雜𠛾左右莊靜沈默一畝之宅聲不聞其鄰貴矜之意不形於中戲慢之笑不出於口貧窶之語不發於人薄隘之言不及雞豚禁家中譁讙常閒𡨴若無事承夫子施與之志恐或違至假

貸不告其乏遇諱日明衣服手滌滫瀡踏如有臨不信損財祝詛之誣曰我無財可損設有之當濟親戚窮匱豈乎敢誑誕求渺茫無涯岸之理嚴內外等外雖從父之族子弟不在不許進對人須益端言益簡無間慢說婢侍毋敢陳細瑣亦毋敢媟語於前僕夫服事俯伏鞠躬皆甚有法度蓋惠先於威威常化惠令不出閨閑而化道成於家故夫子之言曰而我不失親親守

紀則還于曠正官君家法則貧富宗此亦老見嫂之賢有以著夫子之令德於戲是可傳也告立言先生請壙隧之銘附諸媛爲內範

仲厚行狀

君諱大翼字仲厚申氏之祖高麗太師壯節公者皆爲平山之族平山今海西道郡也後十餘世有文僖公槩爲秩　世宗左相文僖曾孫鏛贈議政府左贊成謚文節公以儒道與趙光祖相善卒官吏曹判書又至八道都巡邊使謚忠

壯公砬議政府領議政平城府院君謚忠翼公景禛知敦寧府事東城君謚忠度公景禋仍父子兄弟綽有功烈顯　宣祖　仁祖之世是君之先也王父繇恬正不爲權貴所媢先君實善承家而太淑人任氏成均館大司成珽女亦有賢德爲宗婦式生四男君於序爲仲生而俊頎纔言性通多湜恩指天曰大屋問知屋漏之爲滲雨曰天滲而雨學口字自印口几熟視曰字象形也己而曰目字亘字亦象形乎長者喜曰

徐敬德之理也諸子不祿并西塋先君洲人繼
卒君年十十三諸弟逾少當是時不自意得至
今然能囏難卒自全苦由之下者唯胥匡有兄
弟而醫威震剝君則病矣居海窮醫藥且吾多
辜於神明竟不得係君爲弟君自病雖不力讀
書涉獵爲文辭絶有士知者謂整飭有度質能
澤華不宕其兄大羽亦志古文於人鮮輸可至
稱君能常自以爲弗如能於堅忍遇事沈靜苦
樂不在色事其兄莊㬎起居坐卧須其言曰爲

之整衾禂几案灑掃兄㬎促中督責或過其實
而未嘗自白待接人不有問不言亦簡句拙
若處子然見有不善義形於色鄉人來者儀度
言語多漫失其兄每隱忍君則曰不飾彼將終
焉呵責不僞故人之受君敎戒者後多有徵當
遠游將歸所賸度費於路不受其餘遺傍見丐
者年老襤褸當雪脫衣衣之其志行堅絜雖未
必盡中於道而終無爲苟也卒於　今上三十
八年壬二月十八日[illegible]

嚴李之[illegible]父與人博[illegible]
七日權葬江華府南三十里道藏之原在室東若干步妃安氏順興人其父宗𤊹其先議政府左議政玹也君無子俟兄弟子賢者將尸君之祀云烏呼吾兄弟四人大翕先已爲人後吾所賴獨君與李聞君之賢又足恃也庶幾尙有成就庶幾藉以報先君訊爲君而至於是者天將析余形殘余軀以苦其餘生也君病時嘗曰卒已病上溪山絕叡跡以到處十年讀書後檢君

書麗尙見小紙有題曰負笈時者料理書籍歎粮異日上山事是恐嘤乎是其志豈徒然者哉哀情不能以文又弍碎纖之傷於溢以卒有徵於君子闡幽成美之道焉是年八月二十九日

晦兄大羽狀

朝鮮故通訓大夫行工曹佐郎李公行狀

先生宗姓諱廷燮字季和 宣祖大王第九男曰慶昌君玽慶昌之次嗣曰陽寧君儆陽寧之

嗣曰益豐君涑益豐之嗣曰林原君杓林原實
先生之皇攷也先是兖海之世臨海君肆遇禍
家覆及　長陵改玉理寃復䕃立陽寍主其祀
先生故爲臨海之族先生頎然長身目晳而顙
廣容儀風範嚴律有觀嘗卓犖以古人期曰學
將以治心不治心而治外此俗學所以欺人自
賊害最於不學必欲鐫枝葉務根本迺從容告
尊堂曰士之仕也陶冶邦國堯舜君民上也其
次爲家貧親老其次尚功利也今小子忝藉以

族之餘祿曰旨不至闕性本苦淡簪組非所願
又欲布屐志業如今世何無寧讀古人書爲寡
過人矣林原公旣高曠不屑屑子弟進取皇妣
江陵郡夫人亦於榮達無所慕先生遂得志停
公車業沈潛道體謹飭儀度知日精德日彰於
是休譽滿士林間將以經明行修薦先生不樂
曰學之不能實可圖以致其名乎枘太繩尺不
居身標榜之內而其制行操躬之嚴非當世規

章句間子集百家之言悉繇鑒裁以至音律技
藝亦各其精目之所及心之所運鮮有不能非
唯先生天得之絶高其窮研之精又不可跂學
而能也先生少時喜脫略不羈間從游俠少年
者游既而立自責專精讀書文辭日益進金居
士昌翕見其詩文曰奇才奇才年二十六 肅
宗癸巳也是歲中司馬生員試先是宗戚子弟
登科者唱名日自詣閤特候 上之宣醞錫賚

是侈得者皆榮之先生獨不可曰是干恩也至
不膺榜頭之宰相交口薦授內侍教官翊衛司
副率皆不出 今上自在邸高先生名及卽位
下教曰廷夔休戚之人不宜以高蹈居乙卯
元子誕生冊禮成極選宮僚大臣言之 上授
翊衛司翊贊先生曰國家有大慶此非臣告病
之日迺謝命 上喜曰廷夔予不能致而元子
能致之居無何亦辭遞復除工曹佐郞鎭川縣
監不起二十年辛卯某月某日疾卒春秋五十

七翌年正月某日葬楊州天磨山又里原所著
有樗村集四卷先生爲文章簡潔精白不固到
槧而幅尺森然淘汰曼冗而語句暢達詩亦格
高而趣遠足以徵風俗於千載之下雅善歌有
時浩唱悲壯慷慨風韻弘長益其自託於傷時
憂國之意者非夫人人所能識也自古高尚之
士率多長往不返果於忘世若先生則異於是
先生之不仕非無義也韞櫝幹世之具益欲爲
邦國廊廟之需矣既環視區域齪齪無當其意

者則先生之斷望於世久矣被羊裘釣澤中可
也聚生徒講禮樂可也唯其高明冲曠之識不
枉規規家計又弗蘄聲名之在世則清不離羣
介不絶俗含光混彩偃仰終老於家於虖聞先
生之風而興起者不必待百世之後也執彤管
而傳高士誰敢先先生標名哉妃鄭氏東萊人
觀察使是先其父也曾伯祖太和領議政諡翼
憲公者也事先生婉順無違則後先生十二年

曰埴進士刑曹正郎曰埈出主宗祀曰埴曰[illegible]
適申昕次適前承旨徐命獾次適宋翼海次適
令承文正字金魯鎭埼有子惟簡與大羽善嘗
囑以先生紀實之文曰子非慕先生者乎於是
第次其大事告立言者 上之三十三年十二
月四日

朝鮮故通訓大夫富平都護府使水原
鎭管兵馬同僉節制使鄭公行狀
曾祖維城議政府右議政贈謚忠貞公

祖尙徵成均進士贈議政府左贊成
父齊斗議政府右贊成兼成均館祭酒贈謚
文康公
公諱厚一字厚之其先慶尙道迎日縣人高麗
時有樞密院知奏事襲明嚴直見擯孫曰夢周
相王恭讓國革已身殉之是實倡道東土言太
學賜謚文忠者也子孫久落拓不遂至忠貞公
而大顯忠貞之孫齊賢又尙主封寅平都尉而
文康先生亦以德行儒學位孤卿爲 三朝學

者師公幼而薰擩長於典訓端良儉順恐恐若
帷愳有敝行寅平主寘而無嗣常幾公爲後曰
安得如若者子之謁文成尹先生先生喜曰人
不可不尚異世也日於文康側凡烹茶藥醪醴
饗醢牲穀之羞所以養老者以至歛簞灑掃皆
自委治任使如孺子服不育以進取爲事 肅
宗三十二年始補繕工監假官秩遷自義禁府
都事爲縣令新溪時西道大飢縣逾邑十室無
三全公按流狀自見觀察使請發倉弗可廼盡

歸賓眷之隨之官者辨衣于私取食於疏損羸
異俸不足則告大邑之糶流民已濟或謂不如
歸也公曰無事則穀有事則公人誰優我觀察
使聞而愧之減是歲營租之半遷安城郡守改
金川郡守皆不行 今上三年守加平郡歲餘
上拜文康憲府長因問厚一何官曰大司憲老
矣一子遠在可念可改之近邑卽日移拜高陽
郡守先是郡有張甲者桀昆異族乙桀衆怒刺
之恐事覺乃盜骼已瘞者負而自發告[illegible][illegible]其

束縛而知者無與訟乙獄且具十年公至貝
曰噫以告者刺也夫刺人者先念刺具豈遺汝
佗質鄒大杖乙乙果輸伏服誅會選曹議畀延
安府使陸績也邑大而腴産魚鹽四方之商賈
日集與沁州肸舟道通朝夕沁公之鄉益不喜
自陳于疎未歹治劇狀且曰如有明珠薏苡之
惑誰與白之竟仍故郡已而辭罷任濟用監主
簿司宰監僉正出治富平都護府凡先後四典
邑其治遵舊制祛弊苛遠聲譽常需其營者大

計未嘗記簿弗以豪毛累家饋遺通貫要然宗
族窮困無賴者皆家貳之治數月內移司䆃寺
主簿軍貳監判官掌樂院僉正十二年春將冊
元子又用選授翊衛司司禦當是時文康已及
大耋公亦倦于爲吏不樂久宦有授常拜命而
已其年秋丁文康憂三年復主司䆃寺簿轉宗
親府典簿尚衣院僉正至十七年三月十三日
終于皇華坊寓第公平居不道朝廷事及他家
失得服無襲華侈無兼珍與人語款款如有傷

淡于營殖文康之喪中賜庀賻只試以葬祭好
曆算有著幾卷享年七十一越三月某守子葬
通津府古里鄉店井之原合封李淑人墓右淑
人延安人父副提學端相祖大提學明漢曾祖
領議政廷龜仍三世名臣胤慶配良克類克叶
文康公之先公十八歲卒生一男二女男志
欽慧而殤女長嫁完山李匡明次嫁京畿觀察
龍仁李景祜後娶全州柳春陽女廉吏大司憲
慶昌曾孫司饔院僉正昌孫有男一人女三人

志尹其男也會津林逢浩平州申大羽完山李
令翊其女壻也志尹善士蚤歿有子述仁吕大
羽習於公聞請曰吾祖事昧今日以己遠後承
無所為式烏呼是乃公之託也吾嘗許而未就
況而言益悲謹具世系歷官事行如前請立言
者以圖其不朽焉　上之四十一年二月十二
日女壻申大羽謹狀

行狀二

李先生行狀　　　男 縉緯絅 編校

先生李氏諱德胤字錫予其先湖西全義人也
太師棹佐勳麗大祖世龍紋屬及我　世宗時
孝靖公貞幹以特孝著載國乘至北道兵馬節
度使濟臣爲　穆陵文武名臣世稱淸江有子
諱壽俊永興大都護府使位不稱其德卒旋孝

閭世稱志范堂有子諱碩基刑曹正郎亦以孝
閭世稱林谷是爲先生高祖曾祖諱行逸義禁
府都事無嗣立其弟旋善郡守行運之子諱廷
謙爲後位山宰以雅望顯生諱徵成成川都護
府使行誼風範間一世先生考也先生稟姿溫
而毅氣像端而凝學主忠信工專式愼善不近
乎名事不計其功俛焉慥慥不知老之將至凡
世間聲達嗜好威武憂患擧無足動其中而撓
其守者故晩年造道益深薰然慈仁英華睟盎

雖小夫儇子望而知其可敬也平居有憂世之
心無憂世之語厲言厲色不設於身體而閨門
之內雍穆齊整愛好人倫誘掖後進苟有可擧
雖其事微瑣之是必爲之喜樂誦說故人亦樂
於自勸淵於觀感雖未嘗講說生徒排尊函席
而功利之及人者遠矣橫逆之來扎械之酷常
多人所不及想所不能堪而先生處之不但無
怨尤而已引咎頌衍若將眞有惕懼反省之實
者然以從祭酒沈先生錥學游先生門者多當

時秀俊之士而至於任重質行人人皆自以爲
不如也事親極志體之養居前後二喪雖晨寒
大暑衰絰不去身朝晡號哭常如袒括然亦謹
節以制未嘗爲過中不可繼之道春秋享祀與
忌日必先期灑掃室堂蠲除庭宇尊俎屛席手
自整拂必有齊服祭服一室四時之衣亦臨祀
而授澣濯以及婢僕是日也先生終日危坐廳
事堂上辨乎上堂下辨乎下從容有序庶羞交

下有良田數頃歲令守奴耕耘收穫秩識所需
祀名臨祀輸入以供粢盛所蓺嘉種閱世相傳
守奴輩服化忠勤不懈以不睹弗精弗盡棗栗
檎梨亦多名品植于園圃一年籩豆之實未嘗
乏絕歲中在墓舍爲多非是疾朝日拜墓如在
家拜廟爲也墓庭數十步被以淨莎立木曰以
暢茂入其洞翠檜青松猗實其巔楓櫟桑柹挾
路翳薈藤葛縈虆幽鳥相和舍後小岡平臨三

面道峯如飣餖然先生樂之有時扶笻涉陟悠
然有沂雩之想也婢僕老則除其力役而給其
饎廩死則葬墓路所經其勤事者爲之祭至縣馬
亦必有帷蓋之施窮鄉遠族家婦之朝夕飯飧
匙不客具家無赴擧之人臨試負券而出者常
以十數先生從祖兄燕岐君淳古君子人也早
孤無依先公館畜其昆仲視若己出先生繼之
恩意加篤居必並輿食輒對案有君實伯康之
風同室居七十年其上下男女長穉僅十口其

人賢愚士不肖未必皆同與展奠葬祭一聽於先生終始靡有憾庶族有勤勞先公之喪者適歿於遠峽時值天寒先生聞輒躬赴殮以先公遺衣而留與爲葬湖南人宋生者隨先公宰邑而客食焉竟歿成川之館子穉無以主其喪權葬奈阡傍谷子又歿仍不成歸葬先生慨然爲祭其墓至于今節日輒有賫送謂之宋墓餠飯米焉　肅宗四十三年先生生　英宗四十九年補繕工監監役官拜命旋以疾辭　今上十

四年推邦慶晉秩通政除僉知中樞府事其明年六月三十日考終于第壽七十有五越四月丙戌葬奈洞墓舍之左配夫人青松沈氏　英廟名臣領議政壽賢女沈先生季妹擧二男二女男長崇培學行爲士友所重無子育女二人取子其族弟子曰晉會正言申絢士人沈永之其女壻也次峻培亦有志行不幸早歿有側出男二人曰千會晉會女長適承旨趙英鎭有男

自家完矣[illegible]以師道事之親習之至聞睹爲審謹序次如右以俟立言者財擇焉　上之二十年六月日平州申大羽謹狀

貞敬夫人楊州趙氏行狀

貞敬夫人趙氏楊州人領中樞府事文剛公末生之後高祖存性知敦寧府事昭敏公曾祖啓遠刑曹判書忠靖公祖嘉錫吏曹參議知製敎考泰耈　世弟翊衛司侍直奇士當逆臣權秉之日焚其坐席於梱衆中用是落拓　今上卽位特贈吏曹參議娶知中樞府事任弘望女生夫人幼有異行嬉戲言動類非世俗兒婦女侍直君素稱藻鑑歎曰多男而女已知趙宗之弗振也年十六今原任禮曹判書沈公星鎭聘焉公靑松之族司諫院大司諫埈子也夫人旣歸抑畏恪順事尊章處妯娌不盭尺寸皇舅昱多之內外宗黨交口贊賀焉明年覲皇舅南州治所還次振威店夜將半忽有警盜聲急一邑大

騷從者皆惶惚請避夫人徐曰盜之來必見可欲行既無所持且咫尺近縣官其敢恣乎已而果定皇舅嘗寄人百金以貢公貴屋有婢之夫居於鄉者夫人外戚家奴也一日詑諺書與管錢者陷之以利取其錢以逃而質其田券以當之蓋有田近於主居慮其爲所奪而賺脫也奴之主知之迺言奴貿田時與於券請之不止夫人曰與於券者田可得乎然敦協之懿吝登以一區宅博之歸其券皇舅嘗曰吾登年少婦子

事邪公亦心重之有事必以咨及登朝夫人曰朋黨起於患得失而顚覆隨之夫死生之於人大矣問奚死焉曰死黨非君子羞與公累參銓事而一不以政注相干曰未有牽於內而不亂者按藩邑亦如之蠱祿陞黜皆曰有命焉不可求而得藉令求而得違天弗祥吾不知已弗祥事君子烏呼大防一隤士大夫名節掃地盡矣獨公靖介自守爲時名臣而夫人之隨事匡翼勸令[illegible]參預見嘗曰[illegible]日歸入則行不可[illegible]

於文夫所有諸身涉獵絶不甚詳俚諺稗說宋
淫褻詭易以易人之志慮非所觀覽手書小學
女誡等書假日披復斟酌不墜謂近俗女子競
尚侈靡一身所粧飾或至千萬非久富福壽之
道至于末年可謂老且貴矣而大帛粗絡澣濯
補綴適取修明而已常居昧爽纚笄整房闥介
僮箱篚斂操紅經其戶閬若無人言辭簡重而
依於和平識解悟徹而式在臧否間善行詳叩
而傳誦見有過誤則掩覆之唯恐未深多識歷

宛丘遺集卷之九　七

代沿革人物國朝大事他家譜牒而人或有問
如無省錄親戚鄉里生忌昏喪記詳其月日隨
時存訊值祖先諱日代序雖遠而猶素食以及
從父昆弟宗黨之有服者雖門末經闕間亦不
御肉雖私親後生進見必排整几席傍有侍者
年雖少行屬稍尊迎送必於堂下疎族鄉人就
哺者日常滿堂皆爲之供具精愼皇舅皇大舅
皆有姬媵而悉意殊將終其世無間言身或冬
不縕夕不飱而奉瓜於衣饍者咸節其空瓜之

來公必起居公私赴會雖夜深必明燭待歸事巨細必請命有餽遺亦必稟可而受隨外邑絲毫以上毋敢私取於府在關西之永柔縣也有名室內日下錢者日排百錢自民庫輸入室內者方言邑宰之妻之稱也辭不受曰借曰故事民庫何與於室內而敢爾妄取公之觀察關東欲輸月廩則曰朝家所以班我二品之祿者非爲吾爨受官廩鄭相國夫人夫人弟也常母事之時節具送衣輕煖者則曰吾以貧不能以是

事父母不敢當趙氏子弟以送臧獲則曰不腆之產兄弟以持將何以奉先祀育眷累鹽虀買易廚人或加徵則曰彼所歉而生者毋庸公疏財喜施不管殖產業夫人早夜服勤終不以有無澗公待公而嫁娶者十餘人粧奩之具雖公所未及經理者皆爲整備治貿家五十年無假貸于乙人以爲難　今上四十三年閏七月八日卒于盤石坊第享年七十一顧語曰與君子同室之日當無子而有子且孝年[illegible]

慽然出莊中仍宗族姻僕臨殁祀宗如平昔起
三月三十日葬京圻廣州雙嶺之原夫人舉一
男不育取族子興雲爲嗣既葬公命余狀其行
烏呼婦人之有懿德哲行者必列之彤管用昭
壼闈則若栢母之尚儉申國之秉禮夫人庶幾
匹休而無愧矣謹序次如右告立言者是歲十
二月八日平州申大羽狀

故抱川縣監申公行狀

公諱暎字煇甫初諱暉工曹參判諱宂夏子司
僕寺僉正贈吏曹判書諱瓛孫判中樞府事謚
莊武公諱汝哲曾孫領議政平城府院君謚忠
翼公諱景禛玄世孫妣李氏大院君之後其父
成均進士檄也平山之申肇自高麗大師壯節
公入我朝左議政文僖公諱槩吏曹判書文節
公諱錤漢城府判尹八道都巡邊使忠壯公諱
砬尤著名德判尹實生忠翼忠翼之季曰東城
君忠度公諱景禋無子立忠翼第二子敦寧府
都正贈上相平原君諱埱爲之後是爲莊武之

考也 肅宗四十三年丁酉公生弱冠丁參判公憂 英宗三十二年丙子中司馬生員試後十四年甲申補 章陵參奉例遷繕工監奉事旋用敦匠勞陞敍歲中轉義禁府都事歸厚署別提司饔院主簿刑曹正郎明年出監京圻抱川縣又四年換授湖西之石城縣監坐微事罷無何太夫人卒而公亦不復從仕 今上八年十二月辛丑考終于漢師壽進坊松峴舊第享年六十有八越三月庚寅葬楊州忘憂里坐辰先兆也李

淑人已葬是開墓右而合封焉公既蚤孤事太夫人誠孝懇篤太夫人所欲爲雖力有不逮委曲承奉意之而未外者亦伺察將迎必得其歡心乃已太夫人年過大耋喜怒或不可常而又無不隨事順適其見於色辭者常愉婉如也有不安節調保如嬰孩不但止不矧不翔而已是以雝雝穆穆一室之內無一乖牾不自得人以此知公之深於孝而能以孝御其家也接人無矜夸之色居身絶驕飾之行乙世孚華邑亂衍

耀人耳目者屛弃之以役吾心故其推之於事
爲之際中外坦直城府軒開對家人子弟以言
者無不可出謹於祀官睦於宗族款性忠實敦
朴少文平居坐臥有常處几案有定所每事未
嘗肯推移出入曰吾不能知俗所云變通者何
事也無細無巨有所執唯恐不及輒不傍及他
事冲年承家幹裕蠱譽雖事物至微瑣者莫不
循先舊遺軌又能謹典守恤安費以至日用什
器之類補破葺鼓鞄自新具牘紙殘木亦皆度

長短無遽裁削終必各適於用營樹三世表碣
積絫銖寸第次克擧以舊不昆工書至是臨摹
古沿手自寫之皆端楷可觀莅職動必以誠如
寢直赴司人所占便而掉諉者必將必勤未或
一違期程治民則務慤實無僞曰在吾者但當
盡自十之所不逮見之所不到雖古人亦無如
何何可臆逆而爲明夸炫以爲能哉好修養家
言亦編手錄多所觀省嘗爲計較一切不留胷
中嘗語人曰得喪天也以欣以戚己見其妄爾

何況勞神明竭智慧求所謂趨避者乎或聞機變險詐事輒蹙眉曰人之設心乃爾耶就階庭分列花藥春夏之交每翳如林樾之趣最樂之便巾輕策日灌澆逍遙其中不知門外有事客至往往具杯觴絲竹欣然有喜又或信步名園竟夕倘佯而返曰如斯足矣配李淑人延安名族父命新贈吏曹參議大父泳昌平縣令贈左贊成其五世祖曰領議政延陽府院君忠翼公時白也寬柔和厚自然使人有象其儀者故上

下酸醎賢不肖不同而悉猾者以平躁擾者以馴終其世庭無間言奉姑有深憂左右調適不啻目視而耳聽手持而足行蓋公自盡晨昏甘肥之節實維淑人之賢是賴未嘗讀書講義理發言鮮不合典則亦天賦之絕異然也淑人生先於公一歲先公八歲而卒於是守子一終也有男二人女一人男長大有進士次大謙三道統制使出爲公弟關西節度旼後女適平昌郡守鄭□字三孫男女凡若干人不列今公屬則旦

免居嘗睇冐蜀谷毋輒之不悒鳳復平詩公諱
慕自牧淳慤不安不以形貿之役以斲其天賦
之眞宅心居世餘六十年終無一瑕之可適雖
古所稱全而歸之君子不過如是而已觀刑後
生爲宗黨光非公之事與烏呼莫可復覿矣大
有爲公遺事頗詳俾余撰次皆吾見聞之所及
其言質而無華可尚也已謹就而爲狀俟當世
之立言者　今上十年五月日族姪大羽謹狀

高同知行狀

公諱貝字輝彦今司諫院司諫高君廷憲之考
也司諫自爲狀紀其世著其言行第其生卒葬
歟階子姓請余潤色之其世曰高氏本耽羅人
高麗時賜貫長澤長澤今湖南長興府也有諱
臣傳逮禪代遯跡不仕其後有爲　莊陵相皇
甫公外孫者傳其別業始家于光州光亦湖之
南也有諱雲名於　中宗己卯贈禮曹參判有
諱孟英官副提學贈左議政有諱敬命謚曰忠
烈壬辰倭寇倡義南方與二子孝烈公從厚毅

劉公因厚先後立慬節義鬼煥狂史乘世所稱
霽峯先生者也孝劉生　慶長殿參奉諱傳立
丁丙難亦以忠勳著是於先君爲高祖曾祖諱
斗平進士　慶長殿參奉贈司僕寺正祖諱可
迪贈左承旨父諱漢仁贈戶曹參判三世貤贈
推先君恩例其言行曰先君九歲而孤服習母
敎罔敢有違語言容色務和婉以養其志生事
死葬必於禮參會衆說爲祭儀平居夙興盥拼
勤謹自持終日動閱經傳汔于耆耋對接人衣

服冠必謹性復惻怛雖肖翹之微唯恐或傷家
崑貧安之若命尤愼於財賄假貸與人語必諄
諄依忠孝從祖村父嘗同閈而居及歿撫視其
孤寡縫舂相濡至賣田以償其羅逋孝劉之壟
喪赴旅也駐馬授李弟課家傳其事先君輒擧
以厲子姓及宗族兢兢若常懼隊失嘗詔不肖
等曰立身事君唯有直道而已遇事小大必守
經法不胥回撓曰非聖人未可與權漢唐以下
[illegible]

若己禮之器準綱賞好古樸君任眞以孝性并
儀制其行以直拙儉約守其身其生卒葬貳階
子姓曰先君生於 肅宗壬辰 今上己酉廷
憲叨侍從加先君階三品既又進階除同知中
樞府事轉至貳憲壽八十三終于復村舊第實
卯寅十一月某卯葬和順縣花南癸坐原實酮
年閏二月某卯夫人羅州林氏亨夏女婉順有
禮先先君八歲卒己葬于先君墓右同原異塋
有三男一女男長郎廷憲次廷謙出後次廷纘

女適士人安衡琮內外孫曾若干人湖南多隱
君子吾於公又得一人焉溧自繕行鄉里歸信
義宗鄙孚孝悌篤乎己不慕其外闇然之輝終
有不可得而揜者故能慶發家子孫曾且行且
將蔚然為湖南冠何況三劉公忠孝餘庥乎司
諫請之三往愈勤是用綴次如右告立言者
上之二十四年二月日平州申某狀

宛丘遺集卷之九

宛丘遺集卷之十

男 縉緯絢 編校

祭文

仲厚祭文

壬午四月十七日將葬仲厚遺藏之原兄杲不忍以悲苦辭相提亦不忍乎不誌前一日杲市具時饍爲質死生之故嗚呼生諷尸之死且焉適何好而生死將何感此理玄邈諷辨眞眞誠發宵寐若續前緣沒之三日忽又汝遲容色勝

菩衣冠有楚兄莫我感我實無知曰是生者寔形氣而形氣既喪亦復奚諦譬若艸木逢繇冥柢柢則椓絕安識榮悴嗚呼汝乎儘有是理相對脈默泣漣漣如朝來細檢一夢邈邈山日末臍和淚餘睡嗚呼汝乎汝亦知否生死皆幻夢覺齊寄今夜如是來夜如是年年歲歲夜夜如是猶勝宗塗窮歷永閟嗚呼汝乎汝亦知否尚亯

紀歲庚寅七月三十日兄九羽因其生朝以奠
哭誄于亡妹李氏婦之靈曰烏呼哀哉知我惟
妹亦知妹心幽明雖間此理可謂不須煩提傷
女歿吾有子十歲女生三朞天如悔禍倉卒庶
玆教養嫁娶視以阿向字緇小是妹至願吾豈可
忘儻果此事應無它望異日泉下佇待朕色設
帨之辰適丁是日三十二年飈若電驚號噑穹
昊呑不成聲烏呼哀哉尚享

祭亡女文

歲己酉四月丁未葬汝李女鄭氏婦果川其舅
家州次先七日辛丑其父因塋奠略備時食致
告以文曰伊年月日云汝大歸是歸也何歸也
烏呼哀哉汝素精剛不病前年四月忽有似胎
之證可喜非可虞也人則皆然汝獨自謂病也
請以醫治者屢矣責其妄至發於聲色而猶請
之弗止胎是常候不知汝何故知非胎而必丐
其治邪至于八月證猶前而疑於非胎者試使
醫者診醫者曰未可詳且觀三數月汝云醫者

妄自不知汝之必知爲妄者何故及至三數月明知其非胎而疾則根己盤蔕己固矣攻劑則似效溫劑則似效或鍼或焫其路擿埴而不可爲矣烏呼哀哉汝疾汝則自知而其夫不知其父不知其兄弟不知知之又復一委庸醫以聽汝死生烏呼哀哉命耶非耶若此古人謂不慈吾復何言維歲之首將余南下不忍汝悽然惜別旣出還入更覿汝面而拊汝背而㤼以吾念汝之偏非意其至於死然也及旣南下無一日

汝不在我夢何故也逮于今寧欲汝以夢發余而不能得又何故也自汝之病攜汝來余今余玆來汝之歸舅家兩日矣聞其必欲歸而歸也必欲歸者又何故也方吾就省己不自起但見其欣卒之極淚先言發握汝手撫余腕項膍相摩語余曰行次無恙乎顔貌猶夫昔矣女則何如請抱而抱引余手按摩其背忽似穉小之嬌變又何故也吾未見疾病之至於是而能得其

[illegible]

之暴復邊届是日之亭午矣烏呼哀哉命邪非

邪汝無過於人之行吾亦乏素敎之術且吾未

嘗對子弟詡其長今日之事如汝生而與汝言

也我但設吾之疑擬汝解之而已若情之至者

所非文墓語之感者如恐汝孩又汝事行一二

可書終必抖擻點綴藏汝壙之南烏呼二十年

爲父爲女之情乃爾止茲也邪哀哉哀哉尚盲

亡女小祥祭文

庚戌三月十九日己亥亡女鄭氏婦朞祥之日

其父係官湖縣不克趁日以就先日辛卯遣其

兄絅以戊戌爲設晡饋授之文以侑曰去年此

日馳省汝疾今年此日欲哭汝筵几之徹而竟

不得亦以幽明而異然邪自汝之亡無汝一日

不在吾心存於心者多宵寐發之而周歲僅一

再見汝於夢夢又不了殆汝神精銷散有感無

所應然與以吾憂汝憐汝哀汝惜汝之心尚且

月殊而歲不同過此往誰復知世有若人輕塵

棲弱艸目哀哉何言痛哉何言欲爲汝綴數百字誌汝壙搦管輒不忍輒止者三數遭矣恐日遠日忘終於未就也哀哉哀哉言不可旣情盡于此欲爲汝再設此飧得乎哀哉哀哉尙享

祭柹夫人文

外姑柹夫人之柩將以丙申二月十八日引封于乾坪之新卜兆先一日戊午女壻申大羽敬用酒果魚蔬之奠哭訣于筵下侑之以文曰日迅月邁祖道將擧茫茫天地憑奉無所何意前年稱觴之堂遽見此日塡池之凶烏呼向年兩家之禍毒實非人世之恒姤承事於惸孩之中受恤於險釁之際倚之如子恃之若母我非外姑今何以芘植身家外姑非我亦莫繇支賴窮㘃疾痛疴癢必親扶持起居行住不責禮數顏無朝夕之違岨有介夷之行一衣稍煖則必思爾與煖一饌稍贏則必思爾與贏恩愛至偏於兒息推廣愛及於諸弟書札應醻多倩傍侍而

一歲矣已毋自疏焉姑捨之親世所仝有扶又
有若子如余者與仰對之辭將復云爾丰朽志
情雖莫副鄭重之期儗得不以家私牽心而略
能從事文墨之末藉繫誰之賜雖云懷惠小人
之義德則勿忘實繇訓軌凡人之受施而圖報
者能盡其分則斯可以己區區誠願實在夫人
之言遐籌小子之多假豫南鄉北里不替輕軒
之陪護男娶女歸詒娛膝下之晩暮而已誠未
展而羹牆入慕志莫遂而風霆易激跡滯候疾

誌未及復仍使來遲之音屢發臨顧之夕痛矣
傷哉怨天非敢自訟不暇靜言思之悲悒憂瀉
貧未至窶壽七十餘孝嗣承重賢婦幹蠱在夫
人似若無大憾者然辛勤成家竟無一日坐享
之安而日常不足於勞儉棘人欒欒形單影隻
又誰爲之慭念夫人於此尚或圍繞顧念未忍
長往也烏呼殮葬之悉具精美允賴仁陽台丈
之篤誼亦有宅相慣熟儀節雖事會倉卒而卒
不至大段闕矣若夫堪輿之議論多疑舊塋之

歸祔稍遲則未必得理之宜也而新山旣叶吉
卜霞峴扃𡾰而邇又安知此非夫人眷係沁土
之遺意何況延津劒合亦朝莫事耶嘗受教於
夫人曰祭其人而詞贊美之適以愧死者於九
京求諸神道豈遠人情竊獨誦此名言今無敢
失墜者恐不昧之靈臨質丁寧也雖然形容德
美佀爲紀狀託之阿述求當世能文必傳世無
疑者之文倘夫人閫範閨則不泯沒彤管小子
責也其敢不勉言不可竭情不可極文以粗率

羞雖菲薄尙知此觴之足薦庶幾尊靈之必格
烏呼哀哉尙亯

祭鄭學士文

徹齋鄭學士藏是原之三年某月日平州申大
羽行過其下謹以逆旅雞酒之奠爲文以侑曰
君子嫌越情之禮故朋友不哭宿艸情之竭也
情生禮於其所未竭禮宜隨殊今於公降魄之
藏吾何得無失於聲之慟哉烏呼瑚璉之器珪
璧其姿呂寵芳蘭鬱蔘率如凝靑水芙蓉天然不

浮餘事文章孝義紀行詩牛挂大史傳求
古或觔可求褒下說圖公齋記賁我軒一丘一
叙兩志皎然無處人世再整幽期雖欲從之誰
適與歸感淚斤絃悵結桐廬精爽豈遐儻悲我
恩尚亯

祭朴至村文

歲次己未十二月庚申朔二十九日壬子友人
申杲謹奉受賜雉橘昭祭于講學僉屬近故軍
資監正朴公之靈侑之文曰歲行盡矣星靈一

闋感懷良友中心蘊結音容日閟衾几風凄噎
噎至村胡然至斯念昔與子奕世通好形內爲
遊心親無貌懿哉雅操爰從薰攜晉述羊門唐
傳盧家方公世德亦豈云多雋譽清名載禪風
格言無苟同行尊與特臨世高步希古遠瞻佩
履堅正不移不淫歲同冀野秋深帶方喧然名
都吹簫閭笙紛華之地處如白屋超茲榮觀焉
用爲目飭我巾車息我家林疏布苟完藜羹不
糝矯矯其節實獲我心萍水相隨于江之東鄰

壤接好奉挹清光縣道欣逕虛徃實歸會散關
河遊顧幾時藹藹吉士集于東僚旣延范呂又
起園綺公實與人我慙蘋倚登講承華還輒餘
喜琅琅睿音寤寐自盈恩霑稽古士友攸榮比
景共波朝嘻夕怡曁余近者衰白寔徒相好始
盡存者幾何奉忝末契庶託不孤公又棄我天
意誰知人之云亡終古所悲斤輟之慟矧兼公
私幽堂宿艸山庭寢日中谷刈恩誰適爲秣遇
竟輿念撫辰增傷情條回互如何可忘陳辭薦

哀辭告幽靈嗚呼尙饗

曺幼安誄 幷序

維四十一年三月十二日丁亥故學生昌寧曺
君卒嗚呼哀哉先民有言仁不逮躬慶迺裕後
祇虛契自坐軒車羅旌旋堂滿朱紫者果何人
哉然先吏部之標德能肅群士流而不能肅厥
子君之醇懿能承克其家而不能承于身豈矣
天之於淑慝也夫如是嗚呼哀哉古之人有以
[illegible]

巨示與譽延作誄曰
伊君所裔於奕其世父紹子襲平章第第忠貞
承之厥庸大揭爰至夏興際遭崚嶒知於遇奸
忠孤啖擅再世而冒吏部梁張好善崇義士庇
堵牆晚貳宰衡第不留征黜官全節式是後生
君以淑懿繼此塗墍克孝而悌育十又器弱冠
流芳儁譽泓泌風儀夙茂老成齊嚮丹毛沈鱗
譬算尺逐三閭既翕九族盈篋抽遴糠粃制伊
積委權經峙準體骸迎刃行如俯裝物無成釁

歎足櫓礪何論駃御命乖課十得迺匪輿榎榑
豫章編施蔀墅居約處窮賭屈以豫算知綺綉
誰爲貴富弗恥縕袍焉病餒陋包暨蒸淵贅遍
俊茂休容任眞汎愛親仁係茲貞芳順夕猶晨
似君等輩曠世或鮮乏揩而捨己矣斯民吾黨
運極年亦不振一寢無寤氣潛幽窀赴者同悽
路人咸辛烏呼哀哉四十二載忽忽行暮何畀
之重而祉之囍哲愚造命咸滓先故于公大閭
甫鑄燬輅左契右符若尺證度遡茲皇躔理悖

常甄殃慶違類鑑眩媸姸佞惟錫祿溺偏受毒
磽俗未磬利器先韇馳道將薾冀騏易蹈大廈
難扶梁木遽斸神施之艸在君逾酷于以勸善
扃懸澄黷烏呼哀哉記於池亭華蓋始傾江湖
慕海棲栖瞻極一語懸晷兩眼偕青傷感蚤化
淚隨託銘感君至意有諾未成誰知此日翻謀
令名撫事酸心落涕淫淫臨紙叩實哀有餘音
烏呼哀哉辭曰
白日忽馳露凝結兮感念伊人衷赧折兮內敦

嫺閾外友德兮忠信具行隸施博兮百里可寄
又六尺兮窮而不張吾道阸兮祥麟瑞虞辰匪
適兮雲輧羽葆游泰廓兮玄冥曠邈焉予託兮
我辭孔悲永無削兮